高等院校财经类应用型教材

U1071465

税务会计实务

梁月 何永利 主编／ 李克红 张霞 副主编

清华大学出版社
北京

内容简介

本书根据国家税务制度与税收政策改革的最新精神，依据我国近年出台的税法及相关管理规定，结合企业会计准则而编写。本书主要介绍了税务会计、企业涉税经济业务会计处理、纳税申报等基本理论知识和管理方法，并通过实践训练提高学习者的应用技能。

本书具有知识系统、案例丰富、贴近实际、实用性强、注重岗位技能与应用能力培养的特点，可以作为应用型大学财经管理专业的教材，同时兼顾高职高专和成人高校税务会计课程的教学，还可以用于工商企业管理人员和财务人员的在职培训用书，并为广大中、小、微型企业创业者提供有益的帮助。

图书在版编目(CIP)数据

税务会计实务/梁月，何永利主编. —北京：清华大学出版社，2018
(高等院校财经类应用型教材)
ISBN 978-7-302-45344-4

Ⅰ. ①税…　Ⅱ. ①梁…　②何…　Ⅲ. ①税收会计－高等学校－教材　Ⅳ. ①F810.42

中国版本图书馆 CIP 数据核字(2017)第 262916 号

责任编辑：张　弛
封面设计：常雪影
责任校对：李　梅
责任印制：杨　艳

出版发行：清华大学出版社
网　址：http://www.tup.com.cn，http://www.wqbook.com
地　址：北京清华大学学研大厦 A 座　**邮　编**：100084
社 总 机：010-62770175　**邮　购**：010-62786544
投稿与读者服务：010-62776969，c-service@tup.tsinghua.edu.cn
质量反馈：010-62772015，zhiliang@tup.tsinghua.edu.cn
课件下载：http://www.tup.com.cn，010-62770175-4278
印 刷 者：北京富博印刷有限公司
装 订 者：北京市密云县京文制本装订厂
经　销：全国新华书店
开　本：185mm×260mm　**印　张**：12.75　**字　数**：306 千字
版　次：2018 年 1 月第 1 版　**印　次**：2018 年 1 月第 1 次印刷
印　数：1～2000
定　价：32.00元

产品编号：072077-01

编写委员会

主　任：牟惟仲

副主任：林　征　冀俊杰　张昌连　丁　虹　武信奎　黑　岚
张建国　车亚军　吕一中　王黎明　田小梅　李大军

编　委：王　杰　齐众希　钟丽娟　王海文　李　洁　吴慧涵
黄中军　刘雅娟　赵立群　熊化珍　薄雪萍　梁红霞
鲍东梅　李淑娟　周　伟　卜小玲　张武超　巩玉环
王桂霞　周　晖　赵春萍　贾艳菊　何永利　梁　月
李秀霞　李　康　赖惠明　罗佩华　穆晨曦　赵秀艳

主　编：李大军

副主编：丁　虹　黑　岚　刘雅娟　李淑娟　薄雪萍　熊化珍

专家组：黄中军　崔　娜　赵立群　李　洁　卜小玲　钟丽娟

序言

随着我国改革开放进程的加快和社会主义市场经济的快速推进,中国经济已连续多年保持着持续高速增长的态势。财税作为市场经济运行管理的主体,既是国家财政的命脉,也是企业制订政策和发展计划的主要依据。会计和税务惠及众多企业、涉及各个经济领域,并在国家经济发展、国民经济建设、改善民生、构建和谐社会等各方面发挥着极其重要的作用,因而深受各级政府、各类企业管理者的高度重视。

当前,我国正处于经济和社会转型时期,随着国家经济转轨、产业结构调整,涌现了旅游、物流、电子商务、生物、医药、动漫、演艺等一大批新兴服务和文化创意产业;随着国家"一带一路、互联互通"总体发展战略的制定和实施,随着我国政府倡导全民大众创新创业的兴起,促进了我国经济国际化的大发展。为此,国家近年新出台了多项有利于新兴产业、外向型企业和中、小、微型企业发展的财税政策。

根据经济改革和社会发展,国家需要不断加大税制改革、调整财政与会计政策,以适应搞活经营、启动内需、活跃市场、促进经济发展和与国际经济接轨的需要。为了稳步推动我国经济和社会全面、协调、可持续发展,国家财政部陆续颁布实施了新的税法、企业会计准则、企业财务通则等法律、法规和管理规章制度,促进我国财税理论与实践发生了重大变革。会计是企业的管家、财税规章管理制度是企业合法经营的基本保障,财税政策体现了国家经济发展的主导性。

目前,随着我国经济改革不断深化、企业内外部环境也在发生重大变化,随着经济现象与管理方式的不断出现,促使我国经济国际化特征日趋明显。当前,面对国际市场的激烈竞争,对企业会计从业人员业务素质要求越来越高,加强现代企业管理者会计税务知识技能培训,对规范经营、提高管理能力、更好地为我国经济发展服务,这既是工商服务企业可持续快速发展的战略选择,也是本套教材出版的目的和意义。

本套系列教材作为应用型大学财税管理专业的特色教材,包括会计和税务两部分、共计16本书,具体包括《基础会计》《财务会计》《管理会计》《财务管理》《成本会计》《会计英语》《财经法规》《税法》《税务会计》《税收征管》《税收筹划》《纳税模拟实务》等。

本系列教材坚持改革创新、注重与时俱进,遵循以科学发展观为统领,严格按照教育部关于"加强职业教育、突出实践技能与能力培养"的教育教学改革要求,依据职业教育教学特点和培养目标,根据当前经济体制产业结构调整的新思路、财税改革的新举措,结合国家大学生就业工程,针对各类企业、社会市场对财税岗位用人的实际需求;我们组织多年从事会计和税务课程教学的专家教授共同撰写。

由于本套教材紧密结合国家财税改革与发展、注重前瞻性,具有理论适中、知识系统、内容翔实、案例丰富、贴近实际、突出实用性、适用范围宽泛及通俗易懂等特点,因此本套教材既可以作为应用型大学财经管理专业的首选教材,同时兼顾高职高专和成人高校会计、税务教学，还可以作为工商企业与经济公司财会及税务人员职业教育的岗位培训用书，并为广大社会中、小、微型企业创业提供有益的学习指导。

在教材编写过程中，我们参考借鉴了大量会计核算、财税管理最新的书刊资料，以及国家历年颁布实施的“会计、税务”政策法规与管理制度，并得到企业、院校、会计事务及行业协会专家教授的帮助支持与具体指导，在此一并致谢。为配合本套教材的发行使用，特提供配套电子课件，读者可以从清华大学出版社网站(www. tup. com. cn)免费下载使用。因国家财税政策变化快且作者水平有限，书中难免有疏漏和不足，希望专家和读者批评指正。

教材编委会

2016 年 6 月

前言

《宪法》规定，依法纳税是每个公民的义务，目前我国税收制度正处在重大变革时期，2016 年 5 月 1 日起全面施行营改增。为适应我国市场经济发展和财税改革的新变化，为解决企业计税纳税和避免减少涉税风险问题，必须加强新税法规定和税务会计制度的学习，这将有助于纳税人增强自觉纳税和诚信意识，树立良好的社会责任感及纳税信用。

当前我国正处于经济转型时期，随着国家经济转轨、产业结构调整，涌现了旅游、物流、电子商务、演艺等一大批新兴服务和文化创意产业，随着国家"一带一路、互联互通"总体发展战略的制定和实施，随着我国政府倡导全民创新、大众创业的兴起，出现了许多新的经济现象；为此，国家近年及时新出台了多项有利于新兴产业、外向型企业和中小微企业发展的财税政策。

面对国际市场激烈竞争，对企业税务会计从业人员业务素质的要求越来越高。加强现代企业税务会计从业者的知识培训，能规范企业经营、更好地为我国经济发展服务，这既是工商服务企业可持续快速发展的战略选择，也是本书出版的意义。

税务会计是高校会计、税务管理专业的核心课程，也是涉税专业学生必须掌握的关键技能。本书作为应用型大学会计、税务管理专业的特色教材，坚持科学发展观、以学习者应用能力培养为主线，严格按照教育部"加强职业教育、突出实践技能和能力培养"的教学改革要求；本书的出版不仅有力地配合了教学创新和教材更新，也体现了高等职业教育办学育人注重职业性、实践性、应用性，既满足了社会需求、也起到了帮助学生就业、从事职业岗位工作，为国家经济建设服务的重要作用。

全书共七章，根据国家税务制度与税收政策改革的最新精神，依据我国近年新出台的税法、企业会计准则及相关管理规定，结合税务会计活动的基本过程和规律；主要介绍了税务会计概述、增值税会计、消费税会计、关税会计、企业所得税会计、个人所得税会计和其他税种会计基本理论知识和管理方法，并通过实践训练提高应用技能与能力。

由于本书融入了税务会计最新的实践教学理念，注重创新、与时俱进，体现了国家税制与税收改革精神，具有知识系统、案例详实、观点科学、针对性强、通俗易懂、突出实用性等特点，因此本书既可以作为应用型大学财税管理专业的首选教材，同时兼顾高职高专和成人高校税务会计的教学，也可用于工商企业财税管理干部及从业人员的在职培训教材，并为广大中、小、微型企业创业者提供有益的帮助。

本书由李大军策划并具体组织编写，梁月和何永利主编、梁月统改全稿，李克红、张霞为副主编，由具有丰富税务会计教学实践经验的刘雅娟教授审定。参编人员有：牟惟仲编写序言，梁月编写第一章和第七章，李克红编写第二章，张霞编写第三章，赖惠明编写第四章和第六章，何永利编写第五章；华燕萍、李晓新负责文字修改、版式调整和教学课件制作。

在本书编写过程中，我们参阅了大量税务会计的最新书刊、网站资料、以及国家财政部和税务总局新颁布实施的各项财税法规等相关管理规章制度，并得到有关专家教授的具体指导，在此一并致谢。为了配合本书发行使用，特提供配套电子课件，读者可以从清华大学出版社网站(www.tup.com.cn)免费下载使用。因作者水平有限，书中难免存在疏漏和不足，恳请同行和读者批评指正。

编　者

2017 年 8 月

目录

第一章 税务会计概述

学习重点

1. 了解税务会计与财务会计的区别；
2. 理解纳税人的权利、义务；
3. 学会纳税的基本程序。

引例

小王刚考取会计从业资格证书，最近听说“营改增”正大范围展开，想具体了解其相关内容并尽快掌握其核算，以适应纳税工作。这些都与税务会计有关。

那么税务会计到底是什么？这门课程讲述了哪些内容？

第一节 税务会计的含义

一、税务会计及其特点

（一）税务会计的含义

税务会计是以纳税人为会计主体，以国家现行税收法令为准绳，运用会计学的基本理论和方法，连续、系统、全面地对税款的形成、计算和缴纳等税务活动引起的资金运动进行核算和监督的一门专业会计。

（二）税务会计的特点

税务会计是适应社会经济发展的需要，从传统财务会计中分离出来的一门介于税收学与会计学之间的新兴边缘学科。税务会计具有以下特点。

1. 法律性

税务会计必须以国家税收法律、法规为依据，即受国家税法制约，而且征纳双方都必须接受税法的规范和制约，这是其区别于其他专业会计的一个基本特征。税务会计在核算和监督税款的形成、计算和缴纳的过程中，必须严格按照国家税收法规的要求办理，做到依法计税、依法纳税。

当企业财务会计对某些业务的处理与税法规定不一致时，必须依照税法要求进行调整。例如，对资产的计价、收入的确认、成本的核算和费用的扣除等，财务会计制度与税法规定不一致时，税务会计必须以税收法规为依据进行会计处理，确保企业依法纳税。

2. 独立性

税务会计作为会计学科的一个重要分支，除了必须遵循会计的基本原则等共性外，还有其相对的独立性和特殊性,即采用自己独特的技术方法来处理企业的纳税事务。

3. 广泛性

按税法规定,所有法人、自然人及其他组织都可能是纳税义务人。无论什么性质的企业,也无论其隶属于哪个部门、行业,或企业外的其他组织或自然人,一旦被确认为纳税人,在处理税务事项时都必须依照税法。

4. 两重性

首先,税务会计最重要的目标是保证国家及时、足额地取得税收收入。纳税人报送纳税申报表和税收缴款书等,是接受国家税务机关的监督与审核,完成纳税义务。其次,税务会计另一目标是维护纳税人的合法权益。税务机关要依法征税,纳税人也要依法纳税。

二、税务会计的职能

税务会计的职能是指税务会计作为一门特殊的专业会计,本身所固有的职责和功能。税务会计的职能主要包括以下内容。

1. 核算和反映职能

核算和反映职能是税务会计的基本职能,税务会计根据国家的税收法律、法规,全面地记录和核算企业税款的形成、计算、缴纳、补退等内容,以价值形式真实地、系统地反映纳税人的纳税活动。

2. 监督职能

税务会计按照税收法律、法规,通过税务会计的一系列核算方法监督企业应纳税款的形成、计算和缴纳情况,监督企业收益的分配,实现税收杠杆的经济调节作用。税务会计还可以通过采取各种检查监督手段,发现和揭露问题,并为处理问题提供确凿的会计证据,有利于维护税法的严肃性和保障企业合法权益。

3. 咨询服务职能

目前,我国税收制度和会计制度正处在重大变革阶段,为适应市场经济发展变化的新情况,税收制度与会计制度的具体实施细则和规定越来越多,两者的差异也越来越大,使得纳税人的涉税关系越来越复杂,精通税法和会计制度的税务会计可以为纳税人提供更好的纳税咨询服务,有助于纳税人在依法纳税的基础上合理享受税收优惠政策,实现税后利润最大化。

三、税务会计与财务会计的区别

税务会计与财务会计在核算主体、货币计量方面是一致的,而且税务会计的计税依据也来源于财务会计所提供的资料,换句话说,税务会计作为一项实质性的工作并不是独立存在的,它是以财务会计为基础的,对与现行税法不符的会计事项,进行税务会计处理,然后再融于财务会计报告之中。

税务会计与财务会计的不同之处表现在以下几个方面。

1. 目标不同

财务会计是按照会计准则核算企业的财务成果，并为企业利益相关人(包括投资人、债务人、潜在投资者)提供真实相关的信息，便于他们投资决策。而税务会计则是按照税法来核算企业的收入、成本、利润和所得税的会计核算系统，其目的是保证国家税收的充分实现，调节国民经济发展和实现公平税负，为国家税务部门和经营管理者提供有用信息。

2. 核算基础不同

财务会计是以权责发生制为核算基础的，此原则最明显的结果是，会计上的收入不等于企业可支配的现金流入，会计上的费用也不意味着企业的现金流出；同样企业当期的会计利润也不代表当期可支配的现金净资产。税务会计一般是以联合制处理会计事项。

3. 信息的使用者不同

财务会计主要是提供会计信息，其使用者具有多元化的特点，包括资产所有者、债权人、经营者和政府管理部门；而税务会计最终结果的使用者包括企业经营者和税务管理部门。

4. 核算的处理方式不同

核算的处理方式不同具体表现为收入、损益等确认原则不同。财务会计的收入实行权责发生制，通过会计核算形成会计利润；税务会计的收入实行收付实现制与权责发生制的结合，并且修正社会福利、公共政策、期间费用和权益的扣除标准，强调"会计利润"与"应税所得"的不同，税务会计坚持历史成本，不考虑货币时间价值的变动，重视可以预见的事项。

税务会计与财务会计可以有所不同，在特定的时候，财务会计可以考虑币值不稳的因素，如在物价变动的情况下，企业通过会计计价方法的选择，寻求能够较为合理地反映物价变动影响的计量模式。

小贴士

人生有两件事是任何人都无法逃避的——死亡和纳税。

[美]本杰明・富兰克林

四、 税收制度及其构成要素

税收制度是国家以法律形式规定的各种税收法律、法规和征收管理办法的总称，税收制度由纳税人、征税对象、税目、税率、纳税环节、纳税期限、减免税和违章处理等要素构成，其中纳税人、征税对象、税率是最基本的三个要素。

1. 纳税人

纳税人，主要是指一切履行纳税义务的法人、自然人及其他组织。

2. 征税对象

征税对象是指税法规定的征纳双方权利义务所指向的物或行为，这是区分不同税种的主要标志。比如，企业所得税的征税对象就是应税所得；增值税的征税对象就是商品或劳务在生产和流通过程中的增值。不同的税种有不同的征税对象。我国现行税种大致分为以下七类。

(1) 流转税类。包括增值税、消费税。主要是在生产、流通或者服务业中发挥调节作用。

(2) 资源税类。包括资源税、城镇土地使用税。主要是对因开发和利用自然资源差异而形成的级差收入发挥调节作用。

(3) 所得税类。包括企业所得税、个人所得税。主要是在国民收入形成后,对生产经营者的利润和个人的纯收入发挥调节作用。

(4) 特定目的税类。包括城市维护建设税、土地增值税等。主要是达到特定目的,对特定对象和特定行为发挥调节作用。

(5) 财产和行为税类。包括房产税、车船使用税、印花税、契税等。主要是对某些财产和行为发挥调节作用。

(6) 农业税类。包括农业税、牧业税。主要是对取得农业或者牧业收入的企业、单位和个人征收。

(7) 关税。主要是对进出我国国境的货物、物品征收。

3. 税目

税目是各税种所规定的具体征税项目。它是征税对象的具体化。

4. 税率

税率是对征税对象的征收比例或征收额度。税率是计算税额的尺度,也是衡量税负轻重与否的重要标志。我国现行税率有三种:比例税率、定额税率和累进税率。

5. 纳税环节

纳税环节主要是指税法规定的征税对象在从生产到消费的流转过程中应当缴纳税款的环节。如流转税在生产和流通环节纳税;所得税在分配环节纳税等。

6. 纳税义务发生时间

纳税义务发生时间是指纳税人发生应税行为时,应当承担纳税义务的起始时间。

7. 纳税期限

纳税期限是纳税人,按照税法规定缴纳税款的最后时间限制。我国现行税制在纳税期限上有三种规定:按期缴纳,按次缴纳、按年计征,分期预缴。

8. 税款缴库期限

税款缴库期限是指纳税计算期满后,纳税人报缴税款的法定期限。税法明确规定了各种税款的入库期限。

9. 纳税地点

纳税地点是指纳税人缴纳税款的地点。现行税法有以下三种规定:

(1) 在纳税人从事生产经营的所在地缴纳税款;

(2) 在营业行为发生地缴纳税款;

(3) 汇总集中缴纳。

10. 减免税

减免税是对某些纳税人和征税对象给予鼓励与照顾的一种措施,以促进国民经济发展或调解收入分配水平。减免税主要有税基式减免、税率式减免、税额式减免三种形式。

11. 税收的加征

税收的加征是加重纳税人负担的措施，包括税收附加和税收加成。

12. 违章处理

违章处理是对纳税人发生违反税法行为采取的惩罚措施，如加收滞纳金、处以罚款、送交人民法院依法处理。

第二节　税务会计的科目与凭证

目前，我国尚未建立独立的税务会计核算体系，税务会计的核算规定分散在具体的税收法规之中，税务会计的核算是按财务会计的制度规定，设置"应交税费"等科目进行核算的。

一、 税务会计科目

1. "应交税费"科目

"应交税费"科目属于负债类会计科目，除印花税、车船使用税、耕地占用税等不需预缴的税种外，其他各税种的应缴、预缴、已缴税款的业务，都应通过"应交税费"科目进行核算，该科目按税种设置明细账进行明细核算，如"应交税费——应交增值税""应交税费——应交所得税"等科目。

2. "所得税费用"科目

"所得税费用"科目属于损益类科目，核算企业从当期损益中扣除的所得税费用。

3. "递延所得税资产""递延所得税负债"科目

"递延所得税资产"科目，核算企业根据所得税准则确认的可抵扣暂时性差异产生的所得税资产。

"递延所得税负债"科目，核算企业由于应税暂时性差异确认的递延所得税负债。

二、 会计凭证

税务会计凭证是记载纳税人有关税务活动，具有法律效力并据以登记账簿的书面文件。其大致可以分为以下几类。

1. 应征凭证

应征凭证是税务机关用以核定纳税人应交税费发生情况的证明，也是税务会计核算应征税金的原始凭证。包括纳税申报表、代扣代缴税(费)报告表、定额税款通知书、应缴税款核算书、预缴税款通知单、审计决定书和财政监督检查处理决定书。

2. 减免凭证

减免凭证是税务机关按税法规定的内容和程序准予纳税人减税、免税并由税务机关填制的，用以确定实际减免税款的一种原始凭证。包括载有减免税款的纳税申报表、抵顶欠税的减免税批准文件、办理减免退库的收入退还书、载有减免退税的提退清单。

3. 征缴凭证

征缴凭证是税务机关向纳税人征收税款时使用的完税证明，也是纳税人实际上缴税金的原始会计凭证。包括税收缴款书、出口货物税收专用缴款书、税收完税证、代扣代缴税款凭证、税收罚款收据、印花税票及印花税票销售凭证、税收收入退还书、出口货物完税分割单、纳税保证金收据、车船使用税标志等。

4. 特种会计凭证

增值税专用发票是税务会计的特种会计凭证，它不仅是纳税人经济活动的重要商业凭证，也是记载销货方纳税义务和购货方抵扣税款的合法凭证。

三、 纳税申报及税款征管

(一) 纳税申报

纳税申报是纳税人和扣缴义务人履行纳税义务与扣缴税款义务的法定手续，也是税务机关核定应纳税额和应扣缴税款的法律依据。

纳税申报，负有纳税义务的单位和个人，必须在法律、行政法规确定的纳税期限内，向主管税务机关办理纳税申报手续，报送纳税申报表、财务会计报表以及税务机关规定的其他纳税资料。

1. 纳税申报的方式

纳税申报的方式有直接申报、邮寄申报、数据电文申报三种。

2. 纳税申报的范围

凡是有纳税义务的单位和个人，不论当期是否有应纳税款，都应办理纳税申报。

(二) 税款征管

1. 税务登记制度

税务登记包括设立登记、变更登记、注销登记和税务登记证验证、换证以及非正常户处理、报验登记等有关事项。

税务登记证件包括税务登记证及其副本、临时税务登记证及其副本。扣缴税款登记证件包括扣缴税款登记证及其副本。

2. 税款缴纳方式

(1) 查账征收。

(2) 核定征收，包括：查定征收、查验征收、定期定额征收三种。

(3) 代扣代缴、代收代缴。

(4) 委托征收。

第三节 纳税人的权利、义务与法律责任

掌握纳税人的权利、义务、法律责任，有助于会计人员做好纳税工作，维护纳税人的合法权益，依法承担纳税义务，减少不必要的纳税支出，避免本不应承担的法律责任。

一、 纳税人的权利

（1）向国家税务机关了解国家税收法律、行政法规的规定以及与纳税程序有关情况的权利。

（2）享受国家税法规定的减税、免税、退税的权利。

（3）申请延期申报和延期缴纳税款的权利。机关核准，可以延期申报。

（4）依法申请收回多缴的税款。

（5）认为国家税务机关具有行政行为不当，使纳税人的合法利益遭受损失的，纳税人有权要求国税机关赔偿。

（6）要求国家税务机关对自己的生产经营和财务状况及有关资料等保守秘密。

（7）纳税人按规定不负有代收、代扣、代缴义务的，有权依法拒绝税务机关要求其执行代收、代扣、代缴税款义务。

（8）纳税人对国家税务机关所做出的决定，享有听证权、陈述权、申辩权。

（9）纳税人对国家税务机关做出的具体行政行为有申请复议、要求听证和向法院起诉的权利。

（10）对国家税务机关及其工作人员的各种不法行为进行揭露、检举和控告；有权检举违反税收法律、行政法规的行为。

（11）国家法律、行政法规规定的其他权利。

小贴士

税务师将成为新宠

李克强总理很重视税制改革，税制改革会成为一个新的常态，使得社会上的企业财税员对税收会更为关注，尤其以后的税务监督环境会越来越严格，所以很多企业和财税员需要中介来帮助他们完成涉税事项。而中介的主体就是税务师，税务师可以说在一定程度上更接地气一些。

让改革红利更好更多更广泛地惠及纳税人

“营改增”带给纳税人的不仅是税制上的转换，企业的采购安排、投资策略甚至是经营战略都有必要做出相应的调整，从而带动整个企业经营管理的规范，带动整个经济运行秩序的规范，是推进供给侧结构性改革的重大举措。

资料来源：中华财税网. http://www.chinaetax.com.cn,2016-05-26 信息

二、 纳税人的义务

（1）纳税人必须依照税法规定申请办理税务登记、变更或注销税务登记，并按照规定使用税务登记证件，不得转借、涂改、损毁、买卖或伪造税务登记证件。

（2）纳税人有持税务登记证件开立银行账户并向国家税务机关报告全部银行账号的义务。

（3）纳税人必须按照有关法律、行政法规和国务院财政、税务主管部门的规定设置账簿，根据合法、有效凭证记账，进行核算。

(4) 从事生产、经营的纳税人的财务、会计制度或者财务、会计处理办法和会计核算软件,应当报送国家税务机关备案。

(5) 纳税人必须按税法的规定办理纳税申报,报送纳税申报表、财务会计报表以及国家税务机关要求纳税人报送的其他资料。

(6) 纳税人必须按照税法规定的纳税期限缴纳税款。

(7) 纳税人要按照税收法律与行政法规的规定保管和使用发票。

(8) 欠缴税款的纳税人或者他的法定代表人需要出境的,应当在出境前向国家税务机关结清应纳税款、滞纳金或者提供担保。

(9) 纳税人要接受国家税务机关的税务检查,如实反映情况,提供有关证明资料,不得拒绝、隐瞒。

(10) 纳税人与国家税务机关发生纳税争议时,必须先依照国家税务机关的纳税决定缴纳或者解缴税款及滞纳金或者提供相应的担保,方可申请税务行政复议。

(11) 纳税人有安装、使用税控装置的义务。

(12) 纳税人有向抵押权人、质权人说明欠税情况的义务;处分不动产或大额财产时应向国家税务机关报告的义务。

(13) 纳税人有向国家税务机关报告企业合并、分立的义务,并依法结清税款;合并或分立后的纳税人对未履行的纳税义务应继续履行或承担连带责任。

(14) 纳税人应承担国家法律、行政法规规定的其他义务。

三、纳税人应承担的法律责任

(1) 纳税人未按规定期限申报办理税务登记、变更或注销登记;未按规定设置、保管账簿、记账凭证和有关资料;未按规定将财务会计制度或者财务会计处理办法和会计核算软件报送税务机关备查;未按规定将全部银行账号向税务机关报告;未按规定安装、使用税控装置,或者损毁或者擅自改动税控装置的,由税务机关责令限期改正,可以处2 000元以下的罚款;情节严重的,处2 000元以上10 000元以下的罚款。

纳税人不办理税务登记的,由税务机关责令限期改正,逾期不改正的,经税务机关提请,由工商行政管理机关吊销其营业执照。

纳税人未按规定使用税务登记证件,或者转借、涂改、损毁、买卖、伪造税务登记证件的,处2 000元以上10 000元以下的罚款;情节严重的,处10 000元以上50 000元以下的罚款。

(2) 纳税人未按规定期限办理纳税申报和报送纳税资料的,由税务机关责令限期改正,可以处2 000元以下罚款;情节严重的,处2 000元以上10 000元以下罚款。

(3) 有偷税行为的,由税务机关追缴其不缴或少缴的税款、滞纳金,并处不缴或少缴税款50%以上5倍以下的罚款;构成犯罪的,依法追究其刑事责任。

(4) 纳税人编造虚假计税依据的,由税务机关责令限期改正,并处50 000元以下的罚款。纳税人不进行纳税申报、不缴或者少缴应纳税款的,由税务机关追缴其不缴或少缴的税款、滞纳金,并处不缴或少缴税款50%以上5倍以下的罚款。

(5) 纳税人欠缴的税款,采取转移或隐匿财产的手段,妨碍税务机关追缴欠缴的税款的,由税务机关追缴欠缴的税款、滞纳金,并处欠缴税款50%以上5倍以下的罚款;构成犯罪的，依法追究其刑事责任。

(6) 以假报出口或者其他欺骗手段，骗取国家出口退税款，由税务机关追缴其骗取的退税款，并处骗取税款 1 倍以上 5 倍以下的罚款；构成犯罪的，依法追究其刑事责任。

(7) 抗税，除由税务机关追缴其拒缴的税款、滞纳金外，依法追究其刑事责任。情节轻微、未构成犯罪的，由税务机关追缴其拒缴的税款、滞纳金，并处拒缴税款 1 倍以上 5 倍以下的罚款。

(8) 纳税人在规定期限内不缴或少缴应纳税款，经税务机关责令限期缴纳，逾期仍未缴纳的，除由税务机关依法采取强制执行措施外，可以处不缴或少缴税款 50%以上 5 倍以下的罚款。

(9) 纳税人逃避、拒绝或以其他方式阻挠税务机关检查的，由税务机关责令改正，可以处 10 000 元以上 50 000 元以下的罚款。

(10) 非法印制发票的由税务机关销毁非法印制的发票，没收违法所得和作案工具，并处 10 000 元以上 50 000 元以下的罚款；构成犯罪的，依法追究其刑事责任。

(11) 有《税收征管法》规定的税收违法行为，拒不接受税务机关处理的，税务机关可以收缴其发票或停止向其发售发票。

本章小结

本章阐述了税务会计的含义、特点、职能，分析了税务会计与财务会计的不同；介绍了税务会计使用的会计科目、会计凭证以及纳税申报的基本程序；明确了纳税人的权利与义务，以及违反税法应承担的法律责任。

阅读资料

"营改增"是件大事

尽快实施以营改增为主的税制改革，是创造公平竞争环境、推动经济结构的优化转型、生成新的经济增长点的迫切要求。

在《政府工作报告》提出全面实施营改增，承诺"确保所有行业税负只减不增"后，2016 年 3 月 18 日，国务院常务会议做出决定，自 5 月 1 日起，全面推开营改增试点，将建筑业、房地产业、金融业、生活服务业纳入试点范围。这意味着，占税收收入半壁江山的增值税和营业税即将完成合并，自 1994 年分税制改革以来最重要的一项税制改革将在近期全面铺开。

为什么要全面实施营改增？简言之，就是减少重复征税，降低整体税负。过去，增值税主要以第二产业为征税对象，营业税主要以第三产业为征税对象。税制的不统一，助推了产业发展的不平衡，同时也加剧了税收不公平的问题。而且，营业税重复征税的现象尤其突出，且缺乏明晰的抵扣机制设计，在第三产业往往是新技术、新业态、新经济的孵化器的市场格局下，营业税"叠床架屋"甚至征收过头税的弊端，无疑对于疏导资源合理配置，扩大第三产业规模，促进大众创业、万众创新，形成了极大的制约。

资料来源：国家税务总局网. http://www.chinatax.gov.cn/

练习题

一、单项选择题

1. 纳税人应当自领取工商营业执照之日起(　　)日内申报办理税务登记。

A. 15　　B. 20　　C. 30　　D. 45

2. 税收的加征是加重纳税人负担的措施,包括税收附加和(　　)。

A. 税收追加　　B. 税收加成　　C. 税收缴纳　　D. 其他加收

二、多项选择题

1. 税务会计凭证包括(　　)。

A. 应征凭证　　B. 减免凭证　　C. 征缴凭证　　D. 特种会计凭证

2. 税收制度中最基本的三个要素是(　　)。

A. 纳税人　　B. 征税对象　　C. 税率　　D. 纳税环节

第二章 增值税会计

学习重点

1. 了解增值税的出口退税、减免税的政策，掌握相关的会计处理；
2. 掌握一般规模纳税人和小规模纳税人增值税的会计核算；
3. 掌握增值税纳税申报；
4. 掌握营改增的基本知识及会计核算。

引例

上海彩奕实业有限公司骗税案

2014 年，税务总局稽查局通过数据指标筛选和案头疑点分析，发现上海彩奕实业有限公司存在通过借货配票骗取出口退税的重大嫌疑，立即对该案进行督办。

经查发现，2011 年至 2014 年间，犯罪嫌疑人张书玲三姐妹伙同丁汉泉、刘世英等人，利用浙江绍兴柯桥等地个体经销商向中东地区出口各类面料过程中不需要出口退税的特点，在上海成立了上海彩奕实业有限公司。刘世英等人从河北、浙江、山东等地虚开增值税专用发票，并通过巴基斯坦籍 Mehmood 等人在柯桥外商驻华采购办事处搭建货代平台，匹配个体经销商的出口货物和单证后，以自营方式报关出口并申请出口退税。

调查认定，该团伙采取借货出口的手法共涉嫌骗取出口退税近 8 500 万元。税务、公安联合行动，于 2015 年 3 月 18 日零时收网，抓获 18 名犯罪嫌疑人。2015 年 9 月，公安部门已将该案移送人民检察院审查起诉。

结论：以不正当方式骗取出口退税，必将受到法律的制裁。

第一节 增值税概述

一、增值税的概述

增值税是以商品（含应税劳务和应税服务）在流转过程中产生的增值额作为征税对象而征收的一种流转税，即对在我国境内销售货物或者提供加工和修理修配劳务（以下简称应税劳务）、交通运输业、邮政业、电信业、建筑业、房地产业、金融业及现代服务业（以下简称应税服务）以及进口货物的企业单位和个人，就其货物销售或提供应税劳务、应税服务的增值额和货物进口金额为计税依据而课征的一种流转税。

小贴士

从理论上来看，增值额是企业在生产经营过程中新创造的那部分价值。

从生产经营单位来看，增值额是指该单位销售货物或提供劳务的收入额扣除为生产经营这种货物而外购的那部分货物价款后的余额。

单从一项货物来看，增值额是该货物经历的从生产到流通的各环节所创造的增值额之和，也就是该项货物的最终销售价值。

(一) 增值税纳税义务人的范围

(1) 增值税纳税义务人包括：在我国境内销售货物或提供加工、修理修配劳务以及进口货物的单位和个人。所称单位，是指企业、行政单位、事业单位、军事单位、社会团体及其他单位。所称个人，是指个体工商户和其他个人。

(2) 进口货物的收货人或办理报关手续的单位和个人为进口增值税纳税人。

(3) 企业租赁或承包给他人经营的，以承租人或承包人为增值税纳税人。

(4) 我国境外的单位或个人在境内提供应税劳务，在境内未设有经营机构的，以其境内代理人为扣缴义务人；在境内没有代理人的，以购买方为扣缴义务人。

(二) 增值税的税目和税率

我国增值税设置了一档基本税率和一档低税率，此外，对出口货物实施的税率为零。增值税的一般纳税人税率和小规模纳税人征收率见表 2-1。

表 2-1 税目税率表

纳税人	税目	税率
一般纳税人	销售或者进口货物(另有列举的货物除外)；提供加工、修理修配劳务	基本税率 17%
	(1) 粮食、食用植物油、鲜奶	低税率 13%
	(2) 自来水、暖气、冷气、热气、煤气、石油液化气、天然气、沼气，居民用煤炭制品	
	(3) 图书、报纸、杂志	
	(4) 饲料、化肥、农药、农机(整机)、农膜	
	(5) 国务院规定的其他货物	
	农产品(指各种动、植物初级产品)；音像制品；电子出版物；二甲醚	
	出口货物	零税率 0
小规模纳税人		征收率 3%

小贴士

营改增的一般纳税人企业税率为 17%、11%或者 6%。小规模纳税人征收率仍为 3%，见表 2-2。

表 2-2 营改增一般纳税人增值税税目税率表

征税项目	征收品目		税率
销售服务	交通运输业		11%
	现代服务业	研发和技术服务、信息技术服务、文化创意服务、物流辅助服务、鉴证咨询服务	6%
		有形动产租赁服务	17%
		不动产租赁服务	11%
	邮政服务		11%
	电信服务	基础电信服务	11%
		增值电信服务	6%
	建筑服务		11%
	金融服务		6%
	生活服务		6%
销售无形资产	转让土地使用权		6%
	其他		6%
销售不动产			11%
境内单位和个人发生的跨境应税行为(具体范围由财政部和国家税务总局另行规定)			0

二、增值税的征税范围的确定

(一) 一般征税范围的规定

1. 销售货物

销售货物是指在中国境内有偿转让货物的所有权。有偿是指从购买方取得货款、货物或其他经济利益。

2. 提供加工、修理修配劳务

加工是指接受来料承做货物,该货物所有权仍属委托方,受托方按要求制造货物并收取加工费的业务;修理修配是指对损伤或丧失功能的货物进行修复,使其恢复原状和功能的业务。

3. 进口货物

凡进入我国的国境或关境的货物在报关进口时除依法缴纳关税以外,还必须向我国海关缴纳增值税。

4. 纳入抵扣范围的固定资产

纳入抵扣范围的固定资产是指机械、运输工具以及其他与生产经营有关的设备、工具、器具。其中,容易混为个人消费的应征消费税的小汽车、摩托车和游艇不属于可以抵扣的设备范畴,房屋、建筑物等不动产也不属于增值税的抵扣范围。

(二) 全国营改增的征税范围

全国营改增的征税范围包括全国的交通运输业、部分现代服务业、邮政业、电信业、生活服务业、建筑业、金融保险业和房地产业,即所有行业。

1. 交通运输业

交通运输业是指使用运输工具将货物或者旅客送达目的地，使其空间位置得到转移的业务活动。包括陆路运输服务、水路运输服务、航空运输服务和管道运输服务。

2. 现代服务业

现代服务业是指围绕制造业、文化产业、现代物流产业等提供技术性、知识性服务的业务活动等。包括研发和技术服务、信息技术服务、文化创意服务、物流辅助服务、有形动产租赁服务、鉴证咨询服务、广播影视服务等。

(1) 研发和技术服务

研发和技术服务包括研发服务、技术转让服务、技术咨询服务、合同能源管理服务、工程勘查勘探服务。

(2) 信息技术服务

信息技术服务是指利用计算机、通信网络等技术对信息进行生产、收集、处理、加工、存储、运输、检索和利用，并提供信息服务的业务活动。包括软件服务、电路设计及测试服务、信息系统服务和业务流程管理服务。

(3) 文化创意服务

文化创意服务包括设计服务、商标和著作权转让服务、知识产权服务、广告服务和会议展览服务。

(4) 物流辅助服务

物流辅助服务包括航空服务、港口码头服务、货运客运场站服务、打捞救助服务、货物运输代理服务、代理报关服务、仓储服务和装卸搬运服务。

(5) 有形动产租赁服务

有形动产租赁服务包括有形动产融资租赁服务和有形动产经营性租赁服务。

(6) 鉴证咨询服务

鉴证咨询服务包括认证服务、鉴证服务和咨询服务。

(7) 广播影视服务

广播影视服务包括广播影视节目(作品)的制作服务、发行服务和播映(含放映)服务。

下列情形不属于在境内提供应税服务：①境外单位或者个人向境内单位或者个人提供完全在境外消费的应税服务；②境外单位或者个人向境内单位或者个人出租完全在境外使用的有形动产；③财政部和国家税务总局规定的其他情形。

(三) 视同销售行为的纳税规定

以下行为在纳税规定中视同销售。

(1) 将货物交付他人代销。

(2) 销售代销货物。

(3) 设有两个以上机构并实行统一核算的纳税人，将货物从一个机构移送其他机构用于销售，但相关机构设在同一县(市)的除外。

(4) 将自产或委托加工的货物用于非应税项目。

(5) 将自产、委托加工或购买的货物分配给股东或投资者。

(6) 将自产、委托加工或购买的货物作为投资，提供给其他单位或个体经营者。

(7) 将自产、委托加工的货物用于集体福利或个人消费。

(8) 将自产、委托加工或购买的货物无偿赠予他人。

(四) 混合销售行为的纳税规定

一项销售行为如果既涉及货物又涉及非应税劳务，为混合销售行为。混合销售行为的一般纳税规定如下。

(1) 从事货物的生产、批发或零售的企业、企业性单位及个体经营者的混合销售行为，视为销售货物，应当征收增值税。

(2) 其他单位和个人的混合销售行为，视为销售非应税劳务，不征收增值税。

(3) 纳税人的销售行为是否属于混合销售行为，由国家税务总局所属征收机关确定。

(五) 兼营业务

增值税纳税人在销售应税货物或提供应税劳务的同时，还从事非应税劳务(营业税规定的各项劳务)，且二者之间并无直接的从属关系，这种经营活动就称为兼营非应税劳务。兼营非应税劳务原则上依据纳税人的核算情况判定，具体如下。

(1) 兼营不同税率应税项目的，要求划清销售额，按各销售额对应的不同税率计算纳税；划分不清的，一律从高从重计税。

(2) 兼营增值税应税项目与非应税项目的，要求划清销售额，按各销售额对应的税种、税率计算纳税；划分不清的，由主管税务机关核定货物或者应税劳务的销售额。

(3) 兼营免税、减税项目的，要求分别核算免税、减税项目的销售额；未分别核算销售额的，不得免税、减税。只有单独核算减税、免税项目的销售额才能享受优惠政策。

(六) 增值税的其他特殊征税范围

1. 采取折扣方式销售

在会计核算中，采取折扣销售方式通常包括商业折扣和现金折扣。

(1) 商业折扣

商业折扣是指在价格上采用原价的百分比，如90%，75%。在会计处理上，属于商业折扣的可采用净额作为计算基数计算增值税，不用做单独的账务处理。

(2) 现金折扣

现金折扣是指销货方鼓励购货方提前偿付所欠货款而向其提供的折扣优惠。采用分数"2/10，1/20，n/30"等表示，在会计处理上，认为现金折扣是一种理财费用，计算增值税时不得从销售额中扣减，采用总额作为计算基数计算增值税。

针对折扣方式的不同，税法根据销售方的发票开具情况有不同的规定。如果销售额和折扣额已在同一张发票上分别注明，可按折扣后的余额作为销售额计算增值税；如果将折扣额另开发票，不论其在财务上怎样处理，均不得从销售额中扣除折扣额。

小贴士

"销售额和折扣额在同一张发票上分别注明"是指销售额和折扣额在同一张发票的"金额"栏内分别注明，可按折扣后的销售额征收增值税。未在同一张发票的"金额"栏内注明折扣额，而仅在发票的"备注"栏内注明折扣额的，其折扣额不得从销售额中扣除。

2. 以物易物销售

以物易物的双方都做购销处理,以各自发出的货物核算销售额计算销项税额,以各自收到的货物核算购货额计算进项税额。

3. 包装物押金与包装物租金

出租出借包装物收取的押金,若单独记账核算,时间在一年以内,则不计入销售额征税;因逾期未收回包装物不再退还的押金,应计入销售额计算销项税。

三、纳税时间、地点、纳税期限

(一) 纳税义务发生时间

1. 基本规定

(1) 销售货物或者应税劳务,为收讫销售款或者取得索取销售款凭据的当天;先开具发票的,为开具发票的当天。

(2) 进口货物,为报关进口的当天。

(3) 增值税扣缴义务发生时间为纳税人增值税纳税义务发生的当天。

2. 具体规定

(1) 采取直接收款方式销售货物,不论货物是否发出,均为收到销售款或取得索取销售款凭据的当天。

小贴士

纳税人生产经营活动中采取直接收款方式销售货物,已将货物移送对方并暂估销售收入入账,但既未取得销售款或即使取得索取销售款凭据也未开具销售发票的,其增值税纳税义务发生时间为收讫销售款或取得索取销售款凭据的当天;先开具发票的,为开具发票的当天。

(2) 采取托收承付和委托银行收款方式销售货物,为发出货物并办妥托收手续的当天。

(3) 采取赊销和分期收款方式销售货物,为书面合同约定的收款日期的当天。无书面合同或者书面合同没有约定收款日期的,为货物发出的当天。

(4) 采取预收货款方式销售货物,为货物发出的当天。但生产销售、生产工期超过12个月的大型机械设备、船舶、飞机等货物,为收到预收款或者书面合同约定的收款日期的当天。

(5) 委托其他纳税人代销货物,为收到代销单位销售的代销清单或者收到全部或者部分货款的当天;未收到代销清单及货款的,其纳税义务发生时间为发出代销货物满180日的当天。

(6) 销售应税劳务,为提供劳务同时收讫销售款或取得索取销售款凭据的当天。

(7) 纳税人发生视同销售行为,为货物移送的当天(视同销售行为第3～8项)。

(二) 纳税期限

1. 增值税纳税期限的规定

增值税纳税期限分别为1日、3日、5日、10日、15日、1个月或者1个季度。纳税人的具体纳税期限,由主管税务机关根据纳税人应纳税额的大小分别核定;不能按照固定期限纳税的,可以按次纳税。

2. 增值税报缴税款期限的规定

(1) 纳税人以1个月或者1个季度为纳税期的,自期满之日起15日内申报纳税;以1日、3日、5日、10日或者15日为一期纳税的,自期满之日起5日内预缴税款,于次月1日起15日内申报纳税并结清上月应纳税款。

(2) 纳税人进口货物,应当自海关填发税款缴纳证的次日起15日内缴纳税款。

(三) 纳税地点

1. 固定业户的纳税地点

(1) 固定业户应当向其机构所在地的主管税务机关申报纳税。总机构和分支机构不在同一县(市)的,应当分别向各自所在地的主管税务机关申报纳税;经国务院财政、税务主管部门或者其授权的财政、税务机关批准,可以由总机构汇总向总机构所在地的主管税务机关申报纳税。

(2) 固定业户到外县(市)销售货物或者提供应税劳务的,应当向其机构所在地的主管税务机关申请开具外出经营活动税收管理证明,并向其机构所在地的主管税务机关申报纳税。未开具证明的,应当向销售地或者劳务发生地的主管税务机关申报纳税;未向销售地或者劳务发生地的主管税务机关申报纳税的,由其机构所在地的主管税务机关补征税款。

2. 非固定业户增值税纳税地点

非固定业户销售货物或者应税劳务,应当向销售地或者劳务发生地的主管税务机关申报纳税;未向销售地或者劳务发生地的主管税务机关申报纳税的,由其机构所在地或者居住地的主管税务机关补征税款。

3. 进口货物增值税纳税地点

进口货物,应当由进口人或其代理人向报关地海关申报纳税。扣缴义务人应当向其机构所在地或者居住地的主管税务机关申报缴纳其扣缴的税款。

四、 增值税会计科目的设置

(一) 一般纳税人会计科目设置

根据现行增值税会计处理的规定,企业应在"应交税费"账户下设置"应交增值税"和"未交增值税"两个明细科目。

1. "应交税费——应交增值税"科目

"应交税费——应交增值税"科目,其借方反映企业购进货物或接受应税劳务支付的进项税额、实际已缴纳的增值税税额、减免税款、出口抵减内销产品应纳税额和月终转出的当月应缴未缴的增值税税额;贷方反映企业销售货物或提供应税劳务收取的销项税额、出口企业收到的出口退税以及进项税额转出数和转出多缴增值税。期末借方余额反映企业尚未抵扣的增值税。

因此,企业应在"应交增值税"明细账户下设置"进项税额""已交税金""减免税款""出口抵减内销产品应纳税额”“转出未交增值税”“销项税额”“出口退税”“进项税额转出”“转出多交增值税”等专栏。

2. “应交税费——未交增值税”科目

“应交税费——未交增值税”科目户核算企业月终时转入的应缴未缴增值税税额，或转入多缴的增值税税额。借方登记月末从“应交税费——应交增值税（转出多交增值税）”“转入的当月已交增值税税额和当月上缴以前月份应缴而未缴的增值税税额，贷方登记月末从“应交税费——应交增值税（转出未交增值税）”转入的当月应交而未交的增值税税额。

月末若为借方余额，表示纳税人多交的增值税税额；月末若为贷方余额，表示纳税人本月和以前月份应交而未交的增值税税额。

（二）小规模纳税人的会计科目设置

小规模纳税人只需在“应交税费”账户下设置“应交增值税”二级账户，贷方登记企业应缴的增值税税额，借方登记企业实际上缴的增值税税额；贷方余额反映企业尚未上缴或欠缴的增值税税额，借方余额则反映多缴的增值税税额。

五、税收优惠政策

（1）增值税起征点幅度。

① 按期纳税的，为月销售额 5 000～20 000 元（含本数）。

② 按次纳税的，为每次（日）销售额 300～500 元（含本数）。

起征点的调整由财政部和国家税务总局规定。

（2）个人发生应税行为的销售额未达到增值税起征点的，免征增值税；达到起征点的，全额计算缴纳增值税。增值税起征点不适用于登记为一般纳税人的个体工商户。

（3）对增值税小规模纳税人中月销售额未达到 2 万元的企业或非企业性单位，免征增值税。2017 年 12 月 31 日前，对月销售额 2 万元（含本数）至 3 万元的增值税小规模纳税人，免征增值税。

（4）境内的单位和个人销售的下列服务和无形资产免征增值税，但财政部和国家税务总局规定适用增值税零税率的除外。

① 下列服务包括：a. 工程项目在境外的建筑服务；b. 工程项目在境外的工程监理服务；c. 工程、矿产资源在境外的工程勘查勘探服务；d. 会议展览地点在境外的会议展览服务；e. 存储地点在境外的仓储服务；f. 标的物在境外使用的有形动产租赁服务；g. 在境外提供的广播影视节目（作品）的播映服务；h. 在境外提供的文化体育服务、教育医疗服务、旅游服务。

② 为出口货物提供的邮政服务、收派服务、保险服务。

③ 向境外单位提供的完全在境外消费的服务和无形资产，具体包括：电信服务、知识产权服务、物流辅助服务（仓储服务、收派服务除外）、鉴证咨询服务、专业技术服务、商务辅助服务、广告投放地在境外的广告服务和无形资产。

④ 以无运输工具承运方式提供的国际运输服务。

⑤ 为境外单位之间的货币资金融通及其他金融业务提供的直接收费金融服务，且该服务与境内的货物、无形资产和不动产无关。

⑥ 财政部和国家税务总局规定的其他服务。

(5) 按照国家有关规定应取得相关资质的国际运输服务项目，纳税人取得相关资质的，适用增值税零税率政策，未取得的，适用增值税免税政策。

(6) 境内的单位和个人提供适用增值税零税率的服务或者无形资产，如果属于适用简易计税方法的，实行免征增值税办法。如果属于适用增值税一般计税方法的，生产企业实行免抵退税办法，外贸企业外购服务或者无形资产出口实行免抵退税办法，外贸企业直接将服务或自行研发的无形资产出口，视同生产企业连同其出口货物统一实行免抵退税办法。

(7) 纳税人提供应税服务适用免税、减税规定的，可以放弃免税、减税。放弃免税、减税后，36 个月内不得再申请免税、减税。

第二节　销项税额的会计核算

一、销项税额的计算

纳税人销售货物或者应税劳务，按照销售额或应税劳务收入和规定的税率计算，并向购买方收取的增值税税额，称为销项税额。销项税额的计算公式为

销项税额＝销售额×适用税率

正确计算应纳增值税税额，需要首先核算准确作为增值税计税依据的销售额。销售额是指纳税人销售货物或者提供应税劳务向购买方(承受应税劳务也视为购买方)收取的全部价款和价外费用，但是不包括收取的销项税额。

价外费用(实属价外收入)是指货物价格之外向购买方收取的手续费、补贴、基金、集资费、返还利润、奖励费、违约金(延期付款利息)、包装费、包装物租金、储备费、邮资费、运输装卸费、代收款项、代垫款项及其他各种性质的价外收费。但下列项目不包括在内。

(1) 向购买方收取的销项税额。

(2) 受委托加工应征消费税的消费品所代收代缴的消费税。

(3) 同时符合以下条件的代垫运费。

① 承运者的运费发票开具给购货方的；

② 纳税人将该项发票转交给购货方的。

凡随同销售货物或提供应税劳务向购买方收取的价外费用，无论其会计制度如何核算，均应并入销售额计算应纳税额。

二、销项税额的会计处理

(一) 一般销售方式的增值税核算

一般规模纳税企业不论是否开出增值税专用发票，均应按照销售额和增值税借记“应收账款”或“银行存款”等相关科目；将收取的增值税税额，贷记“应交税费——应交增值税(销项税额)”科目：按实现的销售额，贷记“主营业务收入”等相关科目。

【例 2-1】

某公司 9 月 7 日销售甲产品 1 000 件，单价 5 元/件，向购货方开出的增值税专用发票

上注明的增值税税额为 850 元，货款为 5 000 元。所有款项通过银行结清。

【解析】

会计处理如下。

借：银行存款 5 850

　　贷：主营业务收入 5 000

　　　　应交税费——应交增值税（销项税额） 850

【例 2-2】

2015 年 10 月，济南 A 物流企业，本月提供交通运输收入 100 万元，物流辅助收入 100 万元，按照适用税率，分别开具增值税专用发票，款项已收。

【解析】

取得运输收入的会计处理如下。

借：银行存款 1 110 000

　　贷：主营业务收入——运输 1 000 000

　　　　应交税费——应交增值税（销项税额） 110 000

（二）特殊销售方式的增值税核算

1. 视同销售业务的增值税核算

视同销售业务，虽未曾取得收入，但按规定，也应计算增值税，按其税额和成本一并借记“在建工程”“长期股权投资”“应付职工薪酬”“营业外支出”等相关科目，贷记“应交税费——应交增值税（销项税额）”账户。按其成本，贷记“库存商品”等相关科目。

【例 2-3】

某公司 9 月 8 日将自产的产品用于本公司的基建工程，该产品成本 1 200 元，市价为 1 500 元，增值税税率为 17%。

【解析】

会计处理如下。

借：在建工程 1 455

　　贷：库存商品 1 200

　　　　应交税费——应交增值税（销项税额） 255（1 500×17%）

2. 与销售有关的产品包装物增值税的核算

（1）企业随同产品出售单独计价的包装物主要是为了销售货物，应与随同出售的产品一样开具增值税专用发票或普通发票计算增值税税额。

【例 2-4】

某公司 9 月 10 日销售甲产品，价款 10 000 元，随同产品出售单独计价的包装物，价款 1 000 元，开出增值税专用发票，注明增值税税额为 1 870 元。产品已发出，货款未收。

【解析】

会计处理如下。

借：应收账款　　12 870
　　贷：主营业务收入　　10 000
　　　　其他业务收入　　1 000
　　　　应交税费——应交增值税(销项税额)　　1 870

(2) 企业出租包装物涉及的增值税会计核算。由于租金属于价外收费，按税法规定，计算增值税税额，企业出租出借包装物时收取的包装物押金，若逾期包装物不归还或收取1年以上的押金，按税法规定应计算增值税税额。

【例 2-5】

某公司9月13日收到出租包装物租金收入702元存入银行。

【解析】

按税法规定，包装物租金收入计算增值税时，租金收入视为含税收入，因此不含税收入为 $702\div(1+17\%)=600$(元)。

会计处理如下。

借：银行存款　　702
　　贷：其他业务收入　　600
　　　　应交税费——应交增值税(销项税额)　　102

【例 2-6】

某公司9月14日，没收上个月逾期未归还的出借包装物押金468元。

【解析】

会计处理如下。

借：其他应付款　　468
　　贷：其他业务收入　　400
　　　　应交税费——应交增值税(销项税额)　　68

3. 发生销货退回或折让的增值税的会计核算

(1) 当购买方未入账而销售方已入账后发生退货或折让，购买方需将原发票退回销售方，销售方开具相同内容的红字专用发票，将红字专用发票的记账联撕下作为扣减当期销项税额的凭证，存根联、抵扣联、发票联不得撕下，销售方将原抵扣联、发票联粘贴在红字专用发票后，并注明原发票记账联和红字专用发票记账联的存放地点。

属于销售折让的，销售方应按折让后的货款重开专用发票。

【例 2-7】

某公司9月15日收到购货单位退回购买的产品，含税价款为702元，并退回公司开具的发票联和抵扣联各一张，上面注明价税合计为702元。该产品已验收入库。销售方已经记账。

【解析】

销售方会计处理如下。将退回的发票联、抵扣联加盖“作废”章后，复印发票一份。将盖有“作废”章的发票联、抵扣联粘贴到发票存根处，妥善保管，以备税务机关查验。把复印的盖有“作废”章的发票作为依据粘贴在记账凭证后，作红字冲销入账。

借：应收账款　　702(红字)

　　贷：主营业务收入　　600(红字)

　　　　应交税费——应交增值税(销项税额)　　102(红字)

(2) 当购买方与销售方均未入账时发生退货或折让，购买方需将原发票退回销售方，销货方在收到退回的发票联和抵扣联上加盖“作废”章后粘贴到发票存根处，再按实际购买额重开发票的价款和税款入账。当购买方与销售方均已入账后发生退货或折让，在发票联及抵扣联无法退还的情况下，将由购买方向其主管税务机关要求开具“企业进货退出及索取折让证明单”。

【例 2-8】

2015 年 9 月 2 日，济南 A 物流企业与 H 公司签订合同，为其提供购进货物的运输服务，H 公司于签订协议时全额支付现金 6 万元，且开具了增值税专用发票。9 月 8 日，由于前往目的地的道路被冲毁，双方同意中止履行合同。H 公司将尚未认证专用发票退还给 A 企业，A 企业返还运费。

【解析】

① A 企业 9 月 2 日取得运输收入的会计处理如下。

借：库存现金　　60 000

　　贷：主营业务收入——运输　　54 054.05

　　　　应交税费——应交增值税(销项税额)　　5 945.95

② A 企业 9 月 8 日发生服务中止的会计处理如下。

借：银行存款　　−60 000

　　贷：主营业务收入——运输　　−54 054.05

　　　　应交税费——应交增值税(销项税额)　　−5 945.95

【例 2-9】

2015 年 9 月，无锡 X 设备租赁公司出租给 L 公司两台数控机床的齿轮存在故障无法运转，要求 X 公司派人进行维修并退还 L 公司维修期间租金 2 万元，L 公司至主管税务机关开具《开具红字增值税专用发票通知单》，X 公司开具红字专用发票，退还已收租金 2 万元。

【解析】

① 9 月取得租金收入的会计处理如下。

借：银行存款　　180 000

　　贷：主营业务收入——设备出租　　153 846.15

　　　　应交税费——应交增值税(销项税额)　　26 153.85

② 开具红字专用发票的会计处理如下。

借：银行存款　　20 000

　　贷：主营业务收入——运输　　−17 094.02

　　　　应交税费——应交增值税(销项税额)　　−2 905.98

4. 委托代销货物的销项税额的会计处理

例 2-10 演示了委托代销货物的销项税额的会计处理方法。

【例 2-10】

某商业批发企业委托天方商店(一般纳税人)代销 B 商品 400 件,合同规定含税代销价为 234 元/件,手续费按不含税销售额的 5%支付,该商品进价 150 元/件。

【解析】

会计处理如下。

拨付委托代销商品时(按进价)

借:发出商品——委托代销商品 60 000

　　贷:库存商品——B 商品 60 000

在 180 日内收到天方商店报来的代销清单时

借:应收账款——天方商店 35 100

　　贷:主营业务收入 30 000

　　　　应交税费——应交增值税(销项税额) 5 100

如果委托代销商品已满 180 日而未收到代销清单,应在当期确认销项税额,但不确认收入。

借:应收账款 5 100

　　贷:应交税费——应交增值税(销项税额) 5 100

如果委托代销商品超过 180 日而未收到代销清单,应在当期确认销项税额,但不确认收入。

借:应收账款 5 100

　　贷:应交税费——应交增值税(销项税额) 5 100

收到天方商店汇来的款项和手续费普通发票时,普通发票列明:扣除手续费 1 500 元,实收金额 33 600 元。

借:银行存款 33 600

　　销售费用 1 500

　　贷:应收账款——天方商店 35 100

结转委托代销商品成本时

借:主营业务成本 22 500

　　贷:发出商品——委托代销商品 22 500

第三节 进项税额的会计核算

一、进项税额的概述

(一) 定义

进项税额是指纳税人购进货物或接受应税劳务所支付或负担的增值税税额。它与销项税额相对应,都属于流转税。

(二) 进项税额的抵扣规定

1. 允许从销项税额中抵扣的进项税额

(1) 增值税专用发票

从货物销售方、加工修理修配劳务或者应税服务提供方取得的增值税专用发票(包括货物运输业增值税专用发票、税控系统开具的机动车销售统一发票,以下简称增值税专票)上注明的增值税税额。

增值税专用发票(专票)是一般纳税人从销项税额中抵扣进项税额的扣税凭证,且是目前最主要的一种扣税凭证。增值税专用发票目前抵扣的期限是自开票之日起 180 日内进行认证抵扣。

(2) 海关进口增值税专用缴款书

在进口货物办理报关进口手续时,纳税人需向海关申报缴纳进口增值税并从海关取得完税证明即海关进口增值税专用缴款书(以下简称海关专缴书)。

2013 年 7 月 1 日起,增值税一般纳税人进口货物取得的海关专缴书,需经税务机关稽核比对相符后,其增值税税额方能作为进项税额在销项税额中抵扣。

纳税人取得的海关专缴书,应自开具之日起 180 日内向主管税务机关报送海关完税凭证抵扣清单(电子数据),申请稽核比对,逾期未申请的其进项税额不予抵扣。

(3) 农产品收购凭证

从农户收购农产品,按照收购单位自行开具农产品收购发票上注明的农产品买价和13%的扣除率计算的进项税额,从销项税额中抵扣。

① 必须是农业生产者自产自销初级农业产品。

② 其买价仅限于收购凭证上注明的价款(含农业特产税)。

小贴士

对于烟叶,准予并入烟叶产品的买价计算增值税的进项税额,并在计算增值税时予以抵扣。烟叶收购金额包括纳税人支付给烟叶销售者的烟叶收购价款和价外补贴,价外补贴统一按烟叶收购价的10%计算。公式如下:

烟叶收购金额 = 烟叶收购价款 ×(1 + 10%)

烟叶税应纳税额 = 烟叶收购金额 × 税率(20%)

准予抵扣的进项税额 =(烟叶收购金额 + 烟叶税应纳税额)× 扣除率

(4) 中华人民共和国通用税收缴款书

接受境外单位或者个人提供应税服务,代扣代缴增值税而取得的中华人民共和国通用税收缴款书(以下简称通用缴款书)上注明的增值税税额。

根据《试点实施办法》第六条规定,境外单位或者个人向境内提供应税服务的,应由代理人或境内接受劳务的试点纳税人作为扣缴义务人。

扣缴义务人凭通用缴款书上注明的增值税税额从应税服务的销项税额中抵扣。

(5) 关于运费

一般来讲,购买运输服务,取得专用发票就可以抵扣进项税,税率为 11%,无论是在销售过程中还是采购过程中。

从小规模纳税人接受交通运输劳务，小规模纳税人向主管税务机关申请代开增值税专票，受票方可按代开增值税专票注明的税额抵扣进项税额，税率为3%。

销售过程中使用自有运输工具完成货物运输，应视为价外费用一并缴纳销项税。若在销售过程中代垫运费，则不能抵扣进项税。

关于运费的抵扣，《财政部、国家税务总局关于在全国开展交通运输业和部分现代服务业营业税改征增值税试点税收政策的通知》(财税37号)附件1第二十二条规定：从销售方或者提供方取得的增值税专用发票(含货物运输业增值税专用发票、税控机动车销售统一发票)上注明的增值税额；接受铁路运输服务，按照铁路运输费用结算单据上注明的运输费用金额7%的扣除率计算的进项税额。进项税额计算公式为

$$进项税额=运输费用金额\times扣除率$$

运输费用金额是指铁路运输费用结算单据上注明的运输费用(包括铁路临管线及铁路专线运输费用)、建设基金，不包括装卸费、保险费等其他杂费。

2. 不允许从销项税额中抵扣的进项税额

不允许从销项税额中抵扣的进项税额如下。

(1) 用于非增值税项目、免税项目、非正常损失、集体福利、个人消费的购进货物或者应税劳务

购进货物后，增值税链条中断，不可能再有销售环节的销项税出现的，不得抵扣进项税。如用于非增值税项目、免税项目、非正常损失、集体福利、个人消费的购进货物或者应税劳务。

非增值税应税项目是指营业税应税劳务、销售不动产和不动产在建工程(纳税人新建、改建、扩建、修缮、装饰建筑物，均属于不动产在建工程)。只有那些专门用于不征收增值税项目或者应作进项税额转出的项目，其进项税额才是不能抵扣的。只要它们用于增值税应税项目，那么即便它同时又用于非增值税应税项目、免税项目、非正常损失、集体福利和个人消费，其全部进项税额也是可以抵扣的。如一台车床，既可以用来生产免税军品，也可以用来生产应税的民用物品，但是二者没有绝对的界限。

(2) 非正常损失的应税劳务

所谓非正常损失，是指因管理不善造成被盗、丢失、霉烂变质的损失。(**注意**：不包括自然灾害损失。)非正常损失具体包括：非正常损失的购进货物及相关的应税劳务；非正常损失的在产品、产成品所耗用的购进货物或者应税劳务。

非正常损失货物不得抵扣的进项税额，在增值税中不得扣除(需做进项税额转出处理)；在企业所得税中，可以将转出的进项税额计入企业的损失，在所得额中扣除。

小贴士

从2013年8月1日起，只要是增值税一般纳税义务人(包括原增值税一般纳税义务人和营改增一般纳税义务人)购买的自用的应征消费税的汽车、摩托车、游艇，都可以抵扣进项税。

(3) 其他

① 接受的旅客运输服务。一般意义上，旅客运输服务主要接受对象是个人。对于一般

纳税人购买的旅客运输劳务，难以准确地界定接受劳务的对象是企业还是个人，因此，一般纳税人接受的旅客运输劳务不得从销项税额中抵扣。

② 与非正常损失购进货物相关的交通运输业服务，与非正常损失的在产品、产成品所耗用购进货物相关的交通运输业服务。

③ 纳税人取得的增值税扣税凭证不符合法律、行政法规或者国家税务总局有关规定的，其进项税额不得从销项税额中抵扣。

3. 扣减发生期进项税的规定

已经抵扣进项税额的购进货物或者应税劳务发生总支出，暂行条例规定不允许抵扣情况的，应将该购进货物和应税劳务的进项税额从当期发生的进项税额中扣减。若无法准确确定，按实际成本乘以按征税时该货物或应税劳务适用的税率计算应扣减的进项税。

4. 进货退回或折让的税务处理

一般纳税人因进货退回或折让而收回的增值税，应从发生进货退回或折让当期的进项税中扣减。如不按规定处理，则属于偷税行为。

二、进项税额的会计处理

应交税费(增值税)明细账设置“进项税额”专栏记录企业购入货物或接受应税劳务而支付的、准予从销项税额中抵扣的增值税税额。企业购入货物或接受应税劳务支付的进项税额，用蓝字登记；退回所购货物应冲销的进项税额，用红字登记。

1. 外购货物

企业从国内采购货物，借方可能涉及的会计账户有：材料采购、原材料和应交税费——应交增值税(进项税额)；贷方可能涉及的会计账户有：银行存款或应付账款或应付票据。

【例 2-11】

某企业于 4 月外购钢材一批，已收到增值税专用发票一张，发票上价款 200 000 元，税金 34 000 元，款项已付，钢材已验收入库。

【解析】

会计处理如下。

借：原材料 200 000

应交税费——应交增值税(进项税额) 34 000

贷：银行存款 234 000

【例 2-12】

天华工厂 9 月 6 日收到银行转来的购买光明工厂丙材料的“托收承付结算凭证”及发票，数量为 5 000 千克，价格为 11 元/千克，增值税进项税额为 9 350 元；支付运输费用 600 元(不含税)，进项税额 66 元(600×11%)，采用验单付款。

【解析】

会计处理如下。

借：在途物资（光明工厂） 55 600
　　应交税费——应交增值税（进项税额） 9 416
　　贷：银行存款 65 016

【例 2-13】

2015 年 8 月，济南 A 物流企业，当月委托上海 B 企业一项运输业务，取得 B 企业开具的货物运输业增值税专用发票，价款 20 万元，注明的增值税额为 2.2 万元。

【解析】

A 企业取得 B 企业货物运输业增值税专用发票后的会计处理如下。

借：主营业务成本 200 000
　　应交税费——应交增值税（进项税额） 22 000
　　贷：应付账款——B 企业 222 000

【例 2-14】

2015 年 9 月 2 日，济南 A 物流企业（一般纳税人）与 H 公司（一般纳税人）签订合同，为其提供购进货物的运输服务，H 公司于签订协议时全额支付现金 6 万元，且开具了专用发票。9 月 8 日，由于前往目的地的道路被冲毁，双方同意中止履行合同。H 公司将尚未认证的专用发票退还给 A 企业，A 企业返还运费。

【解析】

(1) H 公司 9 月 2 日取得专用发票的会计处理如下

借：在途物资 54 054.05
　　应交税费——应交增值税（进项税额） 5 945.95
　　贷：库存现金 60 000

(2) H 公司 9 月 8 日发生服务中止的会计处理如下

借：银行存款 60 000
　　贷：在途物资 54 054.05
　　　　应交税费——应交增值税（进项税额） 5 945.95

2. 购进固定资产

企业购买、自制固定资产时，取得增值税专用发票并支付进项税额，会计处理方法与增加存货基本相同。外购时，借记“应交税费——应交增值税（进项税额）”账户。按专用发票记载的应计入固定资产价值的金额，借记“固定资产”“在建工程”等账户，按应付或实付的金额，贷记“银行存款”“应付账款”“应付票据”“长期应付款”等账户。

对于购置固定资产时发生的运费，在取得货物运费发票并经过国税、地税交叉稽核比对无误后，按税法规定准予抵扣的部分直接记入“应交税费——应交增值税（进项税额）”账户，其余部分转入固定资产价值，会计处理方法与材料采购的会计处理方法相同；若购入的固定资产发生退货，则做相反的会计处理。

【例 2-15】

M 公司从某企业采购需安装的生产用机器设备一台，专用发票上注明价款 40 万元，增值税税额 6.8 万元。

【解析】

会计处理如下。

借：在建工程　　400 000

　　应交税费——应交增值税(进项税额)　　68 000

　　贷：银行存款　　468 000

【例 2-16】

2015 年 10 月，济南 S 生物科技公司委托浙江某铁路运输服务公司运送购买的技术研发用设备一套，支付费用 4 500 元，其中运费 4 000 元，上下力资 500 元，取得运费发票。

【解析】 接受交通运输业服务，取得铁路运输费用结算单据，按照运输费用金额和 7% 的扣除率计算进项税额。

借：固定资产——研发设备　　4 220(4 000×93%+500)

　　应交税费——应交增值税(进项税额)　　280

　　贷：库存现金　　4 500

3. 委托加工物资进项税额的会计处理

委托方根据专用发票上注明的加工费或应税劳务的增值税税额，借记"应交税费——应交增值税(进项税额)"账户。

【例 2-17】

天华工厂委托东方木器厂加工产品包装用木箱，发出材料 16 000 元，支付加工费 3 600 元和增值税税额 612 元。支付给承运部门的往返运杂费 400 元(含税)。

【解析】

会计处理如下。

(1) 发出材料时

借：委托加工物资　　16 000

　　贷：原材料　　16 000

(2) 支付加工费和增值税税额时

借：委托加工物资　　3 600

　　应交税费——应交增值税(进项税额)　　612

　　贷：银行存款　　4 212

(3) 支付往返运杂费时

$$进项税额=400\div(1+11\%)\times11\%=39.64(元)$$

借：委托加工物资　　360.36

　　应交税费——应交增值税(进项税额)　　39.64

　　贷：银行存款　　400

（4）结转加工材料成本时

借：包装物——木箱 19 960.36

　　贷：委托加工物资 19 960.36

4. 投资转入货物进项税额的会计处理

接受投资转入的货物，按照双方确认的价值（不含增值税），借记“原材料”“库存商品”等账户，按照专用发票上注明的或根据确认货物价值换算的增值税税额，借记“应交税费——应交增值税（进项税额）”账户，按照双方确认的所有者权益（注册资本）份额，贷记“实收资本”或“股本”账户，其差额贷记“资本公积（资本溢价）”账户。

如果对方是以固定资产（如机器、设备等）进行投资，进项税额应借记“应交税费——应交增值税（进项税额）”账户，按投资确认的价值，借记“固定资产”账户，贷记“实收资本”账户。

【例 2-18】

A 公司接受参加联营的 B 企业以原材料作为投资，开出一份增值税专用发票，直接将货物送到仓库验收入库。增值税专用发票上注明：货款 256 410 元，增值税税额 43 590 元，价税合计 300 000 元；假设确认 B 企业的注册资本份额为 250 000 元。

【解析】

会计处理如下。

借：原材料 256 410

　　应交税费——应交增值税（进项税额） 43 590

　　贷：实收资本——A 企业 250 000

　　　　资本公积——资本溢价 50 000

5. 购入环保设备进项税额的会计处理

【例 2-19】

华光公司 8 月 1 日购入环保处理设备一台，增值税专用发票载明价款为 45 万元，增值税税额为 7.65 万元，支付设备安装费为 0.9 万元，款项均从银行支付。根据有关规定，该项设备得到市级财政一次性补助 21 万元，款已到账。该设备预计使用 5 年，假定无残值。

【解析】

会计处理如下。

（1）购入环保设备并安装时

借：在建工程——环保设备 459 000

　　应交税费——应交增值税（进项税额） 76 500

　　贷：银行存款 535 500

（2）设备交付使用时

借：固定资产——环保设备 459 000

　　贷：在建工程——环保设备 459 000

(3) 收政府补助时

借：银行存款　　210 000

　　贷：递延收益——环保设备补助　　210 000

(4) 每月计提固定资产折旧

每月计提固定资产折旧＝459 000÷5÷12＝7 650(元)

借：制造费用——折旧费用　　7 650

　　贷：累计折旧　　7 650

(5) 每月摊销递延收益时

与设备有关的收益＝210 000÷5÷12＝3 500(元)

借：递延收益——环保设备补助　　3 500

　　贷：营业外收入——政府补助　　3 500

6. 购进免税农产品进项税额的会计处理

购进农产品，除取得增值税专用发票或者海关进口增值税专用缴款书外，按照农产品收购发票或者销售发票上注明的农产品买价和13%的扣除率计算进项税额(但购进农产品，按照《农产品增值税进项税额核定扣除试点实施办法》抵扣进项税额的除外)。

计算公式为

进项税额＝买价×扣除率

式中，买价是指纳税人购进农产品在农产品收购发票或者销售发票上注明的价款和按照规定缴纳的烟叶税。

【例 2-20】

某企业为一食品加工厂，2015 年 11 月从某家庭农场购入小麦 100 吨，每吨 600 元，开具的税务主管机关核准使用的收购凭证上收购款总计 60 000 元。

【解析】

应按购入农产品的买价和规定的扣除率计算“应交税费——应交增值税”。

会计处理如下。

借：原材料　　52 200

　　应交税费——应交增值税(进项税额)　　7 800

　　贷：银行存款　　60 000

7. 销售货物所支付运费的进项税额扣除

【例 2-21】

甲生产企业向乙工业企业销售一批货物，货物适用增值税税率为 17%，甲、乙为增值税一般纳税人，货物价款 200 000 元，由甲生产企业委托丙运输公司运抵乙企业，甲向该运输公司支付运费 2 220 元，丙向甲开具了货物运输业增值税专用发票。假设丙运输公司为一般纳税人。款项均通过银行支付。

【解析】

甲销售货物的会计处理如下。

借：银行存款　　　　　　　　　　　　　　　　　234 000

　　贷：主营业务收入　　　　　　　　　　　　　　　　200 000

　　　　应交税费——应交增值税（销项税额）　　　34 000（200 000×17%）

甲支付运费的会计处理如下。

借：销售费用　　　　　　　　　　　　2 000[2 220÷(1+11%)]

　　应交税费——应交增值税（进项税额）　　　　220 [2 220÷(1+11%)×11%]

　　贷：银行存款　　　　　　　　　　　　　2 220

8. 外购货物所支付运费的进项税额扣除

【例 2-22】

丙公司为增值税一般纳税人，外购一批货物，货物价款 200 000 元，增值税税率 17%，由其他承运者通过铁路运输，支付运费 1 500 元、建设基金 140 元以及装卸费等其他杂费 300 元，分别取得增值税专用发票和符合税法规定的铁路运费结算单据。款项均通过银行支付。

【解析】

丙公司进项税额＝外购不含税货款×增值税税率＋（运费＋建设基金）×扣除率

即　　　　　200 000×17%＋(1 500＋140)×7%＝34 114.80(元)

会计处理如下。

借：原材料（或库存商品、固定资产）　　　　　　　201 825.20

　　应交税费——应交增值税（进项税额）　　　　　　34 114.80

　　贷：银行存款　　　　　　　　　　　　　　　　　　235 940

　　　　　　　　(200 000×1.17＋1 500＋140＋300)

【例 2-23】

接例 2-22，假如通过公路运输该批货物，运输企业为一般纳税人，丙取得货物运输业增值税专用发票，其他条件不变。

【解析】

会计处理如下。

借：原材料（或库存商品、固定资产）　　　　　　　201 747.75

　　应交税费——应交增值税（进项税额）　　　　　　34 192.25

　　　　[200 000×17%＋(1 500＋140＋300)÷(1＋11%)×11%]

　　贷：银行存款　　　　　　　　　　　　　　　　　　235 940

注意：公路运输劳务抵扣金额是指增值税专用发票的金额，包括装卸费、保险费等其他杂费。

【例 2-24】

接例 2-22，假如通过公路运输该批货物，运输企业为小规模纳税人，丙取得了从税务局代开的专用发票。其他条件不变。

【解析】

会计处理如下。

借：原材料（或库存商品、固定资产）　　201 883.50

　　应交税费——应交增值税（进项税额）　　34 056.50

　　　　[200 000×17%+(1 500+140+300)÷(1+3%)×3%]

　　贷：银行存款　　235 940

注意：税务局代开的货运增值税专用发票，实行凭票抵扣，征3%抵3%。

第四节　进项税额转出的会计核算

一、进项税额转出

《增值税暂行条例》第十条规定，当纳税人购进的货物或接受的应税劳务不是用于增值税应税项目，而是用于非应税项目、免税项目或用于集体福利、个人消费等情况时，其支付的进项税就不能从销项税额中抵扣。

在实际工作中，经常存在纳税人当期购进的货物或应税劳务事先并未确定将用于生产或非生产经营，但其进项税额已在当期销项税额中进行了抵扣，当已抵扣进项税额的购进货物或应税劳务改变用途，用于非应税项目、免税项目、集体福利或个人消费等，购进货物发生非正常损失，在产品和产成品发生非正常损失时，应将购进货物或应税劳务的进项税额从当期发生的进项税额中扣除，在会计处理中记入“进项税额转出”账户。

二、增值税进项税额转出的会计处理

（一）购进货物改变用途时进项税额转出的会计处理

购进货物改变用途是指将购进的本来用于增值税应税项目的货物转用于非增值税应税项目、免征增值税项目、集体福利或者个人消费。由于其进项税额在购进货物当期已得到了抵扣，因此改变用途或发生非正常损失当期应做进项税额转出处理。

1. 购进货物用于非应税项目时进项税额转出的会计处理

非应税项目是指提供非增值税应税劳务，转让无形资产、销售不动产和不动产在建工程。

【例 2-25】

甲公司将购入的原材料，全部用于本企业的基建工程，增值税专用发票上注明材料价款为30 000元，增值税税额5 100元。

【解析】

会计处理如下。

借：在建工程　　35 100

　　贷：原材料　　30 000

　　　　应交税费——应交增值税（进项税额转出）　　5 100

2. 购进货物用于免税项目时进项税额转出的会计处理

《增值税暂行条例实施细则》第二十七条规定，下列项目免征增值税：农业生产者销售的自产农业产品；避孕药品和用具；古旧图书；直接用于科学研究、科学试验和教学的进口仪器、设备；外国政府、国际组织无偿援助的进口物资和设备；由残疾人组织的直接进口供残疾人专用的物品；销售自己使用过的物品。

【例 2-26】

某自行车厂既生产自行车，又生产供残疾人专用的轮椅。为生产轮椅领用原材料 10 000 元，该批材料在购进时增值税专用发票注明的进项税额为 1 700 元。

【解析】

会计处理如下。

借：生产成本——轮椅	11 700	
贷：原材料		10 000
应交税费——应交增值税(进项税额转出)		1 700

3. 购进货物用于集体福利或个人消费时进项税额转出的会计处理

用于集体福利或个人消费的购进货物是企业内部设置供职工使用的食堂、浴室、理发室、宿舍、幼儿园等福利设施及其设备、物品等。购进货物用于集体福利或个人消费时，已改变了用途，成为最终消费品，因此，进项税额不能抵扣。

【例 2-27】

某企业维修内部职工浴室领用原材料 20 000 元，其中购买原材料时抵扣进项税 3 400 元。

【解析】

会计处理如下。

借：应付职工薪酬——职工福利	23 400	
贷：原材料		20 000
应交税费——应交增值税(进项税额转出)		3 400

(二) 购进货物发生非正常损失时进项税额转出的会计处理

非正常损失是指因管理不善造成被盗、丢失、霉烂、变质的损失，不包括自然灾害损失。

购进货物发生非正常损失，或购进货物已经用于增值税应税项目，但与之相关的在产品、产成品发生非正常损失，由于这部分存货将永久退出企业正常的生产经营过程，最终不会产生相应的销项税额，从而导致增值税抵扣环节的中断，因此其进项税额也不能抵扣，于是需要将进项税额转出。

如购进货物是因自然灾害造成的损失，则不需要将进项税额转出。

【例 2-28】

某企业购进的一批原材料发生了 10 000 元损失，经查实，其中有 7 000 元的材料因自然灾害造成损失，有 1 000 元的材料发生了霉烂、变质，有 2 000 元的材料因管理人员失职造成丢失。该批材料在购进时增值税专用发票注明的进项税额为 1 700 元。

【解析】

会计处理如下。

$$进项税额转出额=(1\ 000+2\ 000)\times17\%=510(元)$$

(1) 企业发生非正常损失材料

借：待处理财产损溢——待处理流动资产损溢　　10 510

　　贷：原材料　　10 000

　　　　应交税费——应交增值税(进项税额转出)　　510

(2) 批准转销时

借：营业外支出——非正常损失　　7 000

　　管理费用　　1 170

　　其他应收款——保管员　　2 340

　　贷：待处理财产损溢——待处理流动资产损溢　　10 510

【例 2-29】

2015 年 5 月甲企业的一批产成品发生非正常损失，其实际成本为 30 000 元，其中损耗 2015 年 3 月购入的材料成本为 21 860 元，损失原因尚未查明。由于所损失的产成品的实际成本中只有所耗用的购进原材料、应税劳务等产生进项税额，因此在计算产成品的进项税额转出额时，按其所耗用的购进原材料、应税劳务的成本计算进项税额转出额。

【解析】

$$进项税额转出额=21\ 860\times17\%=3\ 716.20(元)$$

借：待处理财产损溢　　25 576.20

　　贷：库存商品　　21 860

　　　　应交税费——应交增值税(进项税额转出)　　3 716.20

【例 2-30】

丁企业因管理不善，毁损一批 2015 年 8 月购入的材料，该批原材料账面成本为 21 000 元(含运费 1 000 元)。假如丁企业为一般纳税人，丁购货时，分别取得增值税专用发票和货物运输业增值税专用发票。

【解析】

$$\begin{aligned}丁企业不能抵扣的增值税进项税额&=(21\ 000-1\ 000)\times17\%+1\ 000\times11\%\\&=3\ 510(元)\end{aligned}$$

会计处理如下。

借：原材料　　3 510

　　贷：应交税费——应交增值税(进项税额转出)　　3 510

注意：货物运输业增值税专用发票实行凭票抵扣。

【例 2-31】

接例 2-30，假如丁企业购货时分别取得增值税专用发票和货物运输业增值税普通发票。

【解析】

丁企业不能抵扣的增值税进项税额＝(21 000－1 000)×17％＝3 400(元)

会计处理如下。

借：原材料　　3 400

　　贷：应交税费——应交增值税(进项税额转出)　　3 400

注意：货物运输业增值税普通发票不得抵扣进项税。

【例 2-32】

接例 2-30，假如丁企业购货时，分别取得增值税专用发票和税务局代开的货物运输业增值税专用发票。

【解析】

丁企业不能抵扣的增值税进项税额＝(21 000－1 000)×17％＋1000×3％＝3 430(元)

会计处理如下。

借：原材料　　3 430

　　贷：应交税费——应交增值税(进项税额转出)　　3 430

注意：除铁路运输外，取消其他运输单据征 3％抵 7％的规定，代开的货物运输业增值税专用发票征 3％抵 3％。

【例 2-33】

接例 2-30，假如丁企业购货时采用的是铁路运输，分别取得增值税专用发票和铁路运费结算单据。

【解析】

丁企业不能抵扣的增值税进项税额＝(21 000－1 000)×17％＋1 000÷(1－7％)×7％
＝3 475.27(元)

会计处理如下。

借：原材料　　3 475.27

　　贷：应交税费——应交增值税(进项税额转出)　　3 475.27

注意：铁路运输按运输发票进项税额采用计算扣除，购买时进项税额＝铁路发票全额×7％。当货物发生非正常损失时，必须将之前已计入该货物采购成本的运费(这里指购进货物取得铁路运输发票时已按照 7％计算进项税额后的余额)和已计入进项税额的运费转出，运费的进项税额转出＝计入成本的运费÷(1－7％)×7％。

第五节　出口退税的会计核算

一、出口货物免退增值税的基本内容

(一) 出口退税的定义

出口产品退(免)税，简称出口退税，从狭义上说，就是将出口货物在国内生产和流通过程中已经缴纳的间接税予以退还的政府行为；而从广义上说，出口退税还包括通过免税或抵税等诸多形式使出口货物所含间接税趋于零的政府行为。

其目的是通过退还出口产品的国内已纳税款来平衡国内产品的税收负担，使本国产品以不含税成本进入国际市场，与国外产品在同等条件下进行竞争，从而增强竞争能力，扩大出口创汇。

(二) 我国出口货物税收政策的形式

1. 出口免税并退税

出口免税并退税是指对货物在出口环节不征增值税、消费税，同时指对货物在出口前实际承担的税收负担，按规定的退税率计算后予以退还。

2. 出口免税不退税

出口免税不退税是指对企业自营出口或委托代理出口的货物在出口环节不征税，也不退税。

3. 出口不免税也不退税

出口不免税也不退税是指对国家限制或禁止出口的某些货物的出口环节视同内销环节，照常征税，同时对这些货物出口不退还出口前其所负担的税款。

(三) 退税额的计算方法

1. 退税率

出口货物的退税率，是退税额和退税计税依据之间的比例。1994 年实行新税制时，按照规范化的增值税制度，对出口货物实行了零税率，货物出口时，按其征税率退税。从 1995 年 7 月 1 日起，连续多次调整了出口货物的退税率。目前，我国出口货物增值税退税率有 3%、5%、9%、13%、15%、16%、17%等档次。

2. 免退税额的计算方法

出口货物只有在适用既免税又退税的政策时，才会涉及如何计算退税的问题。由于各类出口企业对出口货物的会计核算办法不同，世界各国根据本国国情和税收制度，对出口货物免退增值税主要采取三种退税计算办法：第一种办法是"免、抵、退"办法，主要适用于自营和委托出口自产货物的生产企业；第二种办法是"先征后退"办法，目前主要用于收购货物出口的外(工)贸企业；第三种是"免税采购"办法。

(1) "免、抵、退"办法

实行"免、抵、退"税管理办法的"免"税是指对生产企业出口的自产货物，免征本企业生产销售环节增值税；"抵"税是指生产企业出口自产货物所耗用的原材料、零部件、燃料、动力等所含应予以退还的进项税额，抵顶内销货物的应纳税额；"退"税是指生产企业出口的自产货物在当月内应抵顶的进项税额大于应纳税额时，对未抵顶完的部分予以退税。

① 当期应纳税额的计算

当期应纳税额 = 当期内销货物的销项税额 −（当期进项税额 − 当期"免、抵、退"税不得免征和抵扣税额）− 上期留抵税额

当期"免、抵、退"税不得免征和抵扣税额 = 当期出口货物离岸价 × 外汇人民币牌价 ×（出口货物征税率 − 出口货物退税率）

注意：上式"当期出口货物离岸价×外汇人民币牌价"一般是指企业当期账面的出口销售收入。

② 当期免抵退税额的计算

免抵退税额＝当期出口货物离岸价×外汇人民币牌价×出口货物退税率

注意：上式"当期出口货物离岸价×外汇人民币牌价"一般是指企业当期申报退税并审核通过的出口销售收入。

③ 当期应退税额和免抵税额的计算

若当期期末留抵税额≤当期免抵退税额，则当期应退税额＝当期期末留抵税额；当期免抵税额＝当期免抵退税额－当期应退税额。

若当期期末留抵税额＞当期免抵退税额，则当期应退税额＝当期免抵退税额；当期免抵税额＝0。

当期期末留抵税额根据当期增值税纳税申报表中"期末留抵税额"确定。

（2）"先征后退"办法

实行"先征后退"办法，是指纳税人出口货物时，先视同内销货物计算缴纳增值税；待办理完报关等手续后，税务机关再将货物在以前市场流通环节所负担的增值税税款连同在出口环节缴纳的增值税税款一起退还给纳税人。

这种方法适用于有进出口经营权的外贸企业直接出口或委托其他外贸企业代理出口的货物，以及其他特准退税的企业出口的货物。

外贸企业出口销售环节的增值税免征；其收购货物的成本部分，因外贸企业在支付收购货物的同时也支付了生产经营该类商品的企业已纳的增值税税款，因此，在货物出口后按收购成本与退税率计算退税还给外贸企业，征、退之差计入企业成本。

外贸企业出口货物增值税的计算应依据购进出口货物增值税专用发票上所注明的进项金额和退税率计算。

应退税额＝外贸收购不含增值税购进金额×退税率

出口企业的出口货物，待货物出口并办理完报关等出口退税手续后，经主管出口退税的税务机关的审核批准，依据购进货物所取得的增值税专用发票上列明的购进金额和该货物适用的增值税出口退税率计算退税并予以退税。

（3）"免税采购"办法

"免税采购"办法作为一种新型的出口货物免退税方法，正逐步被一些国家所采纳。"免税采购"是指对出口供货企业销售给出口企业用于出口的货物或者用于生产出口货物的原材料（含国产和进口的原材料），不需向税务机关或海关缴纳增值税，出口企业以不含税价格购进再出口后，也不实行退税。

（四）出口货物退（免）税的企业范围

1. 具有外贸进出口经营权的企业

对于非贸易的出口货物，如捐赠品、不作销售的展品、样品以及个人在国内购买自带离境的货物等，不能办理出口退税。

2. 特定的出口退税企业

特定的出口退税企业主要包括：对外承包工程公司；对外修理、修配企业；外轮供应公司、远洋运输供应公司；对外经济贸易合作部批准设立的外商投资性公司，为其所投资的企业代理出口该企业的自产货物，应按规定予以退（免）税；国家旅游局所属中国免税品公司统一管理的出境口岸免税店；按国家规定的钢材销售计划，负责销往保税区“以产顶进”国产钢材业务的列名钢铁企业。

另外，生产企业委托外贸企业代理出口的自产货物，以及外贸企业委托外贸企业代理出口的货物，一律在委托方退（免）税。

小贴士

生产企业自营或委托外贸企业代理出口的自产货物和视同自产货物，除另有规定者外，增值税一律实行“免、抵、退”税管理办法。免抵退税计算实际上涉及免、剔、抵、退四个步骤。

“免、抵、退”的计算可分为下列七个步骤。

第一步，计算免抵退税不得免征和抵扣税额抵减额；

第二步，剔税：计算不得免征和抵扣税额；

第三步，抵税：计算当期应纳增值税税额；

第四步，计算免、抵、退税额抵减额；

第五步，计算免、抵、退税额；

第六步，比较确定应退税额；

第七步，确定免、抵税额。

二、出口退税的会计核算

（一）生产企业退税的会计核算

根据现行会计制度的规定，生产企业对出口货物实行“免、抵、退”办法的核算，主要涉及“应交税费——应交增值税”“应交税费——未交增值税”“应交税费——增值税检查调整”和“应收出口退税”科目。

其中“应交税费——应交增值税”的借方有“进项税额”“已交税金”“减免税金”“出口抵减内销产品应纳税额”“转出未交增值税”这 5 个专栏，贷方设有“销项税额”“出口退税”“进项税额转出”“转出多交增值税”这 4 个专栏。

需要注意的是，这些专栏核算时借贷方是固定的，增加用蓝字，减少用红字。在一般情况下，企业取得主管退税机关出具的生产企业出口货物免抵退税审批通知书后，根据上面注明的免抵税额、应退税额分别借记“应交税费——应交增值税（出口抵减内销产品应纳税额）”“应收出口退税”科目，根据上面注明的免抵退税总额贷记“应交税费——应交增值税（出口退税）”科目。

1. 企业采购环节

购进用于加工出口货物的材料价款、运杂费等借记“在途物资或材料采购”科目，按增值税专用发票上注明的进项税额借记“应交税费——应交增值税（进项税额）”科目，按照应付或实际支付的金额贷记“应付账款”“应付票据”“银行存款”等科目。

2. 加工货物出口销售后，结转主营业务成本

加工货物出口销售后，结转主营业务成本时，借记"主营业务成本"科目，贷记"库存商品"科目；企业按规定的增值税征收率与退税率之差计算的出口货物不得免征和抵扣税额，借记"主营业务成本"科目，贷记"应交税费——应交增值税（进项税额转出）"科目；用全部进项税额中剔除出口货物不得免征和抵扣税额后的余额去抵减内销货物的销项税额，即为当期应纳税额或当期留抵税额。

月末对当期应纳税额，借记"应交税费——转出未交增值税"科目，贷记"应交税费——未交增值税"科目；申报入库时借记"应交税费——未交增值税"科目，贷记"银行存款"科目。

3. 计算当期应退税额

对按规定计算出的当期应退税额，借记"应收出口退税"科目，当期免抵税额借记"应交税费——应交增值税（出口抵减内销应纳税额）"科目，按当期计算的免抵退税额，贷记"应交税费——应交增值税（出口退税）"科目，此项会计处理一般是在取得主管退税机关出具的生产企业免抵退税审批通知单后做。

4. 收到退税款

收到税务机关退回的增值税税额借记"银行存款"科目，贷记"应收出口退税"科目。生产企业已办理退税和免抵税的出口货物发生退关、退货的，应及时到其所在地主管出口退税的税务机关申请办理出口货物退运已办结税务证明，缴纳已退的税款，调整已免抵税额。并作相反的会计分录冲减销售收入和销售成本，调整"不得免征和抵扣税额"。

【例 2-34】

某工业企业生产销售甲产品。某月购入原材料一批，取得的增值税专用发票上注明的材料价款为 60 万元，增值税税额为 10.2 万元；本月内销收入为 120 万元，外销收入按当日市场汇价折合人民币金额为 180 万元。增值税征收率和退税率分别为 17% 和 13%，本月已销产品的生产成本为 180 万元，上期留抵税额 18 万元。购销业务均以银行存款收付。

【解析】

会计处理如下。

（1）购入原材料

借：原材料　　600 000

　　应交税费——应交增值税（进项税额）　　102 000

　　贷：银行存款　　702 000

（2）实现销售收入时

借：银行存款　　3 204 000

　　贷：应交税费——应交增值税（销项税额）　　204 000（1 200 000×17%）

　　　　主营业务收入——内销　　1 200 000

　　　　　　　　　　——外销　　1 800 000

(3) 结转主营业务成本时

借：主营业务成本——内销(按销售比例，1 800 000×40%)　　720 000

　　　　　　　　——外销(按销售比例，1 800 000×60%)　　1 080 000

　　贷：库存商品　　1 800 000

(4) 计算出口货物不得免征和抵扣税额，调整出口货物主营业务成本时

不得免征和抵扣税额=1 800 000×(17%−13%)=72 000(元)

借：主营业务成本——外销　　72 000

　　贷：应交税费——应交增值税(进项税额转出)　　72 000

(5) 计算当期应纳税额、免抵退税额、应退税额

当期应纳税额=1 200 000×17%−(102 000−72 000)−180 000=−6 000(元)

出口货物免抵退税额=1 800 000×13%=234 000(元)

当期期末留抵税额 6 000 元小于当期免抵退税额 234 000 元，则

应退税额=当期期末留抵税额(6 000 元)

借：应交税费——应交增值税(出口抵减内销产品应纳税额)　　228 000

　　应收出口退税　　6 000

　　贷：应交税费——应交增值税(出口退税)　　234 000

(二) 外贸企业进料加工业务核算

【例 2-35】

某外贸企业与外商签订进料加工复出口协议，进口面料 500 米，价值按照银行外汇牌价折合人民币 100 000 元，加工成西服出口，出口离岸价折合人民币 120 000 元。

【解析】

委托加工方式是外贸企业的进料加工方式之一，即外贸企业以进料加工贸易方式从国外进口的料件无偿调拨给加工厂进行加工，加工收回后只付加工费，货物复出口后，凭加工费增值税专用发票、报关单等规定的资料办理退税。

(1) 将进口料件无偿调拨给加工厂进行加工，应提供委托加工合同，由相关部门开具出库单，交财务部门进行核算

借：委托加工商品——××加工厂　　100 000

　　贷：材料物资——原材料——进口　　100 000

(2) 凭加工厂加工费发票结算加工费 10 000 元的核算

借：委托加工商品——××加工厂　　10 000

　　应交税费——应交增值税——出口增值税(进项)　　1 700

　　贷：银行存款　　11 700

(3) 加工出成品入库的核算

由工厂提供入库单据，交财务部门进行核算。

借：库存商品——进出口商品——出口　　110 000

　　贷：委托加工商品　　110 000

（4）成品出口的核算

计算销售收入，核算成本。

借：主营业务成本——自营进出口——出口　110 000
　　贷：库存商品——进出口商品——出口　110 000
借：应收外汇账款　120 000
　　贷：商品销售收入——自营进出口——出口　120 000

（5）加工成品复出口后申报退税的核算

借：主营业务成本——自营进出口——出口　400
　　应收出口退税　1 300
　　贷：应交税费——应交增值税——出口退税　1 300
　　　　　　　　　　　　——进项税额转出　400

（6）收到出口退税核算

借：银行存款　1 300
　　贷：应收补贴款——应收出口退税　1 300

【例 2-36】

根据例 2-35，将进口的原料按实际进料成本作价给加工厂，应提供销售合同及加工合同，开具增值税专用发票，并由相关部门开具出库单，一并交财务部门进行核算。

【解析】

外贸企业进料加工采取作价方式的，作价销售给加工厂开具增值税专用发票，外贸企业到退税部门办理“进料加工贸易申请表”，外贸企业凭着“进料加工贸易申请表”免税，货物复出口后，退税部门对已办理免税部分进行扣除，实际上采用作价方式出口退税仍是加工费那部分的税款。

采取作价从事进料加工复出口业务，未按规定办理进料加工免税证明的，相应的复出口产品，外贸企业不得申请办理退（免）税。

（1）作价销售的核算

进口料件作价销售后，到税务部门办理“进料加工贸易申请表”。

借：应收账款——××加工厂　117 000
　　贷：主营业务收入——进料作价销售　100 000
　　　　应交税费——应交增值税——进料作价增值税（销项）　17 000

（2）结转成本的核算

借：主营业务成本——进料作价销售　100 000
　　贷：原材料——进口　100 000

（3）按价税合计 128 700 元从该加工厂收回成品，应取得入库单及加工厂的增值税专用发票

借：库存商品——进出口商品——出口　110 000
　　应交税费——应交增值税——进料作价增值税（进项）　18 700
　　贷：应收账款——××加工厂　128 700

（4）成品出口的核算

计算销售收入，核算成本。

借：主营业务成本——自营进出口——出口　　　　110 000
　　贷：库存商品——进出口商品——出口　　　　110 000
借：应收外汇账款　　　　120 000
　　贷：主营业务收入——自营进出口——出口　　　　120 000

(5) 申报作价方式收回产品出口退税

国税发[2000]165 号《国家税务总局关于出口退税若干问题的通知》：外贸企业从事的进料加工复出口货物，主管退税的税务机关在计算抵扣进口料件税额时，凡进口料件征税税率小于或等于复出口货物退税税率的，按进口料件的征税税率计算抵扣；凡进口料件征税税率大于复出口货物退税税率的，按复出口货物的退税税率计算抵扣。

应收出口退税＝(110 000－100 000)×13％＝1 300(元)

进项转出税额＝(110 000－100 000)×4％＝400(元)

借：主营业务成本——自营进出口——出口　　　　400
　　应收出口退税　　　　1 300
　　贷：应交税费——应交增值税——出口退税　　　　1 300
　　　　　　　　——应交增值税——进项税额转出　　　　400

退税机关根据企业"进料加工贸易申报表"，将准予扣除的税额在办理退税时在退税额中抵扣。

借：银行存款　　　　1 300
　　贷：应收补贴款——应收出口退税　　　　1 300

三、其他规定

新成立的内外销销售额之和超过 500 万元(含)人民币，且外销销售额占其全部销售额的比例超过 50％(含)的生产企业，如在自成立之日起 12 个月内不办理退税确有困难的，在从严掌握的基础上，经省、自治区、直辖市国家税务局批准，可实行统一的按月计算办理"免、抵、退"税的办法。

为了避免发生出口企业因补征税额而发生经营利润的大起大落，按照权责发生制和配比原则，对出口货物计算应补征的增值税按以下方法处理。

对补征增值税税额中的可退税部分作为当期的应收债权借记"应收出口退税"科目，对征退税率差额部分作为出口成本借记"自营出口销售成本"(或以前年度损益调整)科目，按补征增值税税额，贷记"应交税费——增值税检查调整"科目。

然后对"应交税费——增值税检查调整"科目余额进行处理，借记"应交税费——增值税检查调整"科目，对补征税额冲减进项留抵税额部分贷记"应交税费——应交增值税(进项转出)"科目，对不足冲减应入库部分贷记"应交税费——未交增值税"科目；税款入库后，借记"应交税费——未交增值税"科目，贷记"银行存款"科目。

第六节　减免税的会计核算

一、增值税减免税

1. 增值税免税项目

增值税免税项目包括：农业生产者销售的自产农业产品；避孕药品和用具；古旧图书；直接用于科学研究、科学试验和教学的进口仪器、设备；外国政府、国际组织无偿援助的进口物资和设备；来料加工、来件装配和补偿贸易所需进口的设备；由残疾人组织的直接进口供残疾人专用的物品；销售自己使用过的物品。

凡是税法规定为免税项目的，对用于免税项目的购进货物或应税劳务的进项税额都不能抵扣。

2. 减免税的计算

免税是指国家免征企业“应交税费”。企业要照常计算应扣税金、销项税金，进而算出应交税费，该“应交税费”即为免税税额。

减税包括减率征收和减额征收。减率征收的产品，仍照常计算进项税金，只是在结转销项税金时，按减征的税率计算销项税金。减率产品由于销项税金减少而使应交税费减少，这部分减征税金体现在企业的利润中。

减额征收，企业照常计算进项税金、销项税金和应交税费，然后对应交税费减征一定数额，如果企业既生产减免税产品，同时又生产应税产品，由于进项税金是按购进额计算的，难以按产品分开，因此，通常要按无税生产成本对进项税金进行比例分摊。

二、减免增值税的会计处理

按我国现行增值税的减免规定，减免增值税分为先征收后返回、即征即退、直接减免三种形式。因此，其会计处理也有所不同。

(一) 先征收后返回、即征即退增值税的会计处理

1. 按指定用途返回的会计处理

(1) 用于新建项目

实际收到返回的增值税税款时，直接转作国家资本金。

作会计分录如下。

借：银行存款

　　贷：实收资本——国家投入资本

(2) 用于改建扩建、技术改造

收到返还的增值税税款时，视同国家专项拨款。

作会计分录如下。

借：银行存款

　　贷：专项应付款——××专项拨款

实际用于工程支出时，作会计分录如下。

借：在建工程——××工程

贷：银行存款等

工程完工，报经主管财政机关批准，对按规定予以核销的部分（不构成固定资产价值），作会计分录如下。

借：专项应付款——××专项拨款

贷：在建工程

对构成固定价值的部分，作会计分录如下。

借：固定资产

贷：在建工程

借：专项应付款

贷：资本公积

（3）用于归还长期借款

经批准归还长期借款，即“贷改投”时，可转为国家资本金。作会计分录如下。

借：银行存款

贷：实收资本——国家投入资本

借：长期借款

贷：银行存款

2. 返还进口增值税（即征即退）的会计处理

国家根据需要，可以规定对进口的某些商品应计征的增值税采取即征即退的办法，退税额冲减采购成本，退税的直接受益者必须是以购进商品从事再加工的生产企业。

（二）直接减免增值税的会计处理

1. 小规模纳税人直接减免增值税的会计处理

月份终了时，将应免税的销售收入折算为不含税销售额，按6%或4%的征收率计算免征增值税税额。作会计分录如下。

借：主营业务收入

贷：应交税费——应交增值税

借：应交税费——应交增值税

贷：补贴收入

2. 一般纳税人直接减免增值税的会计处理

（1）企业部分产品（商品）免税

月份终了，按免税主营业务收入和适用税率计算出销项税额，然后减去按税法规定方法计算的应分摊的进项税额，其差额即为当月销售免税货物应免征的税额。

结转免税产品（商品）应分摊的进项税额，作会计分录如下。

借：主营业务成本（应分摊的进项税额）

贷：应交税费——应交增值税（进项税额转出）

结转免税产品（商品）销项税额时，作会计分录如下。

借：主营业务收入

　　贷：应交税费——应交增值税(销项税额)

结转免交增值税税额时，作会计分录如下。

借：应交税费——应交增值税(减免税款)

　　贷：补贴收入

(2) 企业全部产品(商品)免税

如果按税法的规定，企业的全部产品(商品)都免税，工业企业应在月终将免税主营业务收入参照上年度实现的增值率计算出增值额(产销较均衡的企业也可以按月用"购进扣税法"计算)，并将其折算为不含税增值额；然后依适用税率，计算应免交增值税税额；零售商业企业(批发企业可比照工业企业)应在月终将销售直接免税商品已实现的进销差价折算为不含税增值额，然后按适用税率，计算应免交增值税税额。

计算免缴税额时，作会计分录如下。

借：主营业务收入

　　贷：应交税费——应交增值税(销项税额)

结转免交税额时，作会计分录如下。

借：应交税费——应交增值税(减免税款)

　　贷：补贴收入

对生产经营粮油、饲料、氮肥等免税产品的企业，虽然其主产品免税，但也可能发生增值税应税行为。例如，粮食企业按国家规定价格销售免税粮食时，可免交增值税；但若加价销售，就不能免税。饲料企业如果将购入的原粮油卖出或在生产饲料的同时还生产供居民食用的制品，则要缴纳增值税，会计上应分别设账、分别核算。

三、增值税减免核算举例

【例 2-37】

某企业收购农业产品，实际支付的价款为 100 万元，收购的农业产品已验收入库。

【解析】

按照规定，对农业生产者销售的自产农业产品、古旧图书等部分项目免征增值税。企业销售免征增值税项目的货物，不能开具增值税专用发票，只能开具普通发票。

企业购进免税产品，一般情况下，不能扣税，但按税法规定，对于购入的免税农业产品、收购废旧物资等可以按买价(或收购金额)的一定比率计算进项税额，并准予从销项税额中抵扣。

这里购入免税农产品的买价是指企业购进免税农业产品支付给农业生产者的价款和按规定代收代缴的农业特产税。在会计核算时，一是按购进免税农业产品有关凭证上确定的金额(买价或收购金额)扣除一定比例的进项税额，作为购进农业产品(或收购废旧物资)的成本；二是扣除的部分作为进项税额，待以后用销项税额抵扣。企业可作如下会计处理。

借：在途物资　　900 000

　　应交税费——应交增值税(进项税额)　　100 000

　　贷：银行存款　　1 000 000

【例 2-38】

德远公司为增值税一般纳税人，某月购进货物取得的增值税专用发票注明价款 220 000 元，增值税税额 37 400 元，当月实现销售收入 350 000 元，销项税额 5 900 元。经企业申请，主管税务机关批准，该企业减半征收增值税 1 年，如果该企业享受免税优惠属于直接减免形式。

【解析】

企业收到返还的增值税，或者直接减免的增值税，都应作为企业利润总额的组成部分——补贴收入，并增设“补贴收入”账户进行核算，对于直接减免的增值税还应通过“应交税费——应交增值税(减免税款)”账户核算。

(1) 购进原材料并验收入库时

借：原材料　　220 000

　　应交税费——应交增值税(进项税额)　　37 400

　　贷：银行存款　　257 400

(2) 销售产品实现收入时

借：银行存款　　409 500

　　贷：主营业务收入　　350 000

　　　　应交税费——应交增值税(销项税额)　　59 500

(3) 计算、缴纳当月应纳增值税额并享受减免税时

$$应纳税额=(59\ 500-37\ 400)\times 50\%=11\ 050(元)$$

借：应交税费——应交增值税(已交税金)　　11 050

　　贷：银行存款　　11 050

借：应交税费——应交增值税(减免税款)　　11 050

　　贷：补贴收入　　11 050

【例 2-39】

承例 2-38，假设该企业按规定享受先征后退办法进行减免。

【解析】

企业按规定享受直接减免的增值税，应借记“应交税费——应交增值税(减免税款)”账户，贷记“补贴收入”账户。实际收到即征即退、先征后退、先征收后返还的增值税，应借记“银行存款”账户，贷记“补贴收入”账户，不通过“应交税费——应交增值税(减免税款)”账户核算。

(1) 当月购进原材料和销售产品会计处理同上。

(2) 计算、缴纳当月应纳增值税税额时，会计处理如下。

$$应纳税额=59\ 500-37\ 400=22\ 100(元)$$

借：应交税费——应交增值税(已交税金)　　22 100

　　贷：银行存款　　22 100

(3) 收到先征后退的增值税税款时。

借：银行存款　　11 050

　　贷：补贴收入　　11 050

第七节　小规模纳税人的会计核算

一、增值税小规模纳税人概述

(一) 增值税小规模纳税人的概念和认定标准

增值税小规模纳税人(以下简称小规模纳税人)是指年销售额在规定标准以下,并且会计核算不健全,不能按规定报送有关税务资料的增值税纳税人。其中会计核算不健全是指不能正确核算增值税的销项税额、进项税额和应纳税额。

小规模纳税人销售额标准规定如下。

1. 定量标准——经营规模

从事生产货物或提供应税劳务,或以其为主兼营货物批发或零售的纳税人(适用50%的标准),年应税销售额≥50万元,为一般纳税人;年应税销售额<50万元,为小规模纳税人。

从事货物批发或零售的纳税人,年应税销售额≥80万元,为一般纳税人;年应税销售额<80万元,为小规模纳税人。

2. 定性标准——纳税人性质和会计核算程度

(1) 年应税销售额超过小规模纳税人标准的其他个人(自然人)按小规模纳税人纳税;非企业性单位和不经常发生应税行为的企业可自行选择是否按小规模纳税人纳税。

(2) 年应税销售额未超过标准以及新开业的纳税人,有固定的经营场所,会计核算体系健全,能准确提供销项税额、进项税额的可认定为一般纳税人。

(二) 小规模纳税人适用的征收率

小规模纳税人适用的征收率分以下两种情况。

(1) 按照3%的征收率计税,这是小规模纳税人的法定征收率。

(2) 减按2%的征收率征收。适用情况:①小规模纳税人(除其他个人外,下同)销售自己使用过的固定资产;②小规模纳税人销售旧货。所谓旧货,是指进入二次流通的具有部分使用价值的货物(含旧汽车、旧摩托车和旧游艇),但不包括自己使用过的物品。

小贴士

小规模纳税人销售标的物不同,征收率也不同,见表2-3。

表　2-3

小规模纳税人销售的标的物		适用的征收率
自己使用过的	固定资产(动产)	减按2%
	其他物品	3%
自己未使用过的	旧货	减按2%

(三) 小规模纳税人应纳税额的计算

1. 应纳税额的计算公式

小规模纳税人销售货物或者应税劳务,按照《增值税暂行条例》所规定的3%的征收率

计算应纳税额，不得抵扣进项税额。应纳税额计算公式为

应纳税额＝不含税销售额×征收率

这里要注意以下两点。

(1) 小规模纳税人取得的销售额是销售货物或提供应税劳务向购买方收取的全部价款和价外费用，但是不包括按 3%的征收率收取的增值税税额。

(2) 小规模纳税人不实行按销项税额抵扣进项税额求得应纳税额的税款抵扣制度，而实行简易计税办法，这是因为，小规模纳税人会计核算不健全，不能准确核算销项税额和进项税额，不实行按销项税额抵扣进项税额求得应纳税额的税款抵扣制度，而实行简易计税办法；且《增值税暂行条例》规定的 3%的征收率，是结合一般纳税人相应税率的货物或应税劳务的环节税收负担水平设计的，其税收负担与一般纳税人基本一致，因此不能再抵扣进项税额。

2. 含税销售额的换算

由于小规模纳税人在销售货物或应税劳务时，只能开具普通发票，取得的销售收入均为含税销售额。为了符合增值税作为价外税的要求，小规模纳税人在计算应纳税额时，必须将含税销售额换算为不含税的销售额后才能计算应纳税额。小规模纳税人不含税销售额的换算公式为

不含税销售额＝含税销售额÷(1＋征收率)

【例 2-40】

某商店为增值税小规模纳税人，2015 年 8 月，取得零售收入总额 12.48 万元。计算该商店 2015 年 8 月应缴纳的增值税税额。

【解析】

8 月取得的不含税销售额：

$$12.48 \div (1 + 3\%) = 12.12(\text{万元})$$

8 月应交增值税税额：

$$12 \times 3\% = 0.36(\text{万元})$$

二、小规模纳税人不同事项的会计核算

(一) 销售货物或提供应税劳务的会计处理

【例 2-41】

某小规模工业企业，本月销售甲产品一批，开具的普通发票上注明价款 20 000 元，款项以银行存款支付。

【解析】

小规模纳税企业销售货物或提供应税劳务，应按实现的销售收入(不含税)与按规定收取的增值税额合计，借记“银行存款”“应收账款”“应收票据”等科目；按实现的不含税销售收入，贷记“主营业务收入”“其他业务收入”等科目；按规定收取的增值税税额，贷记“应交

税费——应交增值税”科目。发生的销货退回,作相反的会计分录。

借:银行存款 20 000

  贷:主营业务收入 19 417.48[20 000÷(1+3%)]

    应交税费——应交增值税 582.52

(二) 购入货物或接受应税劳务的会计处理

【例 2-42】

某小规模工业企业,本月购进计算机,取得普通发票,发票注明价款 100 000 元。货款已经以银行存款支付。

【解析】

由于小规模纳税企业实行简易办法计算缴纳增值税,其购入货物或接受应税劳务所支付的增值税税额应直接计入有关货物及劳务的成本。

在编制会计分录时,应按支付的全部价款和增值税,借记“材料采购或在途物资”“原材料”“制造费用”“管理费用”“销售费用”“其他业务成本”等科目,贷记“银行存款”“应付账款”“应付票据”等科目。

借:库存商品 100 000

  贷:银行存款 100 000

(三) 缴纳增值税税款的会计处理

小规模纳税人企业于月末计算和缴纳增值税的会计核算,可以按以下步骤处理。

1. 计算本期应纳增值税税额

本期应纳“应交增值税”明细账增值税额=本期贷方发生额合计+期初贷方(或借方)余额

以上计算结果若为正数,即为本月应交的增值税;若为负数,即为上月多交的增值税,本月仍未能以应交税费抵回。不管当月是否有应交增值税,企业应于月末后 6 天填制“增值税纳税申报表”及其他有关附表向主管税务机关申报。

2. 增值税的缴纳

月末计算若有应纳增值税,企业应填制“税收缴款书”,缴纳增值税。企业缴纳增值税后,应根据征收处收款盖章后退回的完税凭证,借记“应交税费——应交增值税”账户,贷记“银行存款”账户。

【例 2-43】

月末,将 1 132.08 元增值税,以银行存款支付。

【解析】

小规模纳税人按规定的纳税期限上交税款时,借记“应交税费——应交增值税”科目,贷记“银行存款”等科目。收到退回多交的增值税时,作相反的会计分录。

借:应交税费——应交增值税 1 132.08

  贷:银行存款 1 132.08

第八节 增值税的纳税申报

一、一般纳税人增值税纳税申报表的编制要求

(一) 增值税纳税申报资料

(1) 增值税纳税申报表(适用于增值税一般纳税人)及其增值税纳税申报表附列资料(表一)、(表二)、(表三)、(表四)。

(2) 使用防伪税控系统的纳税人,报送记录当期纳税信息的 IC 卡(使用小容量税控 IC 卡的企业,还需同时报送报税数据软盘)。

(3) 资产负债表和损益表。

(4) 加油站——月份加油信息明细表或加油 IC 卡、加油站月销售油品汇总表、成品油购销存情况明细表。

(5) 增值税其他抵扣凭证抵扣清单及电子数据,具体包括:

① 海关完税凭证抵扣清单及其电子数据的软盘(或其他存储介质);

② 增值税运输发票抵扣清单及其电子数据的软盘(或其他存储介质)。纳税人取得的公路、内河货运发票,可以认证结果通知书及认证结果清单复印件(加盖公章)代替增值税运输发票抵扣清单上报;

③ 废旧物资发票抵扣清单及其电子数据的软盘(或其他存储介质)(接受可抵扣废旧物资发票的纳税人报送)。

(6) 废旧物资发票开具清单及其电子数据的软盘(或其他存储介质)(废旧物资回收经营单位报送)。

(7) 经主管税务机关受理的延期缴纳税款文书。

(8) 主管税务机关规定的其他资料。

(二) 办理程序

增值税一般纳税人的办理程序如下。

(1) 如实填写增值税纳税申报表和各类附表,除增值税专用发票抵扣联认证清单由税务机关认证系统产生及抵扣联由纳税人从销货方取得外,其他报表由纳税人按要求填写。

(2) 持申报资料一式两份到主管税务机关办税服务厅(室)"纳税申报"岗位受理审核后签名盖章,一份退给纳税人,一份由主管税务机关保存。如果是通过代理申报的,可由代理机构办理。

(3) "纳税申报"岗位经办人受理审核无误后,开具税收通知缴款书交纳税人办理缴纳税款手续。

二、一般纳税人增值税纳税申报表的编制

【例 2-44】

某增值税一般纳税人 9 月提供的增值税计税资料如下:本月应税货物销售额 713 200 元,销项税额 119 644 元,进项税额 40 520 元,上期留抵税额 5 100 元,进项税额转出 5 950 元,销

售给外贸企业出口产品已经缴纳增值税 17 000 元。

该企业 9 月份的增值税纳税申报表，如表 2-4 所示。

表 2-4　增值税纳税申报表（适用于一般纳税人）

根据《中华人民共和国增值税暂行条例》第二十二条和第二十三条的规定制定本表，纳税人不论有无销售额，均应按主管税务机关核定的纳税期限按期填报本表，并于次月一日起十日内，向当地税务机关申报。

税款所属时间：自　　年　月　日至　　年　月　日填表日期：　年　月　日　金额单位：元角分

纳税人识别号 □□□□□□□□□□□□□□□□□□□□　所属行业：

纳税人名称	（公章）	法定代表人姓名		注册地址		营业地址	
开户银行及账号		企业登记注册类型			电话号码		

项目		栏次	一般货物及劳务		即征即退货物及劳务	
			本月数	本年累计	本月数	本年累计
销售额	（一）按适用税率征税货物及劳务销售额	1	713 200			
	其中：应税货物销售额	2	713 200			
	应税劳务销售额	3				
	纳税检查调整的销售额	4				
	（二）按简易征收办法征税货物销售额	5				
	其中：纳税检查调整的销售额	6				
	（三）“免、抵、退”办法出口货物销售额	7			—	—
	（四）免税货物及劳务销售额	8			—	—
	其中：免税货物销售额	9			—	—
	免税劳务销售额	10			—	—
税款计算	销项税额	11	119 644			
	进项税额	12	40 520			
	上期留抵税额	13	5 100	—		—
	进项税额转出	14	5 950			
	免抵退货物应退税额	15			—	—
	按适用税率计算的纳税检查应补缴税额	16			—	—
	应抵扣税额合计	17＝12＋13－14－15＋16	39 670	—		—
	实际抵扣税额	18（如 17＜11，则为 17，否则为 11）	39 670			
	应纳税额	19＝11－18	79 974			
	期末留抵税额	20＝17－18		—		—
	简易征收办法计算的应纳税额	21				
	按简易征收办法计算的纳税检查应补缴税额	22			—	—
	应纳税额减征额	23				
	应纳税额合计	24＝19＋21－23	79 974			

续表

项目		栏次	一般货物及劳务		即征即退货物及劳务	
			本月数	本年累计	本月数	本年累计
税款缴纳	期初未缴税额(多缴为负数)	25				
	实收出口开具专用缴款书退税额	26			—	—
	本期已缴税额	27 = 28 + 29 + 30 +31	17 000			
	(1) 分次预缴税额	28	17 000	—		—
	(2) 出口开具专用缴款书预缴税额	29		—	—	—
	(3) 本期缴纳上期应纳税额	30				
	(4) 本期缴纳欠缴税额	31				
	期末未缴税额(多缴为负数)	32 = 24 + 25 + 26 −27	62 974			
	其中:欠缴税额(≥0)	33=25+26−27		—		—
	本期应补(退)税额	34=24−28−29	62 974	—		—
	即征即退实际退税额	35	—	—		
	期初未缴查补税额	36			—	—
	本期入库查补税额	37			—	—
	期末未缴查补税额	38 = 16 + 22 + 36 −37			—	—
授权声明	如果你已委托代理人申报,请填写以下资料: 为代理一切税务事宜,现授权________(地址)为本纳税人的代理申报人,任何与本申报表有关的往来文件,都可寄予此人。 授权人签字:		申报人声明	此纳税申报表是根据《中华人民共和国增值税暂行条例》的规定填报的,我相信它是真实的、可靠的、完整的。 声明人签字:		

以下由税务机关填写:

收到日期: 接收人:

主管税务机关盖章:

三、小规模纳税人增值税的纳税申报

(一) 小规模纳税人增值税的纳税申报程序

(1) 如实填写增值税纳税申报表(小规模纳税人适用)和本企业相关的附列资料。

(2) 持增值税纳税申报表(一式两份)及附列资料到主管税务机关办税服务厅(室)"纳税申报"岗位办理纳税申报手续,如果是通过代理申报的,可由代理机构办理。

(3) "纳税申报"岗位经办人受理审核无误后签名盖章退一份给纳税人,一份由主管税务机关存档,并由岗位经办人员开具税收通用缴款书交给纳税人办理缴纳税款手续。

(二) 小规模纳税人的增值税纳税申报表

小规模纳税人的增值税纳税申报表,如表 2-5 所示。

表 2-5 增值税纳税申报表

（小规模纳税人适用）

纳税人识别号：

纳税人名称（公章）： 金额单位：元至角分

税款所属期： 年 月 日至 年 月 日 填表日期： 年 月

<table>
<tr><td rowspan="2" colspan="2"></td><td rowspan="2">项目</td><td rowspan="2">栏次</td><td colspan="2">本期数</td><td colspan="2">本年累计</td></tr>
<tr><td>应税货物及劳务</td><td>应税服务</td><td>应税货物及劳务</td><td>应税服务</td></tr>
<tr><td rowspan="11" colspan="2">一、计税依据</td><td>（一）应征增值税不含税销售额</td><td>1</td><td></td><td></td><td></td><td></td></tr>
<tr><td>税务机关代开的增值税专用发票不含税销售额</td><td>2</td><td></td><td></td><td></td><td></td></tr>
<tr><td>税控器具开具的普通发票不含税销售额</td><td>3</td><td></td><td></td><td></td><td></td></tr>
<tr><td>（二）销售使用过的应税固定资产不含税销售额</td><td>4(4≥5)</td><td></td><td>—</td><td></td><td>—</td></tr>
<tr><td>其中：税控器具开具的普通发票不含税销售额</td><td>5</td><td></td><td>—</td><td></td><td>—</td></tr>
<tr><td>（三）免税销售额</td><td>6=7+8+9</td><td></td><td></td><td></td><td></td></tr>
<tr><td>其中：小微企业免税销售额</td><td>7</td><td></td><td></td><td></td><td></td></tr>
<tr><td>未达起征点销售额</td><td>8</td><td></td><td></td><td></td><td></td></tr>
<tr><td>其他免税销售额</td><td>9</td><td></td><td></td><td></td><td></td></tr>
<tr><td>（四）出口免税销售额</td><td>10(10≥11)</td><td></td><td></td><td></td><td></td></tr>
<tr><td>其中：税控器具开具的普通发票销售额</td><td>11</td><td></td><td></td><td></td><td></td></tr>
<tr><td rowspan="8" colspan="2">二、税款计算</td><td>本期应纳税额</td><td>12</td><td></td><td></td><td></td><td></td></tr>
<tr><td>本期应纳税额减征额</td><td>13</td><td></td><td></td><td></td><td></td></tr>
<tr><td>本期免税额</td><td>14</td><td></td><td></td><td></td><td></td></tr>
<tr><td>其中：小微企业免税额</td><td>15</td><td></td><td></td><td></td><td></td></tr>
<tr><td>未达起征点免税额</td><td>16</td><td></td><td></td><td></td><td></td></tr>
<tr><td>应纳税额合计</td><td>17=12−13</td><td></td><td></td><td></td><td></td></tr>
<tr><td>本期预缴税额</td><td>18</td><td></td><td></td><td>—</td><td>—</td></tr>
<tr><td>本期应补（退）税额</td><td>19=17−18</td><td></td><td></td><td>—</td><td>—</td></tr>
<tr><td rowspan="5" colspan="2">纳税人或代理人声明：
本纳税申报表是根据国家税收法律、法规及相关规定填报的，我确定它是真实的、可靠的、完整的。</td><td colspan="6">如纳税人填报，由纳税人填写以下各栏：</td></tr>
<tr><td colspan="6">办税人员： 财务负责人：</td></tr>
<tr><td colspan="6">法定代表人： 联系电话：</td></tr>
<tr><td colspan="6">如委托代理人填报，由代理人填写以下各栏：</td></tr>
<tr><td colspan="6">代理人名称（公章）： 经办人：

联系电话：</td></tr>
</table>

主管税务机关： 接收人： 接收日期：

四、税务机关为小规模纳税人代开增值税专用发票的相关事项

(一) 小规模纳税人代开增值税专用发票的程序

(1) 小规模纳税人持销售方纳税人税务登记证副本和代开增值税专用发票缴纳税款申报单(以下简称申报单)一式三份报主管税务机关。

主管税务机关税款征收岗审核无误并签章后,为其开具中华人民共和国税收通用缴款书,并将申报单一份留存,两份退小规模纳税人。

(2) 小规模纳税人到开户银行缴纳税款后,持销售方纳税人税务登记证副本和中华人民共和国税收通用缴款书第一联、第六联原件和由税款征收岗签章的两份申报单报主管税务机关。

主管税务机关代开发票管理岗审核无误并签章后,为其开具专用发票,将专用发票的发票联、抵扣联和记账联(小规模纳税人记账使用)交小规模纳税人。同时将缴款书第六联和申报单一份留存,另一份申报单和缴款书第一联退小规模纳税人。

主管税务机关为个体工商户代开专用发票时,个人所得税、城市维护建设税、教育费附加随同增值税一并即时征收,个人所得税征收率比照集贸市场的有关征收规定执行。对于定期定额征收的个体工商户,主管税务机关为其代开专用发票时,不论其核定的月应税销售额是否达起征点,都必须即时完税,并且不与其核定的月应税销售额进行清算。

(二) 代开增值税专用发票(以下简称专用发票)的管理

(1) 主管税务机关为小规模纳税人(包括小规模纳税人中的企业、企业性单位及其他小规模纳税人,下同)代开专用发票时,应在专用发票"单价"栏和"金额"栏分别填写不含增值税税额的单价和销售额;"税率"栏填写增值税征收率3%;"税额"栏填写按销售额依照征收率计算的增值税税额。

增值税一般纳税人取得由税务机关代开的专用发票后,应以专用发票上填写的税额为进项税额。

(2) 主管税务机关为小规模纳税人代开专用发票时,按代开的专用发票上注明的税额即时征收增值税。

(3) 主管税务机关为小规模纳税人代开专用发票后,发生退票的,可比照增值税一般纳税人开具专用发票后作废或开具红字发票的有关规定处理。由销售方到税务机关办理,对于重新开票的,应同时进行新开票税额与原开票税额的清算,多退少补;对无须重新开票的,退还其已征的税款。

本章小结

增值税是以商品(含应税劳务和应税服务)在流转过程中产生的增值额作为征税对象而征收的一种流转税,本章重点讲述增值税一般纳税人、小规模纳税人的增值税会计处理及相关规定。

营改增是改变对产品征收增值税、对服务征收营业税的方式,将产品和服务一并纳入增值税的征收范围,不再对"服务"征收营业税,并且降低增值税税率。其目的就是减少重

复纳税，可以促使社会形成更好的良性循环，有利于企业降低税负。

阅读资料

国家税务总局关于《适用增值税零税率应税服务退(免)税管理办法》的补充公告

(2015年第88号)

发布日期：2016-01-18

根据《财政部、国家税务总局关于影视等出口服务适用增值税零税率政策的通知》(财税[2015]118号)，经商财政部同意，现对《适用增值税零税率应税服务退(免)税管理办法》(国家税务总局公告2014年第11号发布)补充公告如下。

一、适用增值税零税率应税服务的广播影视节目(作品)的制作和发行服务、技术转让服务、软件服务、电路设计及测试服务、信息系统服务、业务流程管理服务，以及合同标的物在境外的合同能源管理服务的范围，按照《营业税改征增值税试点实施办法》(财税[2013]106号文件印发)所附的《应税服务范围注释》对应的应税服务范围执行；适用增值税零税率应税服务的离岸服务外包业务的范围，按照《离岸服务外包业务》(附件1)对应的适用范围执行。以上适用增值税零税率的应税服务，本公告统称为新纳入零税率范围的应税服务。

境内单位和个人向国内海关特殊监管区域及场所内的单位或个人提供的应税服务，不属于增值税零税率应税服务适用范围。

二、向境外单位提供新纳入零税率范围的应税服务的，增值税零税率应税服务提供者申报退(免)税时，应按规定办理出口退(免)税备案。

三、增值税零税率应税服务提供者收齐有关凭证后，可在财务作销售收入次月起至次年4月30日前的各增值税纳税申报期内向主管国税机关申报退(免)税；逾期申报的，不再按退(免)税申报，改按免税申报；未按规定申报免税的，应按规定缴纳增值税。

四、实行“免、抵、退”办法的增值税零税率应税服务提供者，向境外单位提供研发服务、设计服务、新纳入零税率范围的应税服务的，应在申报免抵退税时，向主管国税机关提供以下申报资料。

(一) 增值税零税率应税服务免抵退税申报明细表(附件2)。

(二) 提供增值税零税率应税服务收讫营业款明细清单(附件3)。

(三) 免抵退税申报汇总表及其附表。

(四) 当期增值税纳税申报表。

(五) 免抵退税正式申报电子数据。

(六) 下列资料及原始凭证的原件及复印件。

1. 提供增值税零税率应税服务所开具的发票(经主管国税机关认可，可只提供电子数据，原始凭证留存备查)。

2. 与境外单位签订的提供增值税零税率应税服务的合同。提供软件服务、电路设计及测试服务、信息系统服务、业务流程管理服务，以及离岸服务外包业务的，同时提供合同已在商务部“服务外包及软件出口管理信息系统”中登记并审核通过，由该系统出具的证明文件；提供广播影视节目(作品)的制作和发行服务的，同时提供合同已在商务部“文化贸易管理系统”中登记并审核通过，由该系统出具的证明文件。

3. 提供电影、电视剧的制作服务的，应提供行业主管部门出具的在有效期内的影视制作许可证明；提供电影、电视剧的发行服务的，应提供行业主管部门出具的在有效期内的发行版权证明、发行许可证明。

4. 提供研发服务、设计服务、技术转让服务的，应提供与增值税零税率应税服务收入相对应的技术出口合同登记证及其数据表。

5. 从与之签订提供增值税零税率应税服务合同的境外单位取得收入的收款凭证。

跨国公司经外汇管理部门批准实行外汇资金集中运营管理或经中国人民银行批准实行经常项下跨境人民币集中收付管理的，其成员公司在批准的有效期内，可凭银行出具给跨国公司资金集中运营(收付)公司符合下列规定的收款凭证，向主管国税机关申报退(免)税。

(1) 收款凭证上的付款单位需是与成员公司签订提供增值税零税率应税服务合同的境外单位或合同约定的跨国公司的境外成员企业。

(2) 收款凭证上的收款单位或附言的实际收款人须载明有成员公司的名称。

(七) 主管国税机关要求提供的其他资料及凭证。

五、实行"免、退、税"办法的增值税零税率应税服务提供者，应在申报免退税时，向主管国税机关提供以下申报资料。

(一) 外贸企业外购应税服务出口明细申报表。

(二) 外贸企业出口退税进货明细申报表(需填列外购对应的增值税零税率应税服务取得增值税专用发票情况)。

(三) 外贸企业出口退税汇总申报表。

(四) 免退税正式申报电子数据。

(五) 从境内单位或者个人购进增值税零税率应税服务出口的，提供应税服务提供方开具的增值税专用发票；从境外单位或者个人购进增值税零税率应税服务出口的，提供取得的解缴税款的中华人民共和国税收缴款凭证。

(六) 本公告第四条第(六)项所列资料及原始凭证的原件及复印件。

六、主管国税机关受理增值税零税率应税服务退(免)税申报后，应按规定进行审核，经审核符合规定的，应及时办理退(免)税；不符合规定的，不予办理，按有关规定处理；存在其他审核疑点的，对应的退(免)税暂缓办理，待排除疑点后，方可办理。

七、主管国税机关对申报的对外提供研发、设计服务以及新纳入零税率范围的应税服务退(免)税，应审核以下内容。

(一) 申报的增值税零税率应税服务应符合适用增值税零税率应税服务规定。

(二) 增值税零税率应税服务合同签订的对方应为境外单位。

(三) 增值税零税率应税服务收入的支付方应为与之签订增值税零税率应税服务合同的境外单位。对跨国公司的成员公司申报退(免)税时提供的收款凭证是银行出具给跨国公司资金集中运营(收付)公司的，应要求企业补充提供中国人民银行或国家外汇管理局的批准文件，且企业提供的收款凭证应符合本公告的规定。

(四) 申报的增值税零税率应税服务收入应小于或等于从与之签订增值税零税率应税服务合同的境外单位取得的收款金额；大于收款金额的，应要求企业补充提供书面说明材料及相应的证明材料。

（五）外贸企业外购应税服务出口的，除应符合上述规定外，其申报退税的进项税额还应与增值税零税率应税服务对应。

八、本公告未明确的其他增值税零税率应税服务退（免）税管理事项，按现行规定执行。

九、本公告自2015年12月1日起施行，以增值税零税率应税服务提供者提供增值税零税率应税服务并在财务作销售收入的日期为准。《适用增值税零税率应税服务退（免）税管理办法》第十二条第二款、第十三条第（五）项第3目、第十四条、第十五条第（二）项同时废止。

特此公告。

国家税务总局

2015年12月14日

练习题

一、单项选择题

1. 某工业企业（增值税一般纳税人）主要生产农业机械设备，2016年3月发生以下购销业务：购进生产原料一批，取得的税控增值税专用发票（当月通过税务机关的认证）上注明的价、税款分别为23万元、3.91万元，另支付运费（取得发票）3万元；购进钢材20吨，未验收入库，取得的税控增值税专用发票上注明价、税款分别为8万元、1.36万元，取得专用发票的当月通过税务机关认证；直接向农民收购用于生产加工的农产品一批，经税务机关批准的收购凭证上注明价款为42万元；销售农机一批，货已发出并办妥银行托收手续，但货款未到，向买方开具的专用发票注明销售额42万元。已知期初留抵税额0.5万元。则当期应纳增值税税额为（　　）万元。

A. 10.85　　B. 7.14　　C. 0　　D. 5.98

2. 某生产果酒企业为增值税一般纳税人，某月销售收入为140.4万元（含税），当期发生包装物收取押金为4.68万元，当期逾期未归还包装物押金为2.34万元。该企业本期应申报的销项税额为（　　）万元。

A. 20.4　　B. 20.74　　C. 21.08　　D. 20.797 8

3. 提供应税服务的增值税征收率是（　　）%。

A. 6　　B. 3　　C. 11　　D. 17

4. 提供应税服务是指有偿提供应税服务。有偿包括取得货币、货物或者（　　）。

A. 收入　　B. 利益　　C. 其他经济利益　　D. 收益

5. 提供现代服务业服务（有形动产租赁服务除外），其增值税税率为（　　）%。

A. 6　　B. 3　　C. 11　　D. 17

二、多项选择题

1. 可以实行出口退免税政策的货物必须符合的条件是（　　）。

A. 必须属于增值税、消费税征税范围的货物

B. 必须是报关出口的货物

C. 必须是财务上做销售处理的货物

D. 必须是出口收汇并核销的货物

2. 下列关于目前税率的陈述，正确的有(　　)。

A. 音像制品和电子出版物适用增值税低税率政策

B. 小规模商业企业销售自己用过的汽车，适用3%(减按2%)征收率

C. 增值税一般纳税人销售或者进口货物，提供加工、修理修配劳务，除低税率适用范围和销售个别旧货适用征收率外，税率一律为17%

D. 建筑用砂、土、石料适用13%的低税率(6%，必须是自产)

3. 营业税改征增值税的意义包括(　　)。

A. 有利于减少营业税重复征税

B. 有利于在一定程度上完整和延伸二、三产业增值税抵扣链条，促进社会专业化分工，推动产业融合

C. 有利于降低企业税收负担，扶持小型微利企业发展，带动扩大就业

D. 通过增值税出口退税，有利于服务业出口

4. 交通运输服务具体包括(　　)。

A. 陆路运输服务　　B. 水路运输服务

C. 航空运输服务　　D. 管道运输服务

5. 境外单位或者个人在境内发生应税行为，在境内未设有经营机构的，下列计算扣缴义务人应扣缴税额错误的是(　　)。

A. 应扣缴税额＝购买方支付的价款÷(1＋税率)×税率

B. 应扣缴税额＝购买方支付的价款×(1＋税率)×税率

C. 应扣缴税额＝购买方支付的价款÷(1－税率)×税率

D. 应扣缴税额＝购买方支付的价款×税率

6. 营改增一般纳税人可能适用下列(　　)%税率或征收率。

A. 17　　B. 11　　C. 6　　D. 3

7. 下列(　　)情形取得的增值税进项税额不得抵扣。

A. 甲公司购进小汽车用于总经理办公

B. 乙公司购进游艇用于接待客户游玩

C. 丙汽车出租公司购入小汽车用于出租

D. 丁汽车运输公司购入小汽车用于市内出租车经营

三、计算题

1. 某制药厂为增值税一般纳税人，2015年4～6月发生如下业务。

(1) 4月5日，销售药品价款10万元(不含税)，货款及税款已经收到。

(2) 4月7日，从某农场购进玉米100吨，单价1 000元，款已经付清，玉米验收入库。

(3) 4月13日，收购农民个人玉米50吨，单价1 020元，开具由税务机关统一监制的“收购农产品专用发票”，玉米验收入库。

(4) 4月20日，销售药品一批，价值20万元(不含税)，货物已经发出，款尚未收到。

(5) 5月8日，从小规模纳税人购入玉米5吨，单价1 240元，取得普通发票。

(6) 5月15日，采取分期收款方式发出药品一批20万元(不含税)，制造成本15万元，合同约定分三期收款，发货时收取货款和税款的50%，其余货款和税款6月、7月两月等额

收回,5 月收到货款 8 万元。

(7) 5 月 19 日,销售药品一批,销售额 100 万元(不含税),支付运输部门运费 2 000 元,货款存入银行,取得运费票据。

(8) 5 月 21 日,购入原材料一批,取得增值税专用发票注明的价款为 20 万元,税款 3.4 万元,款项已付,原材料入库。

(9) 5 月 25 日,上月发出货物被退回一部分(药品不符),有关证明齐全,价税合计 58 500 元,药品入库。

(10) 6 月 12 日,把一批药品销售给医院,价款 12 万元,税款 2.04 万元,货物已经发出,款项已经收到。

(11) 6 月 20 日,购入玉米 10 吨,取得增值税专用发票注明的单价为 1 050 元,付款并入库。

(12) 6 月 30 日,盘点原材料,发现 4 月从农民个人购入的库存玉米发生霉烂变质 20 吨,成本 17 748 元。上月赊销药品,本月未收到货款及税款。

根据上述资料计算药厂 4～6 月应纳增值税(取得发票当月均已通过认证)。

2. 某一般纳税人 2013 年 3 月取得交通运输收入 111 万元(含税),当月外购汽油 10 万元,购入运输车辆 20 万元(不含税金额,取得增值税专用发票),发生的联运支出 40 万元(不含税金额,营改增纳税人提供,取得专用发票)。

3. 某纳税人提供应税服务的起征点为 20 000 元,某个体工商户(小规模纳税人)本月取得交通运输服务收入 20 001 元(含税),该个体工商户本月应缴纳多少增值税?

第三章 消费税会计

学习重点

1. 熟悉消费税的概念、分类、纳税人及税率；
2. 掌握消费税应纳税额的计算；
3. 掌握消费税的会计核算；
4. 熟悉消费税的纳税申报。

引例

消费税来袭　济宁环氧树脂自流平厂家应该如何应对

我国针对涂料行业实施消费者已经有一年有余，这给环氧树脂自流平厂家带来了很大的冲击。环氧树脂地坪漆行业自进入我国以来，经过了多年的发展，市场鱼龙混杂，相对比较混乱。政府实施消费税是对其进行市场调控，促进环氧树脂地坪漆行业正规化发展。济宁环氧树脂自流平厂家面对消费税来袭这一重大举措，应该如何应对呢？

在如今大力提倡“绿色环保”的前提下，涂料行业也正向环保方向发展。国家正在通过一些政府调控手段，来干预涂料行业，将涂料行业引向环保。传统油漆的价格优势已不再，环保水漆很长一段时间因为居高不下的价格让消费者望而却步，如此一来，不但拉近了油漆与水漆的价格差距，也加快了环保水漆全面代替油漆的步伐。有专家表示：“未来2～3年，水漆将占据涂料市场50%以上的销售量。”

2015年1月26日，经国务院批准，国家财政部联合税务总局联合发文称，自2015年2月1日起对涂料征收消费税，适用税率均为4%，但施工状态下挥发性有机物(VOC)含量低于420g/L(含)的涂料免征消费税。这意味着涂料企业生产成本增加，但要想保证原有的利润空间不被压缩，除了通过技术创新缩减原料、人工等成本之外，在短时间内，唯有涨价这一条路可以选择。

油漆消费税，可谓一石二鸟。油漆与水漆将实现此消彼长，油漆优势被淡化，水漆劣势被弱化。这种洗牌，是在通过提高油漆的使用成本，间接扶持水性涂料产品。面对日益恶劣的生活环境，国家对于企业减排措施的实施，同时加大对污染企业的治理力度，污染性企业的发展将遭受硬性阻力，油漆企业的寒冬已经来临。

由此可见，安全环保的水漆顺应环保大势必将得到快速发展，全面水漆时代早已加速到来，而传统油漆则面临四面楚歌的境地，巨大环保压力、种种政策限制、水漆的强势围攻等，面对种种发展阻力，油漆与油漆企业最终将难逃被迫转型的命运。

资料来源：呼伦贝尔新闻. http://www.hlbrdaily.com.cn/syxw/5900712.html

第一节 消费税概述

消费税是对一些特定消费品和消费行为征收的一种税。国务院于 1993 年 12 月 13 日颁布了《中华人民共和国消费税暂行条例》,财政部 1993 年 12 月 25 日颁布了《中华人民共和国消费税暂行条例实施细则》,并于 1994 年 1 月 1 日开征消费税。

消费税的特点:①征收范围具有选择性;②征税环节具有单一性;③征收方法具有选择性;④税率、税额具有差别性;⑤税负具有转嫁性。

一、消费税的纳税人

在《中华人民共和国境内生产、委托加工和进口条例》规定的消费品的单位和个人,为消费税的纳税义务人。金银首饰消费税的纳税人是指在中华人民共和国境内从事商业零售金银首饰的单位和个人;委托加工、委托代销金银首饰的,受托方也是纳税人。

二、消费税的征税范围

1994 年税制改革时设置的消费税,是对货物征收增值税以后,再根据特定的财政或调节目的选择部分产品(主要是一些消费品)进行征收的。到了 2006 年,财政部又对中国现行消费税的税目、税率及相关政策进行了调整,这次消费税改革主要是扩大征税范围,把手表、高尔夫球及球具、高档化妆品都纳入消费税范围。在扩大范围的同时,对不应该征收消费税的一些大众社会用品取消征税,比如护肤护发品、摩托车等。

2013 年 11 月中央发布《全面深化改革若干重大问题的决定》,决定提出"调整消费税征收范围、环节、税率,把高耗能、高污染产品及部分高档消费品纳入征收范围"。这是为适应新形势发展的要求,对消费税改革所做的总体部署。此次调整消费税征收范围具体包括:

一是根据节能减排的实际需要,将目前不符合节能、环保等技术标准的高耗能、高污染和严重消耗资源的产品纳入消费税征税范围;

二是根据一定时期的收入分配调节需要,将部分奢侈性产品和消费行为纳入消费税的征税范围;

三是可以进一步考虑将具有消费税性质的车辆购置税合并到消费税的机动车(小汽车、摩托车)征收,以简化税制。

可见,新一轮的消费税改革的作用在于引导消费行为,鼓励人们节约资源。将部分已经成为日常生活用品的消费品移出征税范围,将部分严重污染、大量消耗资源能源产品以及奢侈消费行为纳入征税范围。比如 2014 年 11 月,财政部连续三次提高成品油消费税,之后对酒精、小摩托车消费税进行调整,2015 年年初又开始对电池、涂料征收消费税,5 月起调整卷烟消费税。

小贴士

世界卫生组织的调查显示,烟草价格每增长 10%,放弃吸烟的成年烟民增长 3.7%,放弃吸烟的青少年烟民增长 9.3%。提高烟草的税收和价格,是该组织推荐的最为有效的单项控烟策略。

资料来源:新华网. http://news.xinhuanet.com/fortune/2014-05/29/c_1110925580.htm

目前我国消费税的征税范围有：

（1）过度消费会对健康、社会秩序、生态环境等方面造成危害的消费品，如烟、酒、鞭炮、木制一次性筷子、实木地板、电池、涂料等；

（2）奢侈品、非生活必需品，如贵重首饰、化妆品、高尔夫球及球具、高档手表、游艇等；

（3）高能耗消费品，如小汽车、摩托车；

（4）不可再生和替代的消费品，如汽油、柴油等；

（5）具有一定财政意义的产品。

三、消费税的税目与税率

消费税共设置了15个税目，若干个子目，实行从价定率的有25个，实行从量定额的有10个，实行从量定额和从价定率相结合的复合计税方法的有4个。

各类消费品具体税率，如表3-1所示。

表3-1 消费税税目、税率表

税　目	征税范围	计税单位	税率（税额）
一、烟	1. 卷烟		
	(1) 甲类卷烟	每标准条（200支）调拨价格70元（含70元）（不含增值税）以上	56%加0.003元/支（生产环节）
	(2) 乙类卷烟	每标准条（200支）调拨价格70元（不含增值税）以下	36%加0.003元/支（生产环节）
	(3) 商业批发		11%加0.005元/支（批发环节）
	2. 雪茄烟		36%（生产环节）
	3. 烟丝		30%（生产环节）
二、酒及酒精	1. 白酒	斤（500克）或（500毫升）	20%加0.5元/500克（或者500毫升）
	2. 黄酒	吨	240元
	3. 啤酒	每吨出厂价3 000元（含3 000元）以上	250元
		每吨出厂价3 000元以下	220元
	4. 其他酒		10%
	5. 酒精		5%
三、化妆品	包括成套化妆品		30%
四、鞭炮焰火			15%
五、贵重首饰及珠宝玉石	1. 金银首饰、铂金首饰和钻石及钻石饰品		5%
	2. 其他贵重首饰和珠宝玉石		10%

续表

税　目	征税范围	计税单位	税率(税额)
六、成品油	1. 汽油	升	1.52元
	2. 润滑油	升	1.52元
	3. 石脑油	升	1.52元
	4. 溶剂油	升	1.52元
	5. 柴油	升	1.2元
	6. 燃料油	升	1.2元
	7. 航空煤油	升	1.2元
七、摩托车		气缸容量在250毫升(含)以下	3%
		气缸容量在250毫升以上	10%
八、小汽车	1. 乘用车	气缸容量(排气量)在1.0升(含)以下的	1%
		气缸容量在1.0升以上至1.5升(含)的	3%
		气缸容量在1.5升以上至2.0升(含)的	5%
		气缸容量在2.0升以上至2.5升(含)的	9%
		气缸容量在2.5升以上至3.0升(含)的	12%
		气缸容量在3.0升以上至4.0升(含)的	25%
		气缸容量在4.0升以上	40%
	2. 中轻型商用客车		5%
九、高尔夫球及球具			10%
十、高档手表			20%
十一、游艇			10%
十二、木制一次性筷子			5%
十三、实木地板			5%
十四、电池	铅蓄电池		4%(2016年1月1日起实施)
	无汞原电池、金属氢化物镍蓄电池、锂原电池、锂离子蓄电池、太阳能电池、燃料电池和全钒液流电池		免征
十五、涂料			4%
	施工状态下挥发性有机物(Volatile Organic Compounds,VOC)含量低于420克/升(含)		免征

注：烟、白酒，实行从量定额和从价定率相结合的复合计税方法。

资料来源：国家税务总局网. http://www.chinatax.gov.cn/

四、纳税地点

（1）纳税人销售的应税消费品以及自产自用的应税消费品，除国家另有规定外，应向纳税人核算地主管税务机关申报纳税；

（2）委托加工的应税消费品，由受托方向所在地主管税务机关缴纳消费税税款；

（3）进口的应税消费品，由进口人或其代理人向报关地海关申报纳税；

（4）纳税人到外县（市）销售或委托外县（市）代销自产应税消费品的，于应税消费品销售后，回纳税人核算地或所在地缴纳消费税；

（5）纳税人的总机构与分支机构不在同一省（自治区、直辖市）的，应在生产应税消费品的分支机构所在地缴纳消费税。但经国家税务总局及所属税务分局批准，纳税人分支机构应纳消费税税款，也可由总机构汇总向总机构所在地主管税务机关缴纳。

对纳税人的总机构与分支机构在同一省（自治区、直辖市）内，而不在同一县（市）的，如需改由总机构汇总在总机构所在地纳税的，需经国家税务总局所属省级分局批准。

五、纳税义务发生时间和纳税期限

（一）纳税义务发生时间

（1）纳税人采取赊销和分期收款结算方法，其纳税义务发生时间为销售合同规定的收款日期的当天；

（2）纳税人采取预收货款结算方式的，其纳税义务发生时间为发出应税消费品的当天；

（3）纳税人采取托收承付和委托银行收款方式销售的应税消费品，其纳税义务发生时间为发出应税消费品并办妥托收手续的当天；

（4）纳税人采取其他结算方式的，其纳税义务发生时间为收讫销售款或者取得索取销售款凭据的当天；

（5）纳税人自产自用的应税消费品，其纳税义务发生时间为移送使用的当天；

（6）纳税人委托加工的应税消费品，其纳税义务发生时间为纳税人提货的当天；

（7）纳税人进口的应税消费品，其纳税义务发生时间为报关进口的当天。

（二）纳税期限

按照《消费税暂行条例》规定，消费税的纳税期限分别为1日、3日、5日、10日、15日、1个月或者1个季度。纳税人的具体纳税期限，由主管税务机关根据纳税人应纳税额的大小分别核定；不能按照固定期限纳税的，可以按次纳税。

纳税人以1个月或以1个季度为一期纳税的，自期满之日起15日内申报纳税；以1日、3日、5日、10日或者15日为一期纳税的，自期满之日起5日内预缴税款，于次月1日起至15日内申报纳税并结清上月应纳税款。

纳税人进口应税消费品，应当自海关填发海关进口消费税专用缴款书之日起15日内缴纳税款。

六、消费税的纳税环节

1．生产环节

纳税人生产的应税消费品，由生产者于销售时纳税。其中自产自用的用于本企业连续生产的不纳税；用于其他方面的，于移送使用时纳税。

2. 委托加工环节

委托加工的应税消费品，由受托方在向委托方交货时代扣代缴。如果受托方是个体经营者，委托方需在收回加工应税消费品后向所在地主管税务机关缴纳消费税。

3. 进口环节

纳税人进口的应税消费品，由进口报关者于报关进口时纳税。

4. 批发环节

自 2009 年 5 月 1 日起，在卷烟的“批发环节”加征一道从价计征的消费税。

5. 零售环节

金银首饰消费税，由零售者在零售环节缴纳。

七、消费税的优惠政策

（一）消费税免税

（1）对纳税人出口应税消费品，免征消费税，国务院另有规定的除外。纳税人直接出口的应税消费品办理免税后，发生退关或者国外退货，复进口时已予以免税的，可暂不办理补税，待其转为国内销售的当月申报缴纳消费税。出口应税消费品的免税办法，由国家税务总局规定。

（2）根据《财政部、海关总署、国家税务总局关于横琴、平潭开发有关增值税和消费税政策的通知》（财税[2014]51 号），规定了横琴区、平潭区内企业销售货物免征消费税。

（3）对无汞原电池、金属氢化物镍蓄电池（又称“氢镍蓄电池”或“镍氢蓄电池”）、锂原电池、锂离子蓄电池、太阳能电池、燃料电池和全钒液流电池免征消费税。

（4）对施工状态下挥发性有机物（Volatile Organic Compounds，VOC）含量低于 420 克/升（含）的涂料免征消费税。

（5）废弃动植物油生产纯生物柴油免征消费税，“废弃的动物油和植物油”的范围明确如下。

① 餐饮、食品加工单位及家庭产生的不允许食用的动植物油脂。主要包括泔水油、煎炸废弃油、地沟油和抽油烟机凝析油等。

② 利用动物屠宰分割和皮革加工修削的废弃物处理提炼的油脂，以及肉类加工过程中产生的非食用油脂。

③ 食用油脂精炼加工过程中产生的脂肪酸、甘油酯及含少量杂质的混合物。主要包括酸化油、脂肪酸、棕榈酸化油、棕榈油脂肪酸、白土油及脱臭馏出物等。

④ 油料加工或油脂储存过程中产生的不符合食用标准的油脂。

（6）为促进资源综合利用和环境保护，经国务院批准，自 2013 年 11 月 1 日至 2018 年 10 月 31 日，对以回收的废矿物油为原料生产的润滑油基础油、汽油、柴油等工业油料免征消费税。

（7）从 2009 年 1 月 1 日起，对成品油生产企业在生产成品油过程中，作为燃料、动力及原料消耗掉的自产成品油，免征消费税。

(8) 对用外购或委托加工收回的已税汽油生产的乙醇汽油免税。

(二) 应税消费品退货的税务处理

纳税人销售的应税消费品,因质量等原因发生退货的,其已缴纳的消费税税款可予以退还。纳税人办理退税手续时,应将开具的红字增值税发票、退税证明等资料报主管税务机关备案。主管税务机关核对无误后办理退税。

(三) 石脑油、燃料油消费税退、免税政策

(1) 自 2011 年 10 月 1 日起,对使用石脑油、燃料油生产乙烯、芳烃的企业购进并用于生产乙烯、芳烃类化工产品的石脑油、燃料油,按实际耗用数量暂退还所含消费税。

(2) 境内生产石脑油、燃料油的企业对外销售(包括对外销售用于生产乙烯、芳烃类化工产品的石脑油、燃料油)或用于其他方面的石脑油、燃料油征收消费税。但下列情形免征消费税:

① 生产企业将自产的石脑油、燃料油用于本企业连续生产乙烯、芳烃类化工产品的;

② 生产企业按照国家税务总局下发石脑油、燃料油定点直供计划(以下简称定点直供计划)销售自产石脑油、燃料油的。

(3) 生产企业将自产石脑油用于本企业连续生产汽油等应税消费品的,不缴纳消费税。

(四) 消费税税款抵扣政策

(1) 为支持汽油、柴油质量升级,应对大气污染问题,经国务院批准,自 2014 年 1 月 1 日起,以外购或委托加工收回的已税汽油、柴油为原料连续生产汽油、柴油,准予从汽油、柴油消费税应纳税额中扣除原料已纳的消费税税款。

(2) 纳税人从葡萄酒生产企业购进(以下简称外购)、进口葡萄酒连续生产应税葡萄酒的,准予从葡萄酒消费税应纳税额中扣除所耗用应税葡萄酒已纳消费税税款,进一步减轻办税负担,提高办税效率。

(3) 以外购或委托加工收回的已税石脑油、润滑油、燃料油为原料生产的应税消费品,准予从消费税应纳税额中扣除原料已纳的消费税税款。

(4) 对外购或委托加工收回的汽油、柴油用于连续生产甲醇汽油、生物柴油,准予从消费税应纳税额中扣除原料已纳的消费税税款。

(5) 下列应税消费品可以扣除外购或委托加工收回的已纳消费税税款:

① 以外购或委托加工收回的已税烟丝为原料生产的卷烟;

② 以外购或委托加工收回的已税化妆品为原料生产的化妆品;

③ 以外购或委托加工收回的已税珠宝玉石为原料生产的贵重首饰及珠宝玉石;

④ 以外购或委托加工收回的已税鞭炮、焰火为原料生产的鞭炮、焰火;

⑤ 以外购或委托加工收回的已税摩托车连续生产的摩托车。

(6) 下列应税消费品准予从消费税应纳税额中扣除原料已纳的消费税税款:

① 以外购或委托加工收回的已税杆头、杆身和握把为原料生产的高尔夫球杆;

② 以外购或委托加工收回的已税木制一次性筷子为原料生产的木制一次性筷子;

③ 以外购或委托加工收回的已税实木地板为原料生产的实木地板;

④ 以外购或委托加工收回的已税石脑油为原料生产的应税消费品;

⑤ 以外购或委托加工收回的已税润滑油为原料生产的润滑油。

第二节　消费税的计算

消费税的计税依据分别采用从价计税方法和从量计税方法。实行从价计税方法征税的应税消费品，计税依据为应税消费品的销售额。实行从量定额方法计税时，通常以每单位应税消费品的重量、容积或数量为计税依据。

一、从价定率征收的应纳税额的计算

实行从价定率征收方法计算应纳消费税的公式为

$$应纳税额=销售额\times适用税率$$

销售额为纳税人销售应税消费品向购买方收取的全部价款和价外费用。应税消费品的销售额，不包括应向购货方收取的增值税税额。如果纳税人应税消费品的销售额中包括未扣除增值税税款或者因不得开具增值税专用发票而发生价款和增值税税款合并收取的，在计算消费税时，应当换算为不含增值税税额的销售额。

其换算公式为

$$应税消费品的销售额=\frac{含增值税的销售额}{1+增值税税率或征收率}$$

(一) 企业自产应税消费品销售应纳税额的计算

凡是应纳消费税的消费品同时也是增值税的纳税范围，二者的计税依据即销售额的计算口径完全相同。所以增值税中的销售额也就是消费税中的销售额，其销售额为销售应税消费品向购买方收取的全部价款和价外费用，按此销售额乘以消费税的适用税率即可计算出应纳消费税额。

【例 3-1】

某化妆品生产企业为增值税一般纳税人，10 月 20 日向某单位销售化妆品一批，开具普通发票，取得含增值税销售额 4.68 万元。该化妆品生产企业 10 月应缴纳的消费税为多少？

【解析】

其应纳消费税的计算为

$$应纳消费税=4.68\div(1+17\%)\times30\%=1.2(万元)$$

(二) 企业自产自用应税消费品应纳税额的计算

自产自用应税消费品用于连续生产应税消费品的，根据税款不重征的原则，不缴消费税；用于其他方面的(如用于在建工程、捐赠、广告及职工福利等)，应于移送时缴纳消费税。有同类消费品销售价格的，按照纳税人生产的同类消费品销售价格计算纳税，没有同类消费品销售价格的，组成计税价格。

其计算公式为

$$组成计税价格=\frac{成本+利润}{1-消费税税率}=\frac{成本\times(1+成本利润率)}{1-消费税税率}$$

$$应纳消费税税额=组成计税价格\times适用税率$$

应税消费品的全国平均成本利润率，如表 3-2 所示。

表 3-2 应税消费品的全国平均成本利润率表

项　　目	成本利润率
一、烟类：	
甲类卷烟	10%
乙类卷烟	5%
二、酒类：	
粮食白酒	10%
其他酒及酒精	5%
三、化妆品、鞭炮	5%
四、贵重首饰及珠宝玉石	6%
五、摩托车	6%
六、小汽车	8%
七、高尔夫球类	10%
八、实木地板类	5%
九、电池	4%
十、涂料	7%

资料来源：国家税务总局网. http://www.chinatax.gov.cn/

【例 3-2】

某日用化妆品厂为增值税一般纳税人，将自产化妆品一批用于职工福利，化妆品生产成本为 6 000 元，成本利润率为 5%，无同类产品售价。该批化妆品应缴纳的消费税为多少？

【解析】

组成计税价格＝[6 000×(1＋5%)]÷(1－30%)＝9 000(元)

应纳消费税额＝9 000×30%＝2 700(元)

(三) 委托加工应税消费品应纳税额的计算

委托加工应税消费品由受托方交货时代扣代缴消费税。按照受托方的同类消费品销售价格计算纳税，没有同类消费品销售价格的，按组成计税价格。

组成计税价格＝(材料成本＋加工费)÷(1－消费税税率)

应纳税额＝组成计税价格×适用税率

【例 3-3】

某鞭炮企业 8 月受托为某单位加工一批鞭炮，委托单位提供的原材料金额为 30 万元，收取委托单位不含增值税的加工费 4 万元，鞭炮企业当地无加工鞭炮的同类产品市场价格(鞭炮的消费税税率为 15%)。鞭炮企业应代收代缴的消费税为多少？

【解析】

组成计税价格＝(30＋4)÷(1－15%)＝40(万元)

鞭炮企业应代收代缴消费税＝40×15%＝6(万元)

(四) 进口应税消费品应纳税额的计算

进口应税消费品，按照组成计税价格计算纳税。其计算公式为

组成计税价格 ＝（关税完税价格 ＋ 关税）÷（1 － 消费税税率）

应纳税额 ＝ 组成计税价格 × 消费税税率

【例 3-4】

某机电设备进出口公司从国外进口气缸容量为 3.0 升的小汽车一辆，关税完税后的价格为 850 000 元，关税 150 000 元，该公司应纳消费税额为多少？

【解析】

其应纳消费额的计算如下：

消费税组成计税价格＝(850 000＋150 000)÷(1－12％)＝1 136 363.64(元)

应纳消费税＝1 136 363.64×12％＝136 363.64(元)

二、 从量定额征收的应纳税额的计算

实行从量定额征收方法计算应纳消费税的公式为

应纳税额＝销售数量×单位税额

销售数量是指纳税人生产、委托加工和进口应税消费品的数量，具体规定如下。

(1) 生产销售的应税消费品，为应税消费品的销售数量；

(2) 自产自用的应税消费品，为应税消费品的移送使用数量；

(3) 委托加工的应税消费品，为纳税人收回的应税消费品数量；

(4) 进口的应税消费品，为海关核定的应税消费品进口征税数量。

根据我国现行税法规定，消费税中只有酒类和油类产品实行从量计征的计税办法，以销售数量为计税依据。但酒类以吨为计税单位，而油类以升为计税单位，要注意吨和升的换算关系，税法对二者换算标准的规定如表 3-3 所示。

表 3-3　吨与升的换算表

产品名称	每吨换算数量/升	产品名称	每吨换算数量/升
黄酒	962	溶剂油	1 282
啤酒	988	润滑油	1 126
汽油	1 388	燃料油	1 015
柴油	1 176	航空煤油	1 246
石脑油	1 385		

【例 3-5】

某炼油企业当月销售汽油 200 吨、柴油 100 吨，该企业应纳消费税额为多少？

【解析】

其应纳消费额的计算如下：

应纳消费税＝(200 × 1 388) × 1.52 ＋ (100 × 1 176) × 1.20

＝ 421 952 ＋ 141 120

＝ 563 072(元)

【例 3-6】

某啤酒厂 8 月销售啤酒 400 吨，每吨出厂价格 2 800 元（不含税）。8 月应纳消费税为多少？

【解析】

每吨售价在 3 000 元以下的，适用单位税额 220 元。

应纳消费税额 = 销售数量 × 定额税率 = 400 × 220 = 88 000（元）

三、从价定率和从量定额复合征收的应纳税额的计算

现行消费税的征税范围中，只有卷烟、粮食白酒、薯类白酒采用从价定率和从量定额复合计税征收办法。其应纳税额计算公式为

应纳税额 = 销售额 × 适用税率 + 销售数量 × 单位税额

【例 3-7】

某酒厂当月销售粮食白酒 1 000 箱（每箱 120 元，6 瓶，每瓶 500 克），计算其应纳税额。

【解析】

应纳税额＝1 000×120×20％＋1 000×6×0.5＝27 000（元）

四、已纳消费税扣除的计算

（一）外购已税消费品已纳税的扣除

1. 当期准予扣除的外购应税消费品已纳消费税税款的计算公式

当期准予扣除的外购应税消费品已纳税款＝当期准予扣除的外购应税消费品买价×外购应税消费品适用税率

当期准予扣除的外购应税消费品买价＝期初库存的外购应税消费品的买价＋当期购进的应税消费品的买价－期末库存的外购应税消费品的买价

2. 扣除范围

在消费税 15 个税目中，除小汽车、高档手表、游艇三个税目外，其余税目有扣税规定。

【例 3-8】

某卷烟生产企业，某月初库存外购应税烟丝金额 20 万元，当月又外购应税烟丝金额 50 万元（不含增值税），月末库存烟丝金额 10 万元，其余被当月生产卷烟领用。当月准予扣除的外购烟丝已纳消费税为多少？

【解析】

烟丝适用的消费税税率为 30％。

当月准予扣除的外购烟丝买价＝20＋50－10＝60（万元）

当月准予扣除的外购烟丝已纳消费税＝60×30％＝18（万元）

（二）委托加工收回的应税消费品已纳税款的扣除

委托加工的应税消费品因为已由受托方代收代缴消费税，因此，委托方收回货物后用于连续生产应税消费品的，其已纳税款准予按照规定从连续生产的应税消费品应纳消费税税额中抵扣。

税法规定：对委托加工收回消费品已纳的消费税，可按当期生产领用数量从当期应纳消费税税额中扣除，其扣税规定与外购已税消费品连续生产应税消费品的扣税范围、扣税方法、扣税环节相同。

第三节 消费税的账务处理

一、消费税会计账户的设置

缴纳消费税的企业，应在"应交税费"账户下增设"应交消费税"明细账户进行会计核算。该明细账户采用三栏式账页格式，贷方登记企业按规定应缴纳的消费税，借方登记企业实际缴纳的消费税或待抵扣的消费税，期末贷方余额表示尚未缴纳的消费税，借方余额表示企业多交的消费税。

二、消费税的会计处理

（一）企业生产应税消费品正常销售的会计处理

企业生产的需要缴纳消费税的消费品，在销售时应当按照应交消费税额借记"营业税金及附加"科目，贷记"应交税费——应交消费税"科目。

实际缴纳消费税时，借记"应交税费——应交消费税"科目，贷记"银行存款"科目，发生销货退回及退税时作相反的会计分录。企业出口应税消费品如按规定不予免税或退税的，应视同国内销售，按上述办法进行会计处理。

【例 3-9】

6 月 9 日，企业销售用外购烟叶生产的卷烟 100 大箱，每大箱 5 万支(250 条)，每条烟调拨价为 45 元，共计售价为 1 125 000 元，增值税专用发票注明增值税额为 191 250 元，适用消费税税率为 36%，每支出厂时定额税 0.003 元，款项未收。

【解析】

借：应收账款　　1 316 250

　　贷：主营业务收入　　1 125 000

　　　　应交税费——应交增值税(销项税额)　　191 250

应纳消费税额＝1 125 000×36%＋5 000 000×0.003＝405 000＋15 000＝420 000(元)

借：营业税金及附加　　420 000

　　贷：应交税费——应交消费税　　420 000

实际缴纳消费税时

借：应交税费——应交消费税　　420 000

　　贷：银行存款　　420 000

(二) 企业生产应税消费品视同销售的会计处理

1. 企业以生产的应税消费品作为投资的会计处理

企业以生产的应税消费品作为投资，应视同销售缴纳消费税。投资发生时，按规定应借记“长期股权投资”“存货跌价准备”等科目，贷记“库存商品”“应交税费——消费税(增值税)”等科目。

【例 3-10】

某汽车制造厂以其生产的 20 辆乘用车(气缸容量 2.0 升)向出租汽车公司投资。每辆汽车的市场价为 150 000 元，实际成本为 100 000 元。

【解析】

应交增值税＝150 000×20×17%＝510 000(元)

应交消费税＝150 000×20×5%＝150 000(元)

会计分录如下。

借：长期股权投资	2 660 000	
贷：库存商品		2 000 000
应交税费——应交增值税(销项税额)		510 000
——应交消费税		150 000

2. 企业以生产的用于换取生产资料、消费资料和抵偿债务等方面的应税消费品

应当以纳税人同类应税消费品的最高销售价格作为计税依据计算消费税。按规定计算应交消费税时，借记“原材料”“管理费用”“应付账款”等账户，贷记“应交税费——应交消费税”账户。

【例 3-11】

某白酒厂用粮食白酒 10 吨，抵偿前进农场大米款 50 000 元。该粮食白酒本月市场价为每吨 5 000 元。

【解析】

应交增值税＝5 000×10×17%＝8 500(元)

应交消费税＝5 000×10×20%＋(10×1 000 000÷500)×0.50

＝10 000＋10 000＝20 000(元)

会计分录如下。

借：应付账款——前进农场	50 000	
贷：主营业务收入		41 500
应交税费——应交增值税(销项税额)		8 500
借：营业税金及附加	20 000	
贷：应交税费——应交消费税		20 000
借：应交税费——应交消费税	20 000	
贷：银行存款		20 000

3. 企业将生产的应税消费品用于其他用途

企业将生产的应税消费品用于本企业连续生产非应税消费品、在建工程、管理部门、非生产机构、提供劳务、馈赠、赞助、集资、广告、样品、职工福利、奖励等方面，一律视同销售处理，在移送使用时计提应交的增值税和消费税。

按规定计算应交消费税时，借记"生产成本""制造费用""在建工程""管理费用""销售费用""营业外支出""应付职工薪酬"等账户，贷记"应交税费——应交消费税"账户。

【例 3-12】

某汽车制造厂将自产的一辆小汽车用于自建工程，该车市场价为 200 000 元，气缸容量 1.8 升，实际成本 120 000 元。

【解析】

$$应交增值税=200\,000\times17\%=34\,000(元)$$

$$应交消费税=200\,000\times5\%=10\,000(元)$$

会计分录如下。

借：在建工程　　164 000

　　贷：库存商品　　120 000

　　　　应交税费——应交增值税(销项税额)　　34 000

　　　　　　　　——应交消费税　　10 000

【例 3-13】

某啤酒厂将自己生产的啤酒 10 吨用于当月的广告宣传，让顾客免费品尝。该啤酒每吨成本 2 000 元，每吨出厂价在 3 000 元以上。(假定不考虑增值税)

【解析】

$$应交消费税=10\times250=2\,500(元)$$

会计分录如下。

借：销售费用　　22 500

　　贷：库存商品　　20 000

　　　　应交税费——应交消费税　　2 500

(三) 应税消费品的包装物应交消费税的会计处理

(1) 随同产品销售且不单独计价包装物。应税消费品连同包装物销售的，包装物均应并入应税消费品的销售额中缴纳消费税。

(2) 随同产品销售单独计价包装物。随同产品销售单独计价包装物，其收入计入"其他业务收入"账户，应纳消费税计入"营业税金及附加"账户。

(3) 出租出借包装物逾期押金。逾期未收回的包装物不再退还的或者已收取的时间超过 12 个月的押金，应并入应税消费品的销售额，按照应税消费品的适用税率缴纳消费税。借记"其他应付款"科目，贷记"应交税费——应交消费税(增值税)"科目。

【例 3-14】

某卷烟厂生产销售烟丝，取得不含税收入 20 000 元，随同烟丝销售单独计价包装物不含税收入 5 000 元，款已收，烟丝消费税税率 30%。计算包装物应交的增值税和消费税，并进行账务处理。

【解析】

包装物应交增值税额＝5 000×17%＝850(元)

包装物应交消费税额＝5 000×30%＝1 500(元)

借：银行存款　　5 850

　　贷：其他业务收入　　5 000

　　　　应交税费——应交增值税(销项税)　　850

借：营业税金及附加　　1 500

　　贷：应交税费——应交消费税　　1 500

【例 3-15】

某企业将逾期未退还的包装物押金 2 340 元没收，增值税税率为 17%，消费税税率为 8%。计算包装物应交的增值税和消费税，并进行账务处理。

【解析】

应交增值税＝[2 340÷(1＋17%)]×17%＝340(元)

应交消费税＝[2 340÷(1＋17%)]×8%＝160(元)

会计分录如下。

借：其他应付款　　2 340

　　贷：其他业务收入　　2 000

　　　　应交税费——应交增值税(销项税额)　　340

借：营业税金及附加　　160

　　贷：应交税费——应交消费税　　160

(四) 委托加工应税消费品的会计处理

纳税主体委托加工的应税消费品由受托方代收代缴消费税。受托方按应扣税款金额借记“应收账款”“银行存款”等科目，贷记“应交税费——应交消费税”科目。

委托方收回后，如果用于连续生产消费品的，其已纳消费税款准予按照规定从连续生产的应税消费品应纳消费税税额中抵扣，委托方按受托方代收代缴的消费税税额借记“应交税费——应交消费税”账户，贷记“银行存款”等账户。

委托方收回后直接用于销售的，在销售时不再缴纳消费税，此时委托方应将受托方代收代缴的消费税随同应支付的加工费一并计入委托加工的应税消费品成本之中，借记“委托加工物资”“生产成本”“自制半成品”等账户，贷记“应付账款”“银行存款”等账户。

【例 3-16】

甲企业委托乙企业加工材料，发出材料成本 50 万元，加工费用 10 万元、增值税 1.7 万元，由受托方代收代缴消费税 1 万元。材料加工完毕验收入库，加工费、消费税已用银行存款支付，甲企业提回加工材料用于连续生产应税消费品，销售时应交消费税 3 万元。计算应交消费税和增值税，并进行账务处理。

【解析】

(1) 发出材料时

借：委托加工物资　500 000

　　贷：原材料　500 000

(2) 支付加工费、增值税和消费税时

借：委托加工物资　100 000

　　应交税费——应交增值税(进项税额)　17 000

　　　　　　——应交消费税　10 000

　　贷：银行存款　127 000

(3) 收回加工完的材料

借：原材料　600 000

　　贷：委托加工物资　600 000

(4) 销售应税消费品计税时

借：营业税金及附加　30 000

　　贷：应交税费——应交消费税　30 000

【例 3-17】

南方一酒厂将库存半成品酒发出，委托外协单位加工调和成葡萄酒后直接对外出售，发出半成品账面成本为 500 000 元，支付加工费 100 000 元；外协单位同类消费品计税销售额为 720 000 元，加工税费以银行存款付清。加工完毕验收入库待售。计算应纳消费税和增值税，并进行账务处理。

【解析】

(1) 发出半成品时

借：委托加工物资　500 000

　　贷：原材料　500 000

(2) 支付加工税费时

应付增值税税额＝100 000×17%＝17 000(元)

应付消费税税额＝720 000×10%＝72 000(元)

借：委托加工物资　172 000

　　应交税费——应交增值税(进项税额)　17 000

　　贷：银行存款　189 000

(3) 加工完毕收回入库时

借：库存商品　672 000

　　贷：委托加工物资　672 000

(五) 企业进出口应税消费品的会计处理

1. 进口消费品的会计处理

需要缴纳消费税的进口消费品，其缴纳的消费税应计入该项消费品的成本，借记“固定资产”“物资采购”等科目，贷记“银行存款”等科目。

【例 3-18】

某公司从国外进口成套化妆品一批，完税价格为 100 000 元，关税税率为 40%，消费税税率为 30%，增值税税率为 17%，所有款项已支付，化妆品已验收入库。计算应交的关税、消费税和增值税，并进行账务处理。

【解析】

应交关税＝100 000×40%＝40 000(元)

应交消费税＝[(100 000＋40 000)÷(1－30%)]×30%＝60 000(元)

应交增值税＝[(100 000＋40 000)÷(1－30%)]×17%＝34 000(元)

会计分录如下。

借：库存商品　　200 000

　　应交税费——应交增值税(进项税额)　　34 000

　　贷：银行存款　　23 4000

2. 免征消费税的出口应税消费品应分不同情况进行会计处理

(1) 生产企业直接出口应税消费品或通过外贸企业出口应税消费品，按规定直接予以免税的，可不计算应交消费税。

(2) 通过外贸企业出口应税消费品时，如按规定实行“先税后退”方法的，按下列方法进行会计处理。

① 委托外贸企业代理出口应税消费品的生产企业，应在计算消费税时，按应交消费税额借记“应收账款”科目，贷记“应交税费——应交消费税”科目。实际缴纳消费税时，借记“应交税费——应交消费税”科目，贷记“银行存款”科目。应税消费品出口收到外贸企业退回的税金，借记“银行存款”科目，贷记“应收账款”科目。

发生退关、退货而补缴已退的消费税，作相反的会计分录。代理出口应税消费品的外贸企业将应税消费品出口后，收到税务部门退回生产企业缴纳的消费税，借记“银行存款”科目，贷记“应付账款”科目。将此项税金退还生产企业时，借记“应付账款”科目，贷记“银行存款”科目。

发生退关、退货而补缴已退的消费税，借记“应收账款——应收生产企业消费税”科目，贷记“银行存款”科目，收到生产企业退还的税款，作相反的会计分录。

② 企业将应税消费品销售给外贸企业，由外贸企业自营出口的，其缴纳的消费税应按上述的第二条的规定进行会计处理。

自营出口应税消费品的外贸企业，应在应税消费品报关出口后申请出口退税时，借记“其他应收款”科目，贷记“主营业务成本”科目。实际收到出口应税消费品退回的税金，借记“银行存款”科目，贷记“其他应收款”科目。发生退关或退货而补缴已退的消费税，作相反的会计分录。

【例 3-19】

省外贸进出口公司本期从生产厂家购进高尔夫球后自营出口，取得厂家开来的增值税专用发票，内列货款 468 000 元，适用的消费税税率为 10%。计算应退消费税税款，并进行账务处理。

【解析】

应退消费税税款＝468 000×10％＝46 800(元)

(1) 计提出口应退消费税时

借：其他应收款——出口退税　　46 800

　　贷：主营业务成本　　46 800

(2) 实际收到出口退回消费税时

借：银行存款　　46 800

　　贷：其他应收款——出口退税　　46 800

(六) 金银首饰消费税的会计处理

1. 金银首饰零售业务的会计处理

有金银首饰零售业务的企业，应在“应交税费”科目下增设“应交消费税”明细科目，核算金银首饰应交纳的消费税。销售实现时，应当按照应交消费税额，借记“营业税金及附加”科目，贷记“应交税费——应交消费税”科目；实际交纳消费税时，借记“应交税费——应交消费税”科目，贷记“银行存款”科目。

上述企业采用以旧换新方式销售金银首饰的，其应交纳的消费税也按上款规定进行会计处理。

【例 3-20】

某金店 6 月销售纯金项链 10 条，向消费者开出普通发票 58 500 元；销售镀金项链 10 条，向消费者开出普通发票 35 100 元，均收到转账支票。计算应交消费税，并进行账务处理。

【解析】

借：银行存款　　93 600

　　贷：主营业务收入　　80 000

　　　　应交税费——应交增值税(销项税额)　　13 600

消费税额＝50 000×5％＝2 500(元)

会计分录如下。

借：营业税金及附加　　2 500

　　贷：应交税费——应交消费税　　2 500

2. 受托代销金银首饰的会计处理

有金银首饰零售业务的企业因受托代销金银首饰按规定应交纳的消费税，应分为不同情况处理。

(1) 以收取手续费方式代销金银首饰的，于销售实现时，借记“代购代销收入”等科目，贷记“应交税费——应交消费税”科目。

(2) 以其他方式代销金银首饰的，其交纳消费税的会计处理按上述第一条的第一种办法办理。

3. 企业将金银首饰用于非销售环节的会计处理

有金银首饰批发、零售业务的企业将金银首饰用于馈赠、赞助、广告、职工福利、奖励等方面的，应于货物移送时，按应交消费税额借记“营业外支出”“销售费用”“应付职工薪酬”等科目，贷记“应交税费——应交消费税”科目。

【例 3-21】

某金店（系增值税一般纳税人）5 月将外购金项链 150 克作为奖励优秀职工，成本为 15 000 元，当月同类金项链的零售价格为 300 元/克。计算应纳的消费税，并进行账务处理。

【解析】

会计分录如下。

应纳消费税＝300÷(1＋17%)×150×5%＝1 923.08(元)

进项税额转出＝15 000×17%＝2 550(元)

借：应付职工薪酬——福利费	19 473.08	
贷：库存商品		15 000
应交税费——应交增值税(进项税额转出)		2 550
——应交消费税		1 923.08

4. 随同金银首饰出售但单独计价的包装物的会计处理

随同金银首饰出售但单独计价的包装物，按规定应交纳的消费税，借记“其他业务支出”科目，贷记“应交税费——应交消费税”科目。

【例 3-22】

某珠宝店为增值税一般纳税人，5 月销售消费者纯金首饰，共收入 70 200 元，随同纯金首饰销售单独计价的首饰盒共收入 468 元。计算增值税和消费税，并进行账务处理。

【解析】

会计分录如下。

(1) 销售纯金首饰

借：银行存款	70 200	
贷：主营业务收入		60 000
应交税费——应交增值税(销项税额)		10 200

(2) 销售首饰盒

借：银行存款	468	
贷：其他业务收入		400
应交税费——应交增值税(销项税额)		68

消费税＝(60 000＋400)×5%＝3 020(元)

借：营业税金及附加　　3 000
　　其他业务支出　　20
　　贷：应交税费——应交消费税　　3 020

5. 受托加工或翻新改制金银首饰

各类企业因受托加工或翻新改制金银首饰按规定应交纳的消费税，应于企业向委托方交货时，借记"其他业务成本""营业税金及附加"等科目，贷记"应交税费——应交消费税"科目。

6. 金银首饰在进口环节和出口环节

金银首饰在进口环节和出口环节以及经中国人民银行总行批准经营金银首饰批发业务的单位将金银首饰销售给同时持有《经营金银制品业务许可证》影印件及《金银首饰购货（加工）管理证明单》的经营单位均不计算消费税。

第四节　消费税的纳税申报

纳税申报是指消费税纳税人依照法律、行政法规规定或者税务机关依照法律、行政法规的确定的申报期限、申报内容办理消费税纳税申报。税务机关受理、审核。流程如图 3-1 所示。

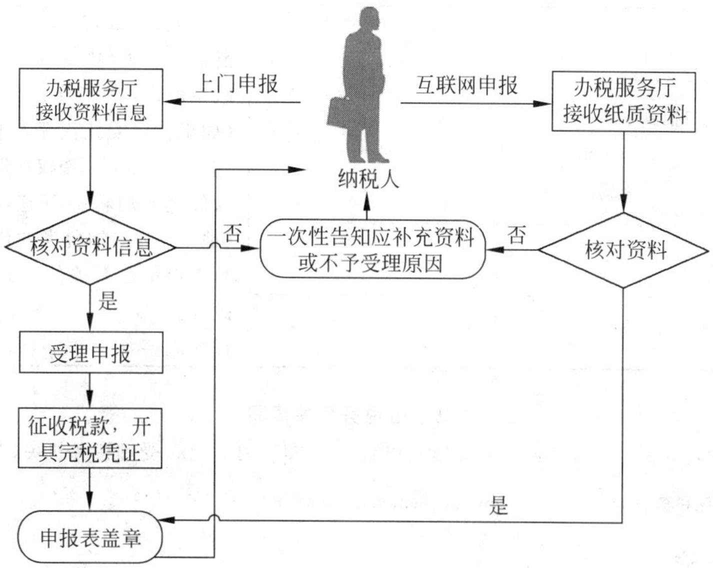

图 3-1　消费税纳税申报流程

资料来源：国家税务总局网. http://www.chinatax.gov.cn/

一、确定申报时间

纳税人无论当期有无销售或是否盈利，均应在次月 1 日起至 10 日内填制消费税纳税申报表，并向主管税务机关进行纳税申报。

二、填写申报表

纳税人按所属类型到办税服务厅申报纳税窗口领取相应的消费品消费税纳税申报表(表 3-4)两份；或到国税局网站下载。依填报说明，填写一式两份纸质报表；或通过客户端软件创建纳税申报表。

表 3-4 消费品消费税纳税申报表

税款所属期：　　年　月　日　至　　年　月　日

纳税人名称(公章)：　　　　　　　　纳税人识别号：

填表日期：　　年　月　日　　　　　　　　　　　　金额单位：元(列至角分)

项目 应税消费品名称	适用税率	销售数量	销售额	应纳税额
合计	—	—	—	

<table>
<tr><td>本期准予抵减税额：</td><td rowspan="7">声明
此纳税申报表是根据国家税收法律的规定填报的，我确定它是真实的、可靠的、完整的。
经办人(签章)：
财务负责人(签章)：
联系电话：
(如果你已委托代理人申报，请填写)
授权声明
为代理一切税务事宜，现授权________(地址) 为本纳税人的代理申报人，任何与本申报表有关的往来文件，都可寄予此人。
授权人签章：</td></tr>
<tr><td>本期减(免)税额：</td></tr>
<tr><td>期初未缴税额：</td></tr>
<tr><td>本期缴纳前期应纳税额：</td></tr>
<tr><td>本期预缴税额：</td></tr>
<tr><td>本期应补(退)税额：</td></tr>
<tr><td>期末未缴税额：</td></tr>
</table>

以下由税务机关填写

受理人(签章)：　　　　　　受理日期：　　年　月　日　受理税务机关(章)

资料来源：国家税务总局网．http://www.chinatax.gov.cn/

三、办理申报

纳税人持填写好的消费税纳税申报表、附表和以下资料到办税服务厅申报纳税窗口进行申报。或通过网络远程报送创建的电子申报表。

纳税人到办税服务厅申报纳税窗口申报还需报送以下资料。

(1) 外购应税消费品连续生产应税消费品的，提供外购应税消费品增值税专用发票(抵扣联)原件和复印件。如果外购应税消费品的增值税专用发票属于汇总填开的，除提供增值税专用发票(抵扣联)原件和复印件外，还应提供随同增值税专用发票取得的由销售方开具并加盖财务专用章或发票专用章的销货清单原件和复印件。

(2) 委托加工收回应税消费品连续生产应税消费品的,提供"代扣代收税款凭证"原件和复印件。

(3) 进口应税消费品连续生产应税消费品的,提供"海关进口消费税专用缴款书"原件和复印件。

(4) 扣缴义务人必须报送《消费税代扣代缴税款报告表》。

(5)《本期减(免)税额明细表》,由享受消费税减免税优惠政策的纳税人在办理消费税纳税申报时填报。

(6) 白酒生产企业应提供《已核定最低计税价格白酒清单》。

(7) 石脑油、燃料油生产企业按月报送《生产企业销售含税石脑油、燃料油完税情况明细表》。

(8) 石脑油、燃料油使用企业按月报送:

- 《使用企业外购石脑油、燃料油凭证明细表》;
- 《石脑油、燃料油生产、外购、耗用、库存月度统计表》;
- 《乙烯、芳烃生产装置投入产出流量计统计表》;
- 《使用企业外购石脑油、燃料油凭证明细表》中"外购含税油品"项"消费税税款缴纳凭证号码"所对应的消费税税款缴纳凭证的复印件;
- 当期外购石脑油、燃料油取得认证相符的普通版及汉字防伪版(非 DDZG)增值税专用发票复印件;
- 进口货物报关单、海关进口消费税专用缴款书、自动进口许可证等材料复印件。

(9) 税务机关要求报送的其他资料。

通过网络远程申报的还需在规定的时限内向主管税务局办税服务大厅打印、报送在网络申报提交成功的纸质整套申报表和申报资料。

四、 缴纳税款

经税务机关审核,纳税人提供的资料完整、填写内容准确、各项手续齐全、无违章问题,符合条件的,当场办结,并在《消费税纳税申报表》上签章,返还一份给纳税人。当期申报有税款的,纳税人需缴纳税款,税务机关确认税款缴纳后开具完税凭证予以办结。

本章小结

本章主要讲述了我国现行消费税的基本规定,应纳消费税的三种基本方法,各类涉及消费税活动的会计处理以及有关消费税纳税申报的流程。

阅读资料

烟税改革初见成效

2015 年,财政部不断深化税制改革,顺利推进消费税改革、加快推进资源税改革、积极推进环境保护税立法工作,加大结构性减税和普遍性降费力度,在推动科学发展、实现公平正义、促进统一市场建设等方面发挥了积极作用。

2015 年 5 月，我国 6 年来首次调整烟草消费税，5 月 10 日起，卷烟批发环节消费税税率由 5%提高至 11%，并在批发环节加征 0.005 元/支的从量消费税。

卷烟消费税改革初见成效，控烟与增税双赢。从 6 月首个税款征收期看，卷烟批发环节从价计征的消费税 63.4 亿元，同比增加 34.3 亿元，同比增长 118.13%；从量计征的消费税 5.8 亿元，为净增长。两项合计增收 40 亿元。

根据卷烟商业批发企业纳税申报的情况测算，5 月 10 日至 31 日，卷烟商业批发环节销量同比减少 15.9%，实现了控烟与增税的双重效应。

资料来源：人民网. http://finance.people.com.cn

练习题

一、单项选择题

1. 下列商品中，征收消费税的是（　　）。

   A. 冰箱　　B. 空调　　C. 彩电　　D. 酒精

2. 以下应税消费品中，适用比例税率的有（　　）。

   A. 啤酒　　B. 汽油　　C. 黄酒　　D. 其他酒

二、多项选择题

1. 下列应税消费品中，采用复合计税方法计算消费税的有（　　）。

   A. 烟丝　　B. 卷烟　　C. 白酒　　D. 酒精

2. 纳税人自产的应税消费品（　　）项目时，应视同销售计征消费税。

   A. 用于在建工程　　B. 用于连续生产应税消费品

   C. 用于广告　　D. 用于赞助

3. 消费税属于（　　）。

   A. 价内税　　B. 价外税　　C. 流转税　　D. 财产税

三、计算题

某公司（一般纳税企业）当月销售摩托车（气缸容量在 250 毫升以上）10 辆，每辆售价 1.5 万元（不含增值税），货款尚未收到，摩托车每辆成本 0.5 万元。适用消费税税率为 10%，增值税税率为 17%。针对这项经济业务，计算税额并编制会计分录。

第四章 关税会计

学习重点

1. 熟悉关税的概念；
2. 掌握关税应纳税额的计算及会计核算；
3. 熟悉关税的纳税申报。

引例

近几年，随着国内海淘网站的起步发展，许多国人也开始网购国外的促销商品，也就是所谓的“海淘族”。但是，对海淘过程中海关如何征税，许多海淘族并不了解。2016年4月8日起，我国将实施跨境电子商务零售（企业对消费者，即B2C）进口税收政策，并同步调整行邮税政策。那么，关税的调整会如何影响海淘商品的价格？

第一节 关税概述

一、关税的概念

关税是指海关代表国家，依照《中华人民共和国进出口关税条例》对进出国境或关境的货物、物品征收的一种流转税。国境是一个国家以边界为界限，全面行使主权的境域，包括领土、领海、领空。而关境则是指一国海关法得以全面实施的区域。

一般情况下，关境等于国境，但当存在自由港、自由贸易区、出口贸易区时，关境小于国境；而当几个国家组成关税同盟时，成员国之间相互取消关税，对外实行共同的关税，就成员国而言，其关境大于国境。

此外，货物是指以贸易行为为目的而进出我国关境的商品；物品是指以入境旅客携带、个人邮递、运输工具服务人员携带以及其他方式进入我国关境的属于个人自用的非商品。

改革开放以来，为了满足我国对外经济贸易发展的需要，我国先后几次修订了《中华人民共和国进出口关税条例》，特别是我国加入世界贸易组织（WTO）之后，我国又一次修订了《中华人民共和国进出口关税条例》，并于2004年1月1日起执行至今。

二、关税的种类

关税依据不同的标准，可以划分成不同的种类。

（一）按征税对象划分，可以分为进口关税、出口关税和过境关税

1. 进口关税

进口关税是对进口货物或物品征收的关税。进口关税是各国政府保护国内市场、增加

财政收入的重要工具之一。

2. 出口关税

出口关税是对出口货物或物品征收的关税。在现代经济社会中，多数国家一般不征或少征出口关税，目的在于降低出口货物的成本，增强本国商品在国际市场上的竞争力。

3. 过境关税

过境关税是对外国货物通过本国国境或关境时征收的关税。目前，为吸引过境交易、促进国际商品流通，大多数国家不征过境税。

(二) 按差别待遇划分，可以分为普通税、优惠关税和进口附加税

1. 普通税

由于国与国之间政治、经济关系的差异，从而对来自不同国家的同样产品会采取不同的税率，以示区别对待。普通税率适用于无任何外交关系国家的进口商品，是最高的税率。现在仅个别国家的商品实行这种歧视性税率。

2. 优惠关税

优惠关税适用于有经济贸易关系的国家的进口商品。经济贸易关系的不同，则适用不同程度的优惠税率。优惠税率有最惠国税率、特惠税率、普惠制税率等多种形式，这些都在一国的海关税则中一一列明。普通税率一般要比优惠税率高1～5倍，个别甚至达10倍。

① 最惠国税率有的也称协定税率，是根据所签订的贸易条约或协定的最惠国待遇条款，所给予的优惠税率。如世界贸易组织缔约方之间相互适用最惠国税率。

② 特惠关税，又称优惠税，是一种特别优惠的关税，是对特定的某一国家或地区进口的全部或部分商品，给予特别优惠的低关税或免税待遇。现在实行特惠制的主要是欧盟(初创时欧洲共同体)向非洲、加勒比海和太平洋地区的发展中国家单方提供特惠的"洛美协定"。

"洛美协定"在关税方面的优惠主要有三点：一是欧洲共同市场对来自非加太国家(非洲、加勒比和太平洋地区发展中国家)或地区的工业品全部给予免税优惠；二是农产品的96%免税；三是这些发展中国家无须给予反向优惠。

③ 普遍优惠制度关税，简称普惠制，是工业发达国家承诺对来自发展中国家的某些商品，特别是制成品或半制成品给予普遍的关税减免优惠的制度。

普遍性、非歧视性和非互惠性是普惠制的三项主要原则。普遍性是指所有发达国家对发展中国家出口的制成品和半制成品给予普遍的优惠；非歧视性是指所有发展中国家无例外地享受普遍优惠待遇；非互惠性是指发达国家单方面给予发展中国家关税优惠，而不要求发展中国家或地区提供反向优惠。

3. 进口附加税

进口附加税指对进口商品除了征收正常的进口关税以外，根据某种目的再加征的额外进口税。进口附加税主要有反贴补税、反倾销税、报复性关税等。

① 反贴补税是对于直接或间接接受任何奖金或贴补的外国商品进口所征收的一种附加税。反贴补税征收的目的在于抵消进口商品所享受的贴补金额，削弱其竞争能力，以保护本国产业。

② 反倾销税是对于实行商品倾销的进口货物所征收的一种进口附加税，其目的在于抵

制商品倾销，保护本国的市场与工业。所谓倾销是指低于本国国内市场价格或低于正常价格在其他国家进行商品销售的行为。

(三) 按税率制定划分，可以分为自主关税和协定关税

1. 自主关税

自主关税是指一个国家基于其主权，独立自主地制定的、并有权修订的关税，包括关税税率及各种法规、条例。自主关税一般高于协定税率，适用于没有签订关税贸易协定的国家。

2. 协定关税

协定关税是指两个或两个以上的国家，通过缔结关税贸易协定而制定的关税税率。协定关税有双边协定税率、多边协定税率和片面协定税率。双边协定税率是两个国家达成协议而相互减让的关税税率。

多边协定税率是两个以上的国家之间达成协议而相互减让的关税税率，如关税及贸易总协定中的相互减让税率的协议。片面协定税率是一国对他国输入的货物降低税率，为其输入提供方便，而他国并不以降低税率回报的税率制度。

(四) 按征税目的划分，可以分为财政关税、保护关税、报复性关税和科技关税

(1) 财政关税，即为增加政府财政收入而课政的关税。财政关税的税率通常比保护关税低，因为过高就会阻碍进出口贸易的发展，达不到增加财政收入的目的。

(2) 保护关税，以保护国内产业为目的设置的关税称为保护关税。保护关税主要是进口税，税率较高，通过征收高额进口税，使进口商品成本较高，从而削弱它在进口国市场的竞争能力，甚至阻碍其进口，达到保护本国经济发展的目的。保护关税已逐渐成为各国推行贸易保护主义的重要手段。

(3) 报复性关税是指对特定国家的不公平贸易行为采取行动而临时加征的进口附加税。

(4) 科技关税是对技术先进、竞争能力特别强劲的产品所征收的进口附加费用。进口国为了保护本国高新技术的发展，就通过征收这种进口附加费用，来提高这类进口产品的销售价，削弱其竞争力。

(五) 按关税计征方式划分，可以分为从量关税、从价关税、复合关税和滑准关税

从量关税、从价关税是关税的基本计算方法。

不同的关税分类可以帮助我们从不同的角度全面理解关税，同时对我们正确的计算应纳税额奠定了基础。

三、 关税的纳税人、税则、税目和税率

1. 关税的纳税人

根据《中华人民共和国进出口关税条例》第五条的规定：进口货物的收货人、出口货物的发货人、进境物品的所有人，是关税的纳税义务人。

2. 关税税则

关税税则是一国海关据以对进出口商品计征关税的规章和对进出口的应税与免税商

品加以系统分类的一类表。

关税税则主要包括两个部分：海关征收关税的规章条例及说明和海关的关税税率表。

关税税率表的主要内容有：税则号例、商品分类目录和税率三部分。

3. 关税税目

根据《2016 海关税则》，关税应税商品为 22 大类，这 22 大类商品如下。

第一类：活动物；动物产品(第 1 章～第 5 章)。

第二类：植物产品(第 6 章～第 14 章)。

第三类：动、植物油、脂及其分解产品；精制的食用油脂；动、植物蜡(第 15 章)。

第四类：食品；饮料、酒及醋；烟草、烟草及烟草代用品的制品(第 16 章～第 24 章)。

第五类：矿产品(第 25 章～第 27 章)。

第六类：化学工业及其相关工业的产品(第 28 章～第 38 章)。

第七类：塑料及其制品；橡胶及其制品(第 39 章～第 40 章)。

第八类：生皮、皮革、毛皮及其制品；鞍具及挽具；旅行用品、手提包及类似容器；动物肠线(蚕胶丝除外)制品(第 41 章～第 43 章)。

第九类：木及木制品；木炭；软木及软木制品；稻草、秸秆、针茅或其他编结材料制品；篮筐及柳条编织品(第 44 章～第 46 章)。

第十类：木浆及其他纤维状纤维素浆；回收(废碎)纸或纸板；纸、纸板及其制品(第 47 章～第 49 章)。

第十一类：纺织原料及纺织制品(第 50 章～第 63 章)。

第十二类：鞋、帽、伞、杖、鞭及其零件；已加工的羽毛及其制品；人造花；人发制品(第 64 章～第 67 章)。

第十三类：石料、石膏、水泥、石棉、云母及类似材料的制品；陶瓷产品；玻璃及其制品(第 68 章～第 70 章)。

第十四类：天然或养殖珍珠、宝石或半宝石、贵金属、包贵金属及其制品；仿首饰；硬币(第 71 章)。

第十五类：贱金属及其制品(第 72 章～第 83 章)。

第十六类：机器、机械器具、电气设备及其零件；录音机及放声机、电视图像、声音的录制和重放设备及其零件(第 84 章～第 85 章)。

第十七类：车辆、航空器、船舶及有关运输设备(第 86 章～第 89 章)。

第十八类：光学、照相、电影、计量、检验、医疗或外科用仪器及设备、精密仪器及设备；钟表；乐器；上述物品(第 90 章～第 92 章)。

第十九类：武器、弹药及其零件、附件(第 93 章)。

第二十类：杂项制品(第 94 章～第 96 章)。

第二十一类：艺术品、收藏品及古物(第 97 章)。

第二十二类：特殊交易品及未分类商品(第 98 章)。

4. 关税税率

(1) 进口关税税率

根据《中华人民共和国进出口关税条例》的规定，进口关税设置最惠国税率、协定税率、特惠税率、普通税率、关税配额税率等税率。对进口货物在一定期限内可以实行暂定税率。

进口货物税率可以从《中华人民共和国海关进出口税则》中进行查找。

此外,凡是违反与中华人民共和国签订或者共同参加的贸易协定及相关协定,对中华人民共和国在贸易方面采取禁止、限制、加征关税或者其他影响正常贸易措施的任何国家或者地区,对原产于该国家或者地区的进口货物可以征收报复性关税,适用报复性关税税率。

(2) 出口关税税率

出口关税设置出口税率,对出口货物在一定期限内也可以实行暂定税率。我国目前确定出口关税的总原则是:既鼓励出口,又要做到能够控制一些商品的盲目出口,因此,目前我国仅对少数产品征出口税,主要是指:营利特别高而且利润比较稳定的大宗商品;在国际市场上我国出口已占有相当比重的商品;国际市场上容量有限而盲目出口容易在国外形成削价竞销的商品;国内紧俏需要大量进口的商品,以及国家控制出口的商品,主要还是以资源性产品为主。

出口货物税率可以从《中华人民共和国海关进出口税则》中进行查找。

小贴士

随着我国经济的发展,我国对外贸易也得到了长足发展,但与此同时,我国的出口产品屡遭各国反倾销立案及制裁,如何积极应对成了摆在出口企业面前一个现实的问题。

例如,2012 年 8 月,泰国对来自中国的冷轧不锈钢产品发起反倾销调查。但是,国内只有太钢启动应诉程序,多方联动,在做好调查问卷、实地核查、损害抗辩的同时,积极向政府有关部门反映情况,与泰国钢铁行业组织开展对话和磋商。

2015 年,泰国商业部外贸厅发布公告,对产自中国的冷轧不锈钢产品征收反倾销税,所征最高税率达 33.32%,而太钢成为国内 100 多家出口商中唯一取得零税率的企业。

第二节 关税应纳税额的计算

一、关税完税价格的确定

我国关税是以进出口货物的完税价格为依据计算应纳税额的。因此,计算关税首先要确定关税完税价格。关税完税价格是不含关税和进出口环节其他税收的价格。它包括进口货物的完税价格、出口货物的完税价格。

(一) 进口货物的完税价格的确定

进口货物的完税价格是由海关以该货物的成交价格以及该货物运抵中华人民共和国境内输入地点起卸前的运输及其相关费用、保险费为基础审查确定的。其中,进口货物的成交价格是指卖方向中华人民共和国境内销售该货物时买方为进口该货物向卖方实付、应付的价格。

(1) 以离岸价格成交的进口货物

完税价格=离岸价格+运费+保险费

所谓离岸价格,是指装运港船上交货的价格,卖方负责支付货物的出口关税,买方负责货物越过船舷之后的一切费用及风险。运费、保险费原则上应按实际支付的金额计算，如果不能得到实际支付金额时，运费可以按照外贸系统海运进口运费率或协商规定的固定运杂费计算。保险费按中国人民保险公司的保险费率计算，即：完税价格×保险费率。因此，进口货物的完税价格又可表述为

$$完税价格=\frac{离岸价格+运费}{1-保险费}$$

（2）以到岸价格成交的进口货物

$$完税价格=到岸价格$$

所谓到岸价格是指离岸价加海运费与保险费的价格，即：货物自装运港到目的港的运费、保险费等由卖方支付，但货物装船后发生的损坏及灭失的风险由买方承担。

需要注意的是，在进口货物的成交价格中应当包括下列费用，如果未包括的，则应计入完税价格。

① 进口人为在国内生产、制造、出版、发行或使用该项货物而向国外支付的软件费；

② 货物成交过程中，进口人向采购代理人支付的购货佣金；

③ 货物运抵中华人民共和国关境内输入地点起卸前的包装费、运费和其他劳务费用；

④ 保险费。

此外，下列税收、费用，不得计入该货物的完税价格：

① 进口人向境外采购代理人支付的买方佣金；

② 卖方付给买方的正常回扣；

③ 工业设施、机械设备类货物进口后基建安装、装配、调试或技术指导的费用。

（3）进口货物的成交价格不符合进出口关税条例有关规定的，或者成交价格不能确定的，要以合理的方法估定关税的完税价格。

（二）出口货物的完税价格的确定

一般来说，由于我国不对出口商品征收出口税，即使由于某种情况需要征收出口税，也是对少数商品征收并且税率较低，因此对出口货物估定完税价格相对是较为简便的。

出口货物的完税价格由海关以该货物的成交价格为基础审查确定，并应当包括货物运至中华人民共和国境内输出地点装载前的运输及其相关费用、保险费。出口货物的成交价格是指该货物出口销售时，卖方为出口该货物应当向买方直接收取和间接收取的价款总额。出口货物的关税不得计入完税价格。

出口货物的完税价格的计算公式可以表述为

$$完税价格=\frac{离岸价格}{1+出口关税税率}=\frac{到岸价格-保险费-运费}{1+出口关税税率}$$

需要注意的是，下列税收、费用不计入出口货物的完税价格：

（1）出口关税；

（2）在货物价款中单独列明的货物运至中华人民共和国境内输出地点装载后的运输及其相关费用、保险费（即出口货物的运保费最多算至离境口岸）；

（3）在货物价款中单独列明由卖方承担的佣金。

此外，出口货物的成交价格不能确定的，海关经了解有关情况，并与纳税义务人进行价格磋商后，依次以下列价格审查确定该货物的完税价格：

(1) 同时或者大约同时向同一国家或者地区出口的相同货物的成交价格；

(2) 同时或者大约同时向同一国家或者地区出口的类似货物的成交价格；

(3) 根据境内生产相同或者类似货物的成本、利润和一般费用(包括直接费用和间接费用)、境内发生的运输及其相关费用、保险费计算所得的价格；

(4) 按照合理方法估定的价格。

二、关税应纳关税税额的计算

(一) 进口货物关税税额的计算

1. 从价法

进口货物关税税额的计算公式为

应纳税额＝应税进口货物完税价格×适用税率

【例 4-1】

某公司 2016 年 3 月从美国进口一批乳品加工机，进口申报价格为到岸价格(CIF) 600 000 美元，当日外汇牌价为 1 美元＝6.48 元人民币，关税税率为 2%，计算应纳关税税额。

【解析】

完税价格＝600 000×6.48＝3 888 000(元)

应纳关税税额＝3 888 000×2%＝77 760(元)

【例 4-2】

某公司 2016 年 3 月从日本进口陶制厨房用具一批，关税税率为 10%，进口申报价格为离岸价格(FOB)32 637 美元，运费每吨 40 美元，保险费率 0.3%，当日外汇牌价为 1 美元＝6.48 元人民币，计算应纳关税税额。

【解析】

运费＝50×40×6.48＝12 960(元)

完税价格＝(32 637×6.48＋12 960)÷(1－0.3%)＝225 123.13(元)

应纳关税税额＝225 123.13×10%＝22 512.31(元)

2. 从量法

从量法关税税额的计算公式为

应纳税额＝应税进出口货物数量×关税单位税额

【例 4-3】

某公司 2016 年 4 月从美国进口红外激光胶片 10 000 平方米，进口申报价格为到岸价格(CIF)50 000 美元，当日外汇牌价为 1 美元＝6.48 元人民币，关税税率为 1.05 元/平方米，计算应纳关税税额。

【解析】

进口红外激光胶片适用于从量计征。

应纳税额＝10 000×1.05＝10 500(元)

3. 混合法

关税税额的计算公式为

应纳税额＝应税进口货物数量×关税单位税额＋应税进口货物数量×单位完税税额

【例 4-4】

某公司 2016 年 5 月从日本进口广播级录像机 10 台，成交价格为 8 000 美元/台。填发税款缴款书之日的外汇牌价中间价为 1 美元＝6.48 元人民币。关税税率为：每台完税价格低于或等于 7 000 美元，执行单一从价税率 15%；每台完税价格高于 7 000 美元，每台征收 4 256 元从量税，另加 5%的从价税。计算应纳关税税额。

【解析】

应纳关税税额＝10×4 256＋8 000×10×6.48×5%＝68 480(元)

(二) 出口货物关税税额的计算

出口货物关税税额的计算公式为

应纳税额＝应税出口货物完税价格×适用税率

【例 4-5】

山东某公司 2016 年 3 月向日本出口银矿砂 6 000 吨，成交价格为到岸价格(CIF) 4 860 000 美元，其中运费为 6 000 美元，保险费 1 000 美元，当日外汇牌价为 1 美元＝6.48 元人民币，出口关税税率 10%，计算出口应纳关税税额。

【解析】

(1) 完税价格＝(CIF－保险费－运费)÷(1＋出口关税税率)
＝(4 860 000－1 000－6 000)×6.48÷(1＋10%)
＝28 588 581.82(元)

(2) 出口应纳关税税额＝28 588 581.82×10%＝2 858 858.18(元)

(三) 行邮物品进口税税额的计算

行邮税是行李和邮递物品进口税的简称，是海关对入境旅客行李物品和个人邮递物品征收的进口税。行邮税并不是一个单一的税种，而是对进境物品关税和进口环节增值税、消费税三税合并，统一征收的进口税。我国目前对入境居民旅客携带在境外获取的个人自用、合理数量进境物品，总值在 5 000 元人民币以内(含 5 000 元)的，海关予以免税放行。

行邮物品进口税税额的计算公式为

应纳税额＝应税物品完税价格×适用税率

【例 4-6】

某居民旅客 2016 年 5 月 2 日从北京入境，携带奶粉 6 罐，每罐奶粉的完税价格为 300 元，适用 15%的行邮税。计算应缴纳的行邮税税额。

【解析】

(1) 完税价格＝6×300＝1 800(元)

(2) 由于完税价格＜ 5 000 元免征额，不需支付行邮税。

小贴士

财政部：个人出境购免税额不变，超出部分按行邮税征税

2016 年 4 月 8 日，我国跨境电子商务零售进口税收新政实施。没想到，一个针对跨境电商的税收政策，却掀起了阵阵涟漪，各种说法瞬间刷爆“朋友圈”。“今天竟然被‘税’了，海关告诉我领队没有免税额度，买一块钱东西也要缴税。”9 日，微信“朋友圈”里这条消息被广泛转发。那么，4 月 8 日以后是不是个人出境购物没有免税额度？买一元钱的东西真的也要缴税？

“这个说法是毫无根据的，无论是到境外旅游、出差还是探亲访友，回国时个人携带行李物品免税额 5 000 元并没有变化。”财政部有关人士表示，这次调整的主要是跨境电商零售进口商品税收政策，以及行邮税政策。进境居民旅客携带在境外获取的个人自用、合理数量进境物品，总值在 5 000 元人民币以内(含 5 000 元)的，海关予以免税放行。

进境居民旅客携带超出 5 000 元人民币的个人自用进境物品，经海关审核确属自用的，海关仅对超出部分的个人自用进境物品征税，对不可分割的单件物品，全额征税。具体按照自 4 月 8 日起实施的新的行邮税税目税率征收。

资料来源：中国新闻网. http://www.chinanews.com/cj/2016/04-10/7828812.shtml

第三节 关税的账务处理

一、工业企业关税的账务处理

(一) 进口关税的账务处理

工业企业通过外贸公司代理或直接从国外进口原材料、设备等时，一般不通过“应交税费”账户核算，而是将所支付的关税与进口货物价款、国外运费和保费以及国内费用一道，直接记入“材料采购”“在建工程”等相关账户中，贷记“银行存款”“应付账款”等账户。

【例 4-7】

某工业公司 2016 年 3 月从国外进口小轿车一辆，该商品的到岸价格为(CIF)人民币 30 000 美元，进口商品的关税税率为 25%，适用增值税税率为 17%，消费税税率为 8%，外汇牌价为 1 美元＝6.48 元人民币。计算该公司相关税额并进行相应的账务处理。

【解析】

进口小轿车的增值税进项税额不能抵扣，直接计入进口小轿车的入账成本。

(1) 计算应纳税额

关税完税价格＝30 000×6.48＝194 400(元)

关税税额＝30 000×6.48×25%＝48 600(元)

消费税组成计税价格＝(194 400＋48 600)÷(1－8%)＝264 130.43(元)

应纳消费税＝264 130.43×8%＝21 130.43(元)

增值税组成计税价格＝194 400＋48 600＋21 130.43＝264 130.43(元)

应纳增值税＝264 130.43×17%＝44 902.17(元)

（2）计算应付款项

应付款项＝194 400＋48 600＋21 130.43＋44 902.17＝309 032.60（元）

（3）编制会计分录

① 购买时。

借：在建工程　　194 400

　　贷：银行存款　　194 400

② 缴纳相关税费时。

相关税费总额＝48 600＋21 130.43＋44 902.17＝114 632.60（元）

借：在建工程　　114 632.60

　　贷：银行存款　　114 632.60

③ 验收合格、交付使用时。

借：固定资产　　309 032.60

　　贷：在建工程　　309 032.60

（二）出口关税的账务处理

工业企业在核算出口关税时，应在“营业税金及附加”科目下设“应交关税”明细科目，核算企业出口应缴纳的关税。进行核算时，借记“营业税金及附加——应交出口关税”账户，贷记“应交税费——应交出口关税”账户；实际缴纳关税时，借记“应交税费——应交出口关税”账户，贷记“银行存款”账户。

【例 4-8】

某工业企业 2016 年 3 月向欧盟某国出口商品一批，该商品的离岸价格为（FOB）1 120 万元人民币，出口税税率为 15%，海关开出关税税款的缴纳凭证，企业以银行转账支票付讫税款。计算该公司关税税额并进行有关的账务处理（暂不考虑增值税）。

【解析】

（1）应纳关税税额的计算

关税完税价格＝11 200 000÷（1＋15%）＝9 739 130.43（元）

应纳关税税额＝9 739 130.43×15%＝1 460 869.56（元）

（2）编制会计分录

① 计提出口关税时。

借：营业税金及附加——应交出口关税　　1 460 869.56

　　贷：应交税费——应交出口关税　　1 460 869.56

② 缴纳相关税费时。

借：应交税费——应交出口关税　　1 460 869.56

　　贷：银行存款　　1 460 869.56

二、外贸企业关税的账务处理

外贸企业有自营和代理出口业务两类。

(一) 外贸企业自营进出口业务关税的账务处理

1. 进口商品的账务处理

外贸企业自营进口业务所计缴的关税，在会计核算上是通过设置“应交税费——应交进口关税”“在途物资”“材料采购”账户加以反映的。在计算应缴纳的关税时，应借记“在途物资”“材料采购”等有关账户，贷记“应交税费——应交进口关税”账户；缴纳税款时，借记“应交税费——应交进口关税”账户，贷记“银行存款”账户。

2. 出口商品的会计处理

外贸企业自营出口业务所计缴的关税，在会计核算上是通过设置“应交税费——应交出口关税”和“营业税金及附加”账户加以反映的。在计算应缴纳的关税时，应借记“营业税金及附加”账户，贷记“应交税费——应交出口关税”账户；实际缴纳关税时，借记“应交税费——应交出口关税”账户，贷记“银行存款”账户。

【例 4-9】

某外贸企业 2016 年 3 月从美国进口商品一批，到岸价格(CIF)折合人民币 400 000 元，进口关税税率为 25%，消费税税率为 8%，增值税税率为 17%，款项已用银行存款支付。计算该公司应纳税额并进行有关的账务处理。

【解析】

(1) 计算应纳税额

应纳关税＝400 000×25%＝100 000(元)

应纳消费税＝(400 000＋100 000)÷(1－8%)×8%＝43 478.26(元)

应纳增值税＝(400 000＋100 000＋43 478.26)×17%＝92 391.30(元)

(2) 编制会计分录

① 计算出应缴的关税、消费税金。

借：材料采购　　543 478.26

　　贷：应交税费——应交进口关税　　100 000.00

　　　　　　　　——应交消费税　　43 478.26

　　　　银行存款　　400 000.00

② 上缴关税、消费税、增值税时。

借：应交税费——应交进口关税　　100 000.00

　　　　　　——应交消费税　　43 478.26

　　　　　　——应交增值税(进项税额)　　92 391.30

　　贷：银行存款　　235 869.56

③ 商品验收入库时。

借：库存商品　　543 478.26

　　贷：材料采购　　543 478.26

(二) 外贸企业代理进出口业务关税的账务处理

1. 代理进口业务的账务处理

代理进口业务的外贸企业不负责进口业务的盈亏，只收取一定的手续费，进口企业应纳的关税，由代理进口业务的外贸企业向委托单位收取并代为缴纳。因此，外贸企业在计算应缴纳的关税时，应借记"应收账款"等有关账户，贷记"应交税费——应交进口关税"账户；缴纳进口关税时，借记"应交税费——应交进口关税"账户，贷记"银行存款"账户；收到委托单位的税款时，借记"银行存款"账户，贷记"应收账款"账户。

【例 4-10】

南方公司委托某外贸公司进口钢材一批，进口货款 200 000 元已汇入外贸公司的开户银行。该批钢材离岸价格(FOB)为 20 500 美元，另支付运费为 500 美元，包装费 200 美元，保险费 300 美元，代理手续费 500 美元，假定美元兑人民币的外汇牌价为 1 美元＝6.48 元人民币，该钢材的进口关税税率为 15%，以上款项均以银行存款支付，钢材已验收入库，外贸公司按货价的 2%收取手续费，并与南方公司办理完相关结算手续。

计算外贸公司关税税额并进行有关的账务处理(暂不考虑增值税)。

【解析】

(1) 关税税额的计算

关税完税价格＝(20 500＋500＋200＋300＋500)×6.48＝142 560(元)

应纳关税额＝142 560×15%＝21 384(元)

代理手续费＝142 560×2%＝2 851.20(元)

(2) 编制相关会计分录

① 收到委托方南方公司委托款时。

借：银行存款	200 000	
贷：应付账款——南方公司		200 000

② 对外付汇进口商品时。

借：应收账款——南方公司	142 560	
贷：银行存款		142 560

③ 计提进口关税时。

借：应收账款——南方公司	21 384	
贷：应交税费——应交进口关税		21 384

④ 缴纳进口关税时。

借：应交税费——应交进口关税	21 384	
贷：银行存款		21 384

⑤ 将进口商品交付南方公司并收取手续费时。

借：应收账款——南方公司	2 851.20	
贷：主营业务收入		2 851.20

⑥ 退回委托方剩余货款时。

借：应付账款——南方公司	200 000	
贷：银行存款		33 204.80
应收账款——南方公司		166 795.20

2. 代理出口业务的账务处理

代理出口业务，对受托方来说，一般不垫付货款，大多以收取手续费的形式为委托方提供代理服务，因此，应缴纳的关税由委托单位负担，由代理出口业务的外贸企业代收代缴。

外贸企业在代出口企业缴纳出口关税时，借记“应收账款”账户，贷记“应交税费——应交出口关税”账户；同时借记“应交税费——应交出口关税”账户，贷记“银行存款”账户；收到委托单位支付的款项时，借记“银行存款”账户，贷记“应收账款”账户。

【例 4-11】

某进出口公司代理北方企业出口商品一批，该商品的离岸价格为(FOB)480 000 元，出口关税税率为 20%，手续费为 15 000 元。计算该公司关税税额并进行有关的账务处理(暂不考虑增值税)。

【解析】

(1) 关税税额的计算

应纳关税税额＝480 000÷(1＋20%)×20%＝80 000(元)

(2) 编制相关会计分录

① 计提出口关税时。

借：应收账款——北方企业　　80 000
　　贷：应交税费——应交出口关税　　80 000

② 代缴关税时。

借：应交税费——应交出口关税　　80 000
　　贷：银行存款　　80 000

③ 计算应收手续费时。

借：应收账款——北方企业　　15 000
　　贷：主营业务收入　　15 000

④ 收到委托单位支付的税款及手续费时。

借：银行存款　　95 000
　　贷：应收账款——北方企业　　95 000

第四节　关税的纳税申报

一、填制《海关(进出口关税)专用缴款书》

海关征收关税时，根据纳税人的申请及进出口货品的具体情况，可以采取关境地征收或主管地征收的方法。纳税义务人缴纳关税时，需要填列《海关(进出口关税)专用缴款书》(见表 4-1)。

在填列时，首先应按税法规定，核对进出口货物的完税价格，并对照进出口税则，确定进出口货物的税务。其次根据已核实的关税完税价格，依照适用税率，计算应纳关税税额。各项内容核实无误后，填列《海关(进出口关税)专用缴款书》，并携带有关单证，办理签章手续。

二、按期办理纳税申报手续

进口货物的收货人应当自运输工具申报进境之日起 14 日内，出口货物的发货人除海关特准之外，应当在货物运抵海关监管区，装货的24小时以前向海关申报，最后一天为法定节假日或休息日的，延至之后的第一个工作日。未申报的，自申报期限到期次日起，日征收进口货物完税价格的0.5‰的滞报金，起点为人民币10元。超过3个月海关将依法变卖货物。1年内如申请，可以返还变卖所剩金额。

纳税义务人应当自海关填发税款缴款书之日起15日内向指定银行缴纳税款，如关税缴纳期限最后一天为法定节假日或休息日的，延至法定节假日或休息日之后的第一个工作日。逾期缴纳税款的，由海关自缴款期限届满之日起至缴清税款之日止，按日加收滞纳税款0.5‰的滞纳金。海关专用缴款书如表4-1所示。

表4-1　海关(进出口关税)专用缴款书

收入系统：　　　　　　　填发日期：　　年　月　日　　　　　　　　No

收款单位	收入机关		缴款单位人	名称		
	科目			账号		
	收缴国库			开户银行		
税号	货物名称		数量	单位	完税价格/元	税率/%	税款金额/元
金额合计(大写)						合计/元	
申请单位编号			报关单编号		填制单位	收款国库(银行)	
合同(批文)号			运输工具号				
缴款期限	年　月　日		提/装货单号		制单人＿＿＿＿		
备注					复核人＿＿＿＿		

【例4-12】

上海东方贸易进出口有限公司2016年5月出口天然石墨5 000吨到日本，每吨离岸价格300美元，其中佣金为离岸价格的2%，当日外汇牌价1美元＝6.48元人民币，出口关税税率20%，海关于2016年5月3日填发税款缴纳书，公司于5月10日一次缴清税款，计算该公司应纳的关税。

【解析】

(1) 将含佣金的离岸价格换算为不含佣金的价格

(5 000×300)÷(1＋2%)＝1 470 588.24(美元)

(2) 计算完税价格

完税价格＝离岸价格÷(1＋出口关税税率)

＝1 470 588.24÷(1＋20%)

＝1 225 490.20(美元)

(3) 计算应纳关税税额

应交出口关税＝1 225 490.20×6.48×20%＝1 588 235.30(元)

(4) 填制表4-2《海关(进出口关税)专用缴款书》

填制《海关(进出口关税)专用缴款书》，如表4-2所示。

表 4-2 海关(进出口关税)专用缴款书

收入系统：海关系统　　填发日期：2016 年 5 月 3 日　　No

<table>
<tr><td rowspan="4">收款单位</td><td>收入机关</td><td>中央金库</td><td rowspan="4">缴款单位人</td><td rowspan="2">名称</td><td rowspan="2">上海东方贸易进出口有限公司</td></tr>
<tr><td>科目</td><td>出口关税</td></tr>
<tr><td rowspan="2">收缴国库</td><td rowspan="2">中国银行上海分行陆家嘴支行</td><td>账号</td><td></td></tr>
<tr><td>开户银行</td><td></td></tr>
</table>

<table>
<tr><td>税号</td><td>货物名称</td><td>数量</td><td>单位</td><td>完税价格/元</td><td>税率/%</td><td>税款金额/元</td></tr>
<tr><td>25049000</td><td>天然石墨</td><td>5 000</td><td>吨</td><td>7 941 176.50</td><td>20</td><td>1 588 235.30</td></tr>
<tr><td colspan="5">金额合计(大写)壹佰伍拾捌万捌仟贰佰叁拾伍元叁角整</td><td>合计/元</td><td>1 588 235.30</td></tr>
</table>

<table>
<tr><td>申请单位编号</td><td>22001988</td><td>报关单编号
201615203</td><td rowspan="4">填制单位
上海机场
制单人 4700523
复核人 4700562</td><td rowspan="4">收款国库(银行)</td></tr>
<tr><td>合同(批文)号</td><td>CONTRACT03</td><td>运输工具号 CZ1303</td></tr>
<tr><td>缴款期限</td><td>2016 年 5 月 18 日</td><td>提/装货单号</td></tr>
<tr><td>备注</td><td></td><td></td></tr>
</table>

本章小结

本章着重讲述了关税完税价格的确定与计算，工业企业、外贸企业有关关税会计核算的方法，介绍了关税缴纳申报表的编制。

阅读资料

中韩 FTA 正式生效：中国 958 种产品零关税入韩

中韩自由贸易协定(FTA)于 2015 年 12 月 20 日正式生效，首次降税同时启动。据韩方消息，中国有 958 种产品在中韩 FTA 正式生效后即实行了零关税。

韩国产业通商资源部 20 日表示，韩中、韩越、韩澳自贸协定 20 日正式生效，并于当日实施第一步降税，2016 年 1 月 1 日起实施第二步降税。韩联社消息指，第一步降税后，来自中国和澳大利亚的进口商品中，分别有 958 个和 2 013 个商品关税为零，且将有更多商品在 2016 年 1 月 1 日后再次降低关税。

另据韩国 News1 通讯社报道，中韩 FTA 当日生效后，韩国首批对华出口货物为 2 600 吨硫黄，共减免税金 3 000 余美元。该批货物的出口公司在确认 FTA 生效时间后办理了相关手续，最早取得了产品原产地证明书。

根据中韩自贸协定关税减让方案，中国最终将有 91%的产品对韩国取消关税，覆盖韩国进口额的 85%。同时，韩国最终将有 92%的产品对中国取消关税，覆盖中国进口额的 91%。中方实施零关税的税目数比例将达 20%，主要包括部分电子产品、化工产品、矿产品等；韩方实施零关税的税目数比例将达 50%，主要包括部分机电产品、钢铁制品、化工产品等。

韩国对外经济政策研究院等 6 个研究机构预测，今后 10 年韩中 FTA 将拉高韩国实际 GDP0.96 个百分点，并创造 146 亿美元的消费者利益和 5.3 万个工作岗位。而除了消除关税带来的这些效果外，考虑到服务市场开放和贸易壁垒降低等因素，韩中 FTA 还会给韩国经济带来更多积极影响。

资料来源：中国新闻网. http://www.chinanews.com/cj/2015/12-20/7679417.shtml

练习题

一、单项选择题

1. 下列各项中，(　　)不属于关税纳税义务人。

A. 进口货物的收货人　　B. 出口货物的发货人

C. 进境物品的所有人　　D. 进口货物的发货人

2. 根据我国税法规定，进口货物以海关审定的成交价格为基础的(　　)为完税价格。

A. 公允价格　B. 到岸价格　C. 离岸价格　D. 货价

3. 任何国家或者地区对其进口的原产于我国的货物征收歧视性关税或者给予其他歧视性待遇的，我国对原产于该国家或者地区的进口货物征收(　　)。

A. 保障性关税　B. 报复性关税　C. 反倾销税　D. 反补贴税

二、多项选择题

1. 下列属于关税纳税义务人的是(　　)。

A. 进口货物的收货人　　B. 出口货物的发货人

C. 邮递出口物品的收件人　　D. 进境物品的携带人

2. 进口货物的下列(　　)费用应当计入完税价格。

A. 由买方负担的购货佣金

B. 由买方负担的在审查确定完税价格时与该货物视为一体的容器的费用

C. 由买方负担的包装材料费用和包装劳务费用

D. 作为该货物向中华人民共和国境内销售的条件，买方必须支付的、与该货物有关的特许权使用费

3. 纳税义务人应当自海关填发税款缴款书之日起(　　)日内向指定银行缴纳税款。纳税义务人未按期缴纳税款的，从滞纳税款之日起，按日加收滞纳税款(　　)‰的滞纳金。

A. 7　B. 0.3　C. 15　D. 0.5

三、计算题

1. 某外贸公司2016年7月22日从德国进口跑步机一批，该批跑步机采购地的货价为90万欧元(人民币外汇牌价1∶7.30)，运抵境内口岸前所支付的运输费用5万欧元，保险费3万欧元。该跑步机的最惠国税率为12%，2016年关税暂定税率为6%。经海关审定成交价格正常。计算该公司应纳的关税。

2. 某企业2016年7月进口原产于日本的磁带行广播级放像机20台，该批放像机单价为每台6 000美元(人民币外汇牌价1∶6.48)，运费及保险费共6万元。已知放像机关税税率为：每台完税价格低于或等于5 000美元：执行单一从价税，税率为15%；每台完税价格高于5 000美元：每台征收从量税，税额3 648元，加上3%从价税。计算该企业应纳的关税。

第五章 企业所得税会计

学习重点

1. 了解资产负债表债务法；
2. 掌握所得税会计核算程序以及递延所得税负债、递延所得税资产的确认与计量；
3. 掌握所得税费用的确认、计量及相关会计处理。

引例

高小山是北京昌群服装制造有限公司的老板，该公司共有员工50多人。谈到企业所得税的修订，他颇为感慨："去年，我们的销售收入有2 500多万元，年利润近380万元。按照原先33%的内资企业所得税税率，每年就得缴纳120多万元。

现在所得税率降到25%，在缴税前还要扣除包括福利在内的全部实际工资，这样每年至少能少缴40多万元呢，实际上把我们每年的工资支出总额给省出来了。"

高小山认为，新税法确确实实降低了企业的负担，这样企业才有能力扩大生产规模，可以招聘更多的人、上更多的生产线，发展后劲更足了。

资料来源：崔鹏.新税法带给企业新期盼[N].人民日报，2007-12-17，第14版

第一节 企业所得税概述

2007年3月16日，十届全国人大五次会议通过了《企业所得税法》，自2008年1月1日起施行。新税法对原有的企业所得税制度和相关政策进行了重大调整。

一、企业所得税的纳税人、征税对象和税率

1. 纳税人和征税对象

在中华人民共和国境内，企业和其他取得收入的组织（以下统称企业）为企业所得税的纳税人，缴纳企业所得税。

企业分为居民企业和非居民企业。

居民企业是指依法在中国境内成立，或者依照外国（地区）法律成立但实际管理机构在中国境内的企业。

非居民企业是指依照外国（地区）法律成立且实际管理机构不在中国境内，但在中国境内设立机构、场所的，或者在中国境内未设立机构、场所，但有来源于中国境内所得的企业。

依法在中国境内成立的企业，包括依照中国法律、行政法规在中国境内成立的企业、事业单位、社会团体以及其他取得收入的组织。

居民企业应当就其来源于中国境内、境外的所得缴纳企业所得税。

非居民企业在中国境内设立机构、场所的，应当就其所设机构、场所取得的来源于中国境内的所得，以及发生在中国境外但与其所设机构、场所有实际联系的所得，缴纳企业所得税。非居民企业在中国境内未设立机构、场所的，或者虽设立机构、场所但取得的所得与其所设机构、场所没有实际联系的，应当就其来源于中国境内的所得缴纳企业所得税。

同时为避免重复征税，个人独资企业和合伙企业不适用新企业所得税法，只征收个人所得税。

2. 所得税税率

新企业所得税法把企业所得税税率确定为25%，同时对符合规定条件的小型微利企业实行20%的照顾性税率。

非居民企业在中国境内未设立机构、场所的，或者虽设立机构、场所但取得的所得与其所设机构、场所没有实际联系的，应当就其来源于中国境内的所得缴纳企业所得税的适用税率为20%。

小贴士

1799年英国于世界上最早开征所得税以缓解“拿破仑战争”带来的巨大财政压力。

资料来源：张守文.税法原理[M].北京：北京大学出版社，2009

二、应纳税所得额的确定

企业每一纳税年度的收入总额，减除不征税收入、免税收入、各项扣除以及允许弥补的以前年度亏损后的余额，为应纳税所得额。

(一) 收入总额的确认

企业以货币形式和非货币形式从各种来源取得的收入，为收入总额。包括：

(1) 销售货物收入；

(2) 提供劳务收入；

(3) 转让财产收入；

(4) 股息、红利等权益性投资收益；

(5) 利息收入；

(6) 租金收入；

(7) 特许权使用费收入；

(8) 接受捐赠收入；

(9) 其他收入。

收入总额中的财政拨款、依法收取并纳入财政管理的行政事业性收费、政府性基金、国务院规定的其他不征税收入列为不纳税收入。

企业的下列收入为免税收入：国债利息收入、符合条件的居民企业之间的股息、红利等权益性投资收益、在中国境内设立机构或场所的非居民企业从居民企业取得与该机构、场所有实际联系的股息、红利等权益性投资收益、符合条件的非营利性组织的收入。

企业以《资源综合利用企业所得税优惠目录》规定的资源作为主要原材料，生产国家非限制与禁止并符合国家和行业相关标准的产品取得的收入，减按 90%计入收入总额。

(二) 准予扣除项目

企业实际发生的与取得收入有关的、合理的支出，包括成本、费用、税金、损失和其他支出，准予在计算应纳税所得额时扣除。具体如下。

1. 职工薪酬

企业发生的合理的工资薪金支出，准予扣除。

工资薪金是指企业每一纳税年度支付给在本企业任职或者受雇的员工的所有现金形式或者非现金形式的劳动报酬，包括基本工资、奖金、津贴、补贴、年终加薪、加班工资，以及与员工任职或者受雇有关的其他支出。

企业安置残疾人员所支付的工资的加计扣除，是指企业安置残疾人员的，在按照支付给残疾职工工资据实扣除的基础上，按照支付给残疾职工工资的 100%加计扣除。

企业依照国务院有关主管部门或者省级人民政府规定的范围和标准为职工缴纳的基本养老保险费、基本医疗保险费、失业保险费、工伤保险费、生育保险费等基本社会保险费和住房公积金，准予扣除。

企业为投资者或者职工支付的补充养老保险费、补充医疗保险费，在国务院财政、税务主管部门规定的范围和标准内，准予扣除。

企业发生的职工福利费支出，不超过工资薪金总额 14%的部分，准予扣除。

企业拨缴的工会经费，不超过工资薪金总额 2%的部分，准予扣除。

除国务院财政、税务主管部门另有规定外，企业发生的职工教育经费支出，不超过工资薪金总额 2.5%的部分，准予扣除；超过部分，准予在以后纳税年度结转扣除。

2. 捐赠支出

企业发生的公益性捐赠支出，在年度利润总额 12%以内的部分，准予在计算应纳税所得额时扣除。

3. 业务招待费

企业发生的与生产经营活动有关的业务招待费支出，按照发生额的 60%扣除，但最高不得超过当年销售(营业)收入的 5‰。

4. 广告宣传费

企业发生的符合条件的广告费和业务宣传费支出，除国务院财政、税务主管部门另有规定外，不超过当年销售(营业)收入 15%的部分，准予扣除；超过部分，准予在以后纳税年度结转扣除。

5. 环保专项资金

企业依照法律、行政法规有关规定提取的用于环境保护、生态恢复等方面的专项资金，准予扣除。上述专项资金提取后改变用途的，不得扣除。

6. 保险与劳保支出

企业参加财产保险，按照规定缴纳的保险费，准予扣除。企业发生的合理的劳动保护支出，准予扣除。

7. 租赁费

企业根据生产经营活动的需要，租入固定资产支付的租赁费，按照以下方法扣除。

(1) 以经营租赁方式租入固定资产发生的租赁费支出，按照租赁期限均匀扣除；

(2) 以融资租赁方式租入固定资产发生的租赁费支出，按照规定构成融资租入固定资产价值的部分应当提取折旧费用，分期扣除。

8. 固定资产折旧

固定资产按照直线法计算的折旧，准予扣除。根据财政部国家税务总局《关于完善固定资产加速折旧企业所得税政策的通知》(财税[2014]75号)固定资产折旧有如下税收优惠。

(1) 对生物药品制造业，专用设备制造业，铁路、船舶、航空航天和其他运输设备制造业，计算机、通信和其他电子设备制造业，仪器仪表制造业，信息传输、软件和信息技术服务业6个行业的企业，2014年1月1日后新购进的固定资产，可以缩短折旧年限或采取加速折旧的方法。

对上述6个行业的小型微利企业2014年1月1日后新购进的研发和生产经营共用的仪器、设备，单位价值不超过100万元的，允许一次性计入当期成本费用在计算应纳税所得额时扣除，不再分年度计算折旧；单位价值超过100万元的，可以缩短折旧年限或采取加速折旧的方法。

(2) 对所有行业企业2014年1月1日后新购进的专门用于研发的仪器、设备，单位价值不超过100万元的，允许一次性计入当期成本费用在计算应纳税所得额时扣除，不再分年度计算折旧；单位价值超过100万元的，可以缩短折旧年限或采取加速折旧的方法。

(3) 对所有企业持有的单位价值不超过5 000元的固定资产，允许一次性计入当期成本费用在计算应纳税所得额时扣除，不再分年度计算折旧。

企业购置并实际使用《环境保护专用设备企业所得税优惠目录》《节能节水专用设备企业所得税优惠目录》和《安全生产专用设备企业所得税优惠目录》规定的环境保护、节能节水、安全生产等专用设备的，该专用设备的投资额的10%可以从企业当年的应纳税额中抵免；当年不足抵免的，可以在以后5个纳税年度结转抵免。

9. 无形资产摊销

无形资产按照直线法计算的摊销费用，准予扣除。

企业为开发新技术、新产品、新工艺发生的研究开发费用，未形成无形资产计入当期损益的，在按照规定据实扣除的基础上，按照研究开发费用的50%加计扣除；形成无形资产的，按照无形资产成本的150%摊销。

10. 借款费用

企业在生产经营活动中发生的合理的不需要资本化的借款费用，准予扣除。

在计算可抵扣的成本费用支出时，我们应该注意下列情况。

（1）企业之间支付的管理费、企业内营业机构之间支付的租金和特许权使用费，以及非银行企业内营业机构之间支付的利息，不得扣除。

（2）资产减值。企业的各项资产，包括固定资产、生物资产、无形资产、长期待摊费用、投资资产、存货等，以历史成本为计税基础。

企业持有各项资产期间资产增值或者减值，除国务院财政、税务主管部门规定可以确认损益外，不得调整该资产的计税基础。

（三）不准扣除的项目

在计算应纳税所得额时，下列支出不得扣除：

（1）向投资者支付的股息、红利等权益性投资收益款项；

（2）企业所得税税款；

（3）税收滞纳金；

（4）罚金、罚款和被没收财物的损失；

（5）非公益性捐赠支出；

（6）赞助支出；

（7）未经核定的准备金支出；

（8）与取得收入无关的其他支出。

（四）税收优惠

为统一内外资企业所得税税负，新企业所得税法采取以下几种方式对以往税收优惠政策进行整合。

（1）在全国范围内对国家高新技术企业实行15%的优惠税率，同时扩大对创业投资机构、非营利公益组织等机构的税收优惠及企业投资于环保、节能节水、安全生产等方面的税收优惠。根据《财政部、国家税务总局关于将国家自主创新示范区有关税收试点政策推广到全国范围实施的通知》（财税[2015]116号），自2015年10月1日起，全国范围内的居民企业转让5年以上非独占许可使用权取得的技术转让所得，纳入享受企业所得税优惠的技术转让所得范围减免企业所得税；自2015年10月1日起，有限合伙制创业投资企业采取股权投资方式投资于未上市的中小高新技术企业满2年（24个月）的，其法人合伙人可按照对未上市中小高新技术企业投资额的70%抵扣该法人合伙人从该有限合伙制创业投资企业分得的应纳税所得额。

（2）鼓励企业加大研发投入，享受税收优惠。根据《财政部、国家税务总局、科技部关于完善研究开发费用税前加计扣除政策的通知》（财税[2015]119号），自2016年1月1日起，修订完善的企业研究开发（以下简称研发）费用加计扣除优惠政策开始执行。

（3）保留对基础设施投资、农林牧渔业的税收优惠政策。

（4）对劳服企业、福利企业、资源综合利用企业的直接减免税政策分别用特定的就业人员工资加计扣除政策、残疾职工工资加计扣除政策、减计资源综合利用经营收入政策来替代。

（5）对经济特区和上海浦东新区新法实施后设立的国家需要重点扶持的高新技术企业，自投产年度起予以"两免三减半"优惠政策，同时继续执行西部大开发地区的鼓励类企业的所得税优惠政策，即对上述两类企业实施过渡性优惠。

(6) 取消生产性外资企业、高新技术产业开发区内高新技术企业定期减免税优惠政策及产品主要出口的外资企业减半征税优惠政策。

(7) 进一步扩大小型微利企业所得税优惠政策范围，自 2015 年 10 月 1 日至 2017 年 12 月 31 日，将享受所得先减半再按 20% 税率征收企业所得税优惠政策的小型微利企业范围，由年应纳税所得额低于 20 万元（含 20 万元）扩大到年应纳税所得额低于 30 万元（含 30 万元）。

(五) 亏损弥补

企业纳税年度发生的亏损，准予向以后年度结转，用以后年度的所得弥补，但结转年限最长不得超过 5 年。5 年内不论是盈利或亏损，都作为实际弥补期限计算。

【例 5-1】

某国有企业历年利润总额情况，如表 5-1 所示。

表 5-1 所得税各年分布情况 单位：万元

年度	2009	2010	2011	2012	2013	2014	2015	2016
利润总额	−30	−100	20	60	−40	−50	40	20

【解析】

亏损弥补分析如下。

第一步：2011 年的盈利 20 万元先弥补 2009 年的亏损 20 万元，没有弥补的 10 万元由 2012 年的盈利继续弥补。

第二步：2010 年的亏损 100 万元先由 2012 年的剩余盈利 50 万元弥补，没有弥补的 50 万元再由 2015 年的盈利 40 万元继续弥补，剩余的没有弥补的 10 万元亏损，因已过了 5 年弥补期将不再弥补。

第三步：2013 年的亏损 40 万元可用 2016 年的盈利先弥补 20 万元亏损。

三、应纳税所得额的计算

(一) 应纳税所得额的计算

应纳税所得额＝利润总额－调减金额＋调增金额

【例 5-2】

某国有工业企业 2017 年申报 2016 年企业所得税，纳税申报表显示 2016 年产品销售收入 30 000 000 元，减除成本、费用、税金后，申报利润总额和应纳税所得额均为 2 800 000 元。经税务机关稽查核实，有关成本费用中有下列项目。

(1) 出口退回的增值税额 50 000 元。

(2) 全年实际发放工资总额为 3 200 000 元，已列支，职工工会经费、职工福利费和职工教育经费共 600 000 元，已列支。

(3) 广告费支出 300 000 元。

(4) 全年发生业务招待费 150 000 元，已列支。

(5) 逾期缴纳税款，被处以税收滞纳金和罚款 5 000 元，已列支。

(6) 发生非公益性捐赠 100 000 元，已列支。

(7) 通过中国减灾委员会向遭受地震灾区捐赠款项 500 000 元，已列支。

(8) 本年度取得国债利息收入 50 000 元。

根据上述资料，依税法规定分项进行纳税调整，并计算该企业应纳企业所得税。

【解析】

(1) 企业收到的出口退回的增值税额 50 000 元不纳税，应调减利润。

(2) 合理的工资薪酬可以扣除，职工工会经费、职工福利费和职工教育经费的扣除比例为工资薪酬的 2%、2.5%、14%。

$$3\ 200\ 000 \times (2\% + 2.5\% + 14\%) = 592\ 000(\text{元})$$

多列支的 8 000 元(600 000－592 000)，应调增应纳税所得额。

(3) 广告费不超过当年销售(营业)收入 15%的部分，准予扣除。

当年销售收入 3 000 万元，最多可以扣除的广告费为

$$30\ 000\ 000 \times 15\% = 4\ 500\ 000(\text{元})$$

因此，当年的广告费 300 000 元可以全额扣除。

(4) 业务招待费支出，按照发生额的 60%扣除，但最高不得超过当年销售(营业)收入的 5‰。

当年可以扣除的业务招待费的最高限额为

$$30\ 000\ 000 \times 5‰ = 150\ 000(\text{元})$$

当年可以扣除的业务招待费为

$$150\ 000 \times 60\% = 90\ 000(\text{元})$$

不可扣除的金额 60 000 元应调增应纳税所得额。

(5) 缴纳的税收滞纳金和罚款，不得抵扣，应调增应纳税所得额 5 000 元。

(6) 发生的非公益性捐赠不得扣除，应调增应纳税所得额 100 000 元。

(7) 企业发生的公益性捐赠支出，在年度利润总额 12%以内的部分，准予在计算应纳税所得额时扣除。

当年可以扣除的公益性支出为

$$2\ 800\ 000 \times 12\% = 336\ 000(\text{元})$$

当年不可以扣除的公益性捐赠支出为

$$500\ 000 - 336\ 000 = 164\ 000(\text{元})$$

应调增应纳税所得额 164 000 元。

(8) 国债利息收入不缴所得税，应调减应纳税所得额 50 000 元。

经过上述调整后的应纳税所得额为

$$\begin{aligned}\text{应纳税所得额} &= 2\ 800\ 000 - 50\ 000 + 8\ 000 + 60\ 000 + 5\ 000 \\ &\quad + 100\ 000 + 164\ 000 - 50\ 000 \\ &= 3\ 037\ 000(\text{元})\end{aligned}$$

(二) 境外所得已纳税款抵免的计算

居民企业从其直接或者间接控制的外国企业分得的来源于中国境外的股息、红利等权

益性投资收益，外国企业在境外实际缴纳的所得税税额中属于该项所得负担的部分，可以作为该居民企业的可抵免境外所得税税额，在规定的抵免限额内抵免。其计算公式为

$$抵免限额=\frac{中国境内、境外的应纳税总额\times 来源于某国(地区)的应纳税所得额}{中国境内、境外应纳税所得总额}$$

【例 5-3】

某国有公司所得税税率为 25%，当年度境内经营应纳税所得额 2 000 万元，其在 A、B 两国设有分支机构，A 国分支机构当年应纳税所得额为 600 万元，其中生产经营所得为 500 万元，A 国规定的税率为 40%，特许权使用费所得为 100 万元，A 国规定税率为 20%；B 国分支机构当年应纳税所得额为 400 万元，其中生产经营所得为 250 万元，B 国规定的税率为 30%，租金所得为 150 万元，B 国规定的税率为 10%。

【解析】

$$A国所得税允许抵免限额=\frac{(2\,000+600+400)\times 25\%\times 600}{2\,000+600+400}=150(万元)$$

$$B国所得税允许抵免限额=\frac{(2\,000+600+400)\times 25\%\times 400}{2\,000+600+400}=100(万元)$$

$$在A国实际已纳所得税税额=500\times 40\%+100\times 20\%=220(万元)$$

其实缴税额大于抵免限额，只允许抵扣 150 万元。

$$在B国实际已纳所得税税额=250\times 30\%+150\times 10\%=90(万元)$$

其实缴税额小于抵免限额，允许全额抵扣。

$$境内、境外所得汇总应纳所得税=(2\,000+600+400)\times 25\%-150-90=510(万元)$$

第二节　企业所得税的会计核算

一、资产负债表债务法的理论基础

所得税会计是研究如何处理按照《企业会计准则》计算的税前会计利润与按照税法计算的应税所得之间差异的会计理论与方法。

《企业会计准则第 18 号——所得税》规范了企业所得税的确认、计量和相关信息的列报。该准则要求企业采用"资产负债表债务法"处理所得税。

资产负债表债务法在所得税的会计核算方面贯彻了资产、负债的界定。从资产负债角度考虑，资产的账面价值代表的是某项资产在持续持有及最终处置的一定期间内为企业带来未来经济利益的总额，而其计税基础代表的是该期间内按照税法规定就该项资产可以税前扣除的总额。

资产的账面价值小于其计税基础的，表明该项资产于未来期间产生的经济利益流入低于按照税法规定允许税前扣除的金额，产生可抵减未来期间应纳税所得额的因素，减少未来期间以应交所得税的方式流出企业的经济利益，确认为递延所得税资产。

反之，一项资产的账面价值大于其计税基础的，两者之间的差额会增加企业于未来期

间应纳税所得额的增加，对企业形成经济利益流出的义务，确认为递延所得税负债。

二、所得税会计核算的一般程序

采用资产负债表债务法核算所得税的情况下，企业一般应于每一资产负债表日进行所得税的核算。企业合并等特殊交易或事项发生时，在确认因交易或事项取得的资产、负债时即应确认相关的所得税影响。

企业进行所得税核算一般应遵循以下程序。

1. 确定相关资产和负债的账面价值

按照相关会计准则规定，确定资产负债表中除递延所得税资产和递延所得税负债以外的其他资产和负债项目的账面价值。

资产、负债的账面价值是指企业按照相关会计准则的规定进行核算后在资产负债表中列示的金额。对于计提了减值准备的各项资产，是指其账面余额减去已计提的减值准备后的金额。

例如，企业持有的应收款账面余额为100万元，企业对该应收账款计提了5万元的坏账准备，其账面价值为95万元。

2. 确定相关资产、负债项目的计税基础

按照会计准则中对于资产和负债计税基础的确定方法，以适用的税收法规为基础，确定资产负债表中有关资产、负债项目的计税基础。应予说明的是，资产、负债的计税基础，是会计上的定义，但其确定应当遵循税法的规定进行。

3. 确定账面价值与计税基础的差异

比较资产、负债的账面价值与其计税基础，对于两者之间存在差异的，分析其性质，除准则中规定的特殊情况外，分别应纳税暂时性差异与可抵扣暂时性差异，确定资产负债表日的递延所得税负债和递延所得税资产的应有金额，并与期初的递延所得税资产和递延所得税负债的余额相比，确定当期应予进一步确认的递延所得税资产和递延所得税负债金额或应予转销的金额，作为递延所得税。

4. 确定当期应纳税所得额

就企业当期发生的交易或事项，按照适用的税法规定计算确定当期应纳税所得额，将应纳税所得额与适用的所得税税率计算的结果确认为当期应交所得税。

5. 确定利润表中的所得税费用

利润表中的所得税费用包括当期所得税（当期应交所得税）和递延所得税两个组成部分，企业在计算确定了当期所得税和递延所得税后，两者之和（或之差），是利润表中的所得税费用。

三、计税基础

资产的计税基础是指企业收回资产账面价值过程中，计算应纳税所得时按照税法规定可以从应税经济利益中抵扣的金额。即该项资产在未来使用或最终处置时，允许作为成本或费用于税前列支的金额。

通常情况下，资产取得时的入账价值与计税基础是相同的，后续计量因会计准则规定与税法规定不同，可能造成账面价值与计税基础的差异。

现举例说明部分资产项目计税基础的确定。

(一) 固定资产

以各种方式取得的固定资产，初始确认时按照会计准则规定确定的入账价值基本上是被税法认可的，即取得时其账面价值一般等于计税基础。

固定资产在持有期间进行后续计量时，由于会计与税收规定就折旧方法、折旧年限以及固定资产减值准备的提取等处理的不同，可能造成固定资产的账面价值与计税基础的差异。

1. 折旧方法、折旧年限产生的差异

《会计准则》规定，企业应当根据与固定资产有关的经济利益的预期实现方式合理选择折旧方法，如可以按照年限平均法计提折旧，也可以按照双倍余额递减法、年数总和法等计提折旧。

税法中除某些按照规定可以加速折旧的情况外，基本上可以税前扣除的是按照年限平均法计提的折旧；另外税法还就每一类固定资产的折旧年限做出了规定，而会计处理时按照准则规定折旧年限是由企业根据固定资产的性质和使用情况合理确定的。

2. 固定资产减值准备产生的差异

持有固定资产的期间内，在对固定资产计提了减值准备以后，因税法规定企业计提的资产减值准备在发生实质性损失前不允许税前扣除，也会造成固定资产的账面价值与计税基础的差异。

【例 5-4】

A 企业 2016 年 12 月 20 日取得的某项环保用固定资产，原价为 100 万元，使用年限为 10 年，会计上采用年限平均法计提折旧，净残值为零。税法规定该类环保用固定资产采用加速折旧法计提的折旧可以税前扣除，该企业在计税时采用双倍余额递减法计列折旧，净残值为零。2018 年 12 月 31 日，企业估计该项固定资产的可收回金额为 75 万元。

【解析】

2018 年 12 月 31 日，该项固定资产的账面余额＝100－10×2＝80(万元)，该账面余额大于其可收回金额 75 万元，两者之间的差额应计提 5 万元的固定资产减值准备。

2018 年 12 月 31 日，该项固定资产的账面价值＝100－10×2－5＝75(万元)

其计税基础＝100－100×20％－80×20％＝64(万元)

该项固定资产的账面价值 75 万元与其计税基础 64 万元之间的 11 万元差额，将于未来期间计入企业的应纳税所得额。

(二) 无形资产

除内部研究开发形成的无形资产以外，其他方式取得的无形资产，初始确认时按照会计准则规定确定的入账价值与按照税法规定确定的计税成本之间一般不存在差异。无形资产的差异主要产生于内部研究开发形成的无形资产以及使用寿命不确定的无形资产。

1. 内部研究开发形成的无形资产成本差异

内部研究开发形成的无形资产的成本为开发阶段符合资本化条件以后发生的支出，除此之外，研究开发过程中发生的其他支出应予费用化计入损益；税法规定，企业发生的研究开发支出可税前扣除。

内部研究开发形成的无形资产初始确认时，其入账价值为符合资本化条件以后发生的支出总额，因该部分研究开发支出按照税法规定在发生当期已税前扣除，所形成的无形资产在以后期间可税前扣除的金额为零，其计税基础为零。

【例 5-5】

A 企业当期发生研究开发支出计 2 500 万元，其中研究阶段支出 500 万元，开发阶段符合资本化条件前发生的支出为 500 万元，符合资本化条件后发生的支出为 1 500 万元。税法规定企业的研究开发支出可按 150%加计扣除。假定开发形成的无形资产在当期期末已达到预定用途（尚未开始摊销）。

【解析】

A 企业当期发生的研究开发支出中，按照会计规定应予费用化的金额为 1 000 万元，期末形成无形资产的成本为 1 500 万元。

按照税法规定，A 企业可在当期税前扣除的研究开发费用金额为 3 750 万元（2 500×150%）。有关支出在发生当期全部税前扣除后，其于未来期间可税前扣除的金额为零，即该项无形资产的计税基础为零。

该项无形资产的账面价值 1 500 万元与其计税基础零之间的差额 1 500 万元将于未来期间计入企业的应纳税所得额。

2. 无形资产后续计量差异

会计与税收的差异主要产生于是否需要摊销及无形资产减值准备的提取。会计准则规定，应根据无形资产的使用寿命情况，区分为使用寿命有限的无形资产与使用寿命不确定的无形资产。

对于使用寿命不确定的无形资产，不要求摊销，但持有期间每年应进行减值测试。税法规定，企业取得的无形资产成本，应在一定期限内摊销。对于使用寿命不确定的无形资产，会计处理时不予摊销，但计税时按照税法规定确定的摊销额允许税前扣除，造成该类无形资产账面价值与计税基础的差异。

在对无形资产计提减值准备的情况下，因税法规定计提的无形资产减值准备在转变为实质性损失前不允许税前扣除，即无形资产的计税基础不会随减值准备的提取发生变化，从而造成无形资产的账面价值与计税基础的差异。

【例 5-6】

A 企业于 2016 年 1 月 1 日取得的某项无形资产，取得成本为 150 万元，取得该项无形资产后，根据各方面情况判断，A 企业无法合理预计其使用期限，将其作为使用寿命不确定的无形资产。2016 年 12 月 31 日，对该项无形资产进行减值测试表明其未发生减值。企业在计税时，对该项无形资产按照 10 年的期限摊销，摊销金额允许税前扣除。

【解析】

会计上将该项无形资产作为使用寿命不确定的无形资产，因未发生减值，其在 2016 年 12 月 31 日的账面价值为取得成本 150 万元。

该项无形资产在 2016 年 12 月 31 日的计税基础为 135 万元(成本 150 万元－按照税法规定可以税前扣除的摊销额 15 万元)。

该项无形资产的账面价值 150 万元与其计税基础 135 万元之间的差额 15 万元将计入未来期间的应纳税所得额。

(三) 以公允价值计量且其变动计入当期损益的金融资产

按照《企业会计准则第 22 号——金融工具确认和计量》的规定，以公允价值计量且其变动计入当期损益的金融资产于某一会计期末的账面价值为公允价值；税法规定资产在持有期间公允价值变动不计入应纳税所得额，待处置时一并计算应计入应纳税所得额的金额，该类金融资产在某一会计期末的计税基础为其取得成本，从而造成在公允价值变动的情况下，该类金融资产账面价值与计税基础之间的差异。

企业持有的可供出售金融资产计税基础的确定，与以公允价值计量且其变动计入当期损益的金融资产类似，可比照处理。

【例 5-7】

2016 年 9 月 2 日，某公司购入股票，支付价款 120 万元，作为交易性金融资产核算。2016 年 12 月 31 日，该投资的市价为 220 万元。

【解析】

该项交易性金融资产的期末市价为 220 万元，其按照会计准则规定进行核算的，在 2016 年资产负债表日的账面价值为 220 万元。

因税法规定交易性金融资产在持有期间的公允价值变动不计入应纳税所得额，其在 2016 年资产负债表日的计税基础应维持原取得成本不变，为 120 万元。

该交易性金融资产的账面价值 220 万元与其计税基础 120 万元之间产生了 100 万元的暂时性差异，该暂时性差异在未来期间转回时会增加未来期间的应纳税所得额。

(四) 其他资产

因会计准则规定与税法规定不同，企业持有的其他资产，可能造成其账面价值与计税基础之间存在差异。

1. 投资性房地产

企业持有的投资性房地产进行后续计量时，会计准则规定可以采用两种模式：一种是成本模式，采用该种模式计量的投资性房地产，其账面价值与计税基础的确定与固定资产、无形资产相同；另一种是在符合规定条件的情况下可以采用公允价值进行后续计量，在这种情况下，其计税基础的确定类似于以公允价值计量且其变动计入当期损益的金融资产。

【例 5-8】

A 公司于 2016 年 1 月 1 日将其自用房屋用于对外出租，该房屋的成本为 750 万元，预计使用年限为 20 年。转为投资性房地产之前，已使用 4 年，企业按照年限平均法计提折旧，预计净残值为零。转为投资性房地产核算后，能够持续可靠取得该投资性房地产的公允价值，A公司采用公允价值对该投资性房地产进行后续计量。

假定税法规定的折旧方法、折旧年限及净残值与会计规定相同。同时，税法规定资产在持有期间公允价值的变动不计入应纳税所得额，待处置时一并计算确定应计入应纳税所得额的金额。该项投资性房地产在2016年12月31日的公允价值为900万元。

【解析】

该投资性房地产在2016年12月31日的账面价值为其公允价值900万元，其计税基础为取得成本扣除按照税法规定允许税前扣除的折旧额后的金额。

计税基础＝750－750÷20×5＝562.5(万元)

该项投资性房地产的账面价值900万元与其计税基础562.5万元之间产生了337.5万元的暂时性差异，会增加企业在未来期间的应纳税所得额。

2. 其他计提了资产减值准备的各项资产

其他计提了资产减值准备的各项资产计提了减值准备后，其账面价值会随之下降，而税法规定资产在发生实质性损失之前，不允许税前扣除，即其计税基础不会因减值准备的提取而变化，造成在计提资产减值准备以后，资产的账面价值与计税基础之间的差异。

【例5-9】

A公司2016年购入原材料成本为500万元，因部分生产线停工，当年未领用任何原材料，2016年资产负债表日估计该原材料的可变现净值为400万元。假定该原材料在2016年的期初余额为零。

【解析】

该项原材料因期末可变现净值低于成本，应计提的存货跌价准备100万元。计提该存货跌价准备后，该项原材料的账面价值为400万元。

该项原材料的计税基础不会因存货跌价准备的提取而发生变化，其计税基础为500万元不变。

该存货的账面价值400万元与其计税基础500万元之间产生了100万元的暂时性差异，该差异会减少企业在未来期间的应纳税所得额。

负债的计税基础，是指负债的账面价值减去未来期间计算应纳税所得额时按照税法规定可予抵扣的金额。用公式表示即为

负债的计税基础 = 账面价值 - 未来期间按照税法规定可予税前扣除的金额

负债的确认与偿还一般不会影响企业的损益，也不会影响其应纳税所得额，未来期间计算应纳税所得额时按照税法规定可予抵扣的金额为零，计税基础即为账面价值。

但是，某些情况下，负债的确认可能会影响企业的损益，进而影响不同期间的应纳税所得额，使得其计税基础与账面价值之间产生差额，如按照会计规定确认的某些预计负债。

(五) 预计负债

按照或有事项准则规定，企业对于预计提供售后服务将发生的支出在满足有关确认条件时，销售当期即应确认为费用，同时确认预计负债。税法规定，与销售产品相关的支出应于发生时税前扣除。因该类事项产生的预计负债在期末的计税基础为其账面价值与未来

期间可税前扣除的金额之间的差额，即为零。

其他交易或事项中确认的预计负债，应按照税法规定的计税原则确定其计税基础。

【例 5-10】

A 企业 2016 年因销售产品承诺提供 3 年的保修服务，在当年度利润表中确认了 10 万元的销售费用，同时确认为预计负债，当年度未发生任何保修支出。按照税法规定，与产品售后服务相关的费用在实际发生时允许税前扣除。

【解析】

该项预计负债在 A 企业 2016 年 12 月 31 日资产负债表中的账面价值为 10 万元。

该项预计负债的计税基础＝账面价值－未来期间计算应纳税所得额时按照税法规定可予抵扣的金额＝10 万元－10 万元＝0

该预计负债的账面价值 10 万元与其计税基础 0 之间形成暂时性差异 10 万元，该实行差异在未来期间转回时，会减少企业应纳税所得额，即少纳所得税，减少企业经济利益的流出，该暂时性行差异为可抵扣暂时性差异，应确认为所得税资产。

（六）预收账款

企业在收到客户预付的款项时，因不符合收入确认条件，会计上将其确认为负债。税法中对于收入的确认原则一般与会计规定相同，即会计上未确认收入时，计税时一般亦不计入应纳税所得额，该部分经济利益在未来期间计税时可予税前扣除的金额为零，计税基础等于账面价值。

某些情况下，因不符合会计准则规定的收入确认条件，未确认为收入的预收款项，按照税法规定应计入当期应纳税所得额时，有关预收账款的计税基础为零，即因其产生时已经计算交纳所得税，未来期间可全额税前扣除。

【例 5-11】

A 公司于 2016 年 12 月 20 日自客户收到一笔合同预付款，金额为 2 500 万元，作为预收账款核算。按照适用税法规定，该款项应计入取得当期应纳税所得额计算交纳所得税。

【解析】

该预收账款在 A 公司 2016 年 12 月 31 日资产负债表中的账面价值为 2 500 万元。

该预收账款的计税基础＝账面价值 2 500 万元－未来期间计算应纳税所得额时按照税法规定可予抵扣的金额 2 500 万元＝0

该项负债的账面价值 2 500 万元与其计税基础 0 之间产生的 2 500 万元暂时性差异，会减少企业于未来期间的应纳税所得额。应确认为所得税资产。

（七）其他负债

其他负债如企业应交的罚款和滞纳金等，在尚未支付之前按照会计规定确认为费用，同时作为负债反映。税法规定，罚款和滞纳金不能税前扣除，即该部分费用无论是在发生当期还是在以后期间均不允许税前扣除，其计税基础为账面价值减去未来期间计税时可予税前扣除的金额零之间的差额，即计税基础等于账面价值。

其他交易或事项产生的负债，其计税基础的确定应当按照适用税法的相关规定确定。

【例 5-12】

某公司 2016 年 12 月因违反当地有关环保法规的规定，接到环保部门的处罚通知，要求其支付罚款 5 万元。税法规定，企业因违反国家有关法律、法规支付的罚款和滞纳金，计算应纳税所得额时不允许税前扣除。至 2016 年 12 月 31 日，该项罚款尚未支付。

【解析】

应支付罚款产生的负债账面价值为 5 万元。

该项负债的计税基础＝账面价值 5 万元－未来期间计算应纳税所得额时按照税法规定可予抵扣的金额 0＝5 万元

该项负债的账面价值 5 万元与其计税基础 5 万元相同，不形成暂时性差异。

(八) 特殊交易或事项中产生资产、负债计税基础的确定

《企业会计准则第 20 号——企业合并》中规定，按照参与合并各方在合并前后是否为同一方或相同的多方最终控制，分为同一控制下的企业合并与非同一控制下的企业合并两种类型。同一控制下的企业合并，合并中取得的有关资产、负债基本上维持其原账面价值不变，合并中不产生新的资产和负债；对于非同一控制下的企业合并，合并中取得的有关资产、负债应按其在购买日的公允价值计量，企业合并成本大于合并中取得可辨认净资产公允价值的份额部分确认为商誉，企业合并成本小于合并中取得可辨认净资产公允价值的份额部分计入合并当期损益。

对于企业合并的税收处理，通常情况下被合并企业应视为按公允价值转让、处置全部资产，计算资产的转让所得，依法缴纳所得税。合并企业接受被合并企业的有关资产，计税时可以按经评估确认的价值确定计税成本。

合并企业支付给被合并企业或其股东的收购价款中，除合并企业股权以外的现金、有价证券和其他资产(非股权支付额)，不高于所支付的股权票面价值 20%的，经税务机关审核确认，当事各方可选择进行免税处理，即被合并企业不确认全部资产的转让所得或损失，不计算缴纳所得税；合并企业接受被合并企业全部资产的计税成本，以被合并企业原账面价值为基础确定。

由于会计与税收法规对企业合并的划分标准不同、处理原则不同，某些情况下，会造成企业合并中取得的有关资产、负债的入账价值与其计税基础的差异。

四、暂时性差异

暂时性差异是指资产、负债的账面价值与其计税基础不同产生的差额。因资产、负债的账面价值与其计税基础不同，产生了在未来收回资产或清偿负债的期间内，应纳税所得额增加或减少并导致未来期间应交所得税增加或减少的情况，形成企业的资产和负债。

暂时性差异可能是一种从未来较长时间上看可以转回的时间性差异，也可能是一种无法在未来转回的永久性差异。根据暂时性差异对未来期间应纳税所得额的影响，分为应纳税暂时性差异和可抵扣暂时性差异。

(一) 应纳税暂时性差异

应纳税暂时性差异是指在确定未来收回资产或清偿负债期间的应纳税所得额时，将导

致产生应税金额的暂时性差异。在其产生当期应当确认为递延所得税负债。

应纳税暂时性差异通常产生于以下情况。

1. 资产的账面价值大于其计税基础

资产的账面价值代表的是企业在持续使用或最终出售该项资产时将取得的经济利益的总额,而计税基础代表的是资产在未来期间可予税前扣除的总金额。资产的账面价值大于其计税基础,该项资产未来期间产生的经济利益不能全部税前抵扣,两者之间的差额需要交税,产生应纳税暂时性差异。

例如,一项无形资产账面价值为100万元,计税基础如为75万元,两者之间的差额会造成未来期间应纳税所得额和应交所得税的增加,在其产生当期,应确认相关的递延所得税负债。

2. 负债的账面价值小于其计税基础

负债的账面价值与其计税基础不同产生的暂时性差异,实质上是税法规定就该项负债在未来期间可以税前扣除的金额。

负债的账面价值小于其计税基础,则意味着就该项负债在未来期间可以税前抵扣的金额为负数,即应在未来期间增加应纳税所得额和应交所得税金额,造成企业未来经济利益的流出,这种应纳税暂时性差异,应确认为递延所得税负债。

例如,一项负债的账面价值为50万元,计税基础如为75万元,两者之间的差额会造成未来期间应纳税所得额和应交所得税的增加,在其产生当期,应确认相关的递延所得税负债。

(二) 可抵扣暂时性差异

可抵扣暂时性差异是指在确定未来收回资产或清偿负债期间的应纳税所得额时,将导致产生可抵扣金额的暂时性差异。该差异在未来期间转回时会减少转回期间的应纳税所得额,减少未来期间的应交所得税。在可抵扣暂时性差异产生当期,符合确认条件时,应当确认相关的递延所得税资产。

可抵扣暂时性差异一般产生于以下情况。

1. 资产的账面价值小于其计税基础

企业在未来期间可以减少应纳税所得额并减少应交所得税,符合有关条件时,应当确认相关的递延所得税资产。例如,一项资产的账面价值为100万元,计税基础为150万元,则企业在未来期间就该项资产可以在其自身取得经济利益的基础上多扣除50万元,未来期间应纳税所得额会减少,应交所得税也会减少,形成可抵扣暂时性差异。

2. 负债的账面价值大于其计税基础

负债产生的暂时性差异实质上是税法规定就该项负债可以在未来期间税前扣除的金额。

负债的账面价值大于其计税基础,意味着未来期间按照税法规定与负债相关的全部或部分支出可以自未来应税经济利益中扣除,减少未来期间的应纳税所得额和应交所得税。例如,一项负债的账面价值为100万元,计税基础如为75万元,两者之间的差额会造成未来期间应纳税所得额和应交所得税的减少,在其产生当期,应确认相关的递延所得税资产。

（三）特殊项目产生的暂时性差异

1. 未作为资产、负债确认的项目产生的暂时性差异

某些交易或事项发生以后，因为不符合资产、负债确认条件而未体现为资产负债表中的资产或负债，但按照税法规定能够确定其计税基础的，其账面价值 0 与计税基础之间的差异也构成暂时性差异。

如企业在开始正常的生产经营活动前发生的筹建费用，会计规定应于发生时计入当期损益，不体现为资产。税法规定企业发生的该类费用可以在开始正常生产经营活动后的 5 年内分期自税前扣除。

该类事项虽不形成资产，但按照税法规定可以确定其计税基础，两者之间的差异也形成暂时性差异。

【例 5-13】

A 公司在开始正常生产经营活动之前发生了 125 万元的筹建费用，在发生时已计入当期损益，税法规定企业在筹建期间发生的费用允许在开始正常生产经营活动之后 5 年内分期税前扣除。

【解析】

该项费用支出在发生时已计入当期损益，不体现为资产负债表中的资产，如果将其视为资产，账面价值为 0。

假定企业在 2016 年开始正常生产经营活动，当期税前扣除了 125 万元，则与该笔费用相关，其于未来期间可税前扣除的金额为 25 万元，即其在 2016 年 12 月 31 日的计税基础为 100 万元。

该项资产的账面价值 0 与其计税基础 100 万元之间产生了 100 万元的暂时性差异，该暂时性差异在未来期间可减少企业的应纳税所得额。

2. 可抵扣亏损及税款抵减产生的暂时性差异

按照税法规定可以结转以后年度的未弥补亏损及税款抵减，虽不是因资产、负债的账面价值与计税基础不同产生的，但与可抵扣暂时性差异具有同样的作用，均能够减少未来期间的应纳税所得额，进而减少未来期间的应交所得税，会计处理上视同可抵扣暂时性差异，符合条件的情况下，应确认与其相关的递延所得税资产。

【例 5-14】

A 公司于 2016 年因政策性原因发生经营亏损 2 000 万元，按照税法规定，该亏损可用于抵减以后 5 个年度的应纳税所得额。该公司预计其于未来 5 年期间能够产生足够的应纳税所得额弥补该亏损。

【解析】

该经营亏损不是资产、负债的账面价值与其计税基础不同产生的，但从性质上看可以减少未来期间的应纳税所得额和应交所得税，属于可抵扣暂时性差异。

企业预计未来期间能够产生足够的应纳税所得额利用该可抵扣亏损时，应确认相关的递延所得税资产。

第三节　企业所得税的账务处理

企业在计算确定了应纳税暂时性差异与可抵扣暂时性差异后，应当按照所得税会计准则规定的原则确认相关的递延所得税负债以及递延所得税资产。

一、递延所得税负债的确认

企业在确认因应纳税暂时性差异产生的递延所得税负债时，应遵循以下原则。

1. 确认递延所得税负债的情况

除所得税准则中明确规定可不确认递延所得税负债的情况以外，企业对于所有的应纳税暂时性差异均应确认相关的递延所得税负债。除与直接计入所有者权益的交易或事项以及企业合并中取得资产、负债相关的以外，在确认递延所得税负债的同时，应增加利润表中的所得税费用。

【例 5-15】

A 企业于 2015 年 12 月 6 日购入某项环保设备，取得成本为 500 万元，会计上采用年限平均法计提折旧，使用年限为 10 年，净残值为 0，计税时按双倍余额递减法计提折旧，使用年限及净残值与会计相同。A 企业适用的所得税税率为 25%。假定该企业不存在其他会计与税收处理的差异。

【解析】

会计年折旧额＝500÷10＝50(万元/年)

税法年折旧额＝500×20%＝100(万元/年)

2015 年资产负债表日，该项固定资产按照会计规定计提的折旧额为 50 万元，计税时允许扣除的折旧额为 100 万元，则该固定资产的账面价值 450 万元与其计税基础 400 万元的差额构成应纳税暂时性差异，企业应确认相关的递延所得税负债 50 万元。

2. 不确认递延所得税负债的特殊情况

有些情况下，虽然资产、负债的账面价值与其计税基础不同，产生了应纳税暂时性差异，但出于各方面考虑，所得税准则中规定不确认相应的递延所得税负债，主要内容如下。

(1) 商誉的初始确认

非同一控制下的企业合并中，企业合并成本大于合并中取得的被购买方可辨认净资产公允价值份额的差额，按照会计准则规定应确认为商誉。因会计与税收的划分标准不同，会计上作为非同一控制下的企业合并但按照税法规定计税时作为免税合并的情况下，商誉的计税基础为零，其账面价值与计税基础形成应纳税暂时性差异，准则中规定不确认与其相关的递延所得税负债。

(2) 除企业合并以外的其他交易或事项的确认

除企业合并以外的其他交易或事项中，如果该项交易或事项发生时既不影响会计利润，也不影响应纳税所得额，则所产生的资产、负债的初始确认金额与其计税基础不同，形成应纳税暂时性差异的，交易或事项发生时不确认相应的递延所得税负债。

该规定主要是考虑到由于交易发生时既不影响会计利润，也不影响应纳税所得额，确认递延所得税负债的直接结果是增加有关资产的账面价值或是降低所确认负债的账面价值，使得资产、负债在初始确认时，违背历史成本原则，影响会计信息的可靠性。

(3) 与投资相关的应纳税暂时性差异

与子公司、联营企业、合营企业投资等相关的应纳税暂时性差异，一般应确认相应的递延所得税负债，但同时满足以下两个条件的除外：一是投资企业能够控制暂时性差异转回的时间；二是该暂时性差异在可预见的未来很可能不会转回。

满足上述条件时，投资企业可以运用自身的影响力决定暂时性差异的转回，如果不希望其转回，则在可预见的未来该项暂时性差异即不会转回，从而无须确认相应的递延所得税负债。

二、递延所得税资产的确认和计量

(一) 递延所得税资产的确认

1. 确认的一般原则

递延所得税资产产生于可抵扣暂时性差异。确认因可抵扣暂时性差异产生的递延所得税资产应于未来期间可能取得的应纳税所得额为限。在可抵扣暂时性差异转回的未来期间内，企业无法产生足够的应纳税所得额用以利用可抵扣暂时性差异的影响，使得与可抵扣暂时性差异相关的经济利益无法实现的，不应确认递延所得税资产。

企业有明确的证据表明其于可抵扣暂时性差异转回的未来期间能够产生足够的应纳税所得额，进而利用可抵扣暂时性差异的，则应以可能取得的应纳税所得额为限，确认相关的递延所得税资产。

在判断企业于可抵扣暂时性差异转回的未来期间是否能够产生足够的应纳税所得额时，应考虑企业在未来期间通过正常的生产经营活动能够实现的应纳税所得额以及以前期间产生的应纳税暂时性差异在未来期间转回时将增加的应纳税所得额。

(1) 与投资相关的应纳税暂时性差异

与子公司、联营企业、合营企业投资等相关的应纳税暂时性差异，同时满足下列条件的，应当确认相关的递延所得税资产：一是暂时性差异在可预见的未来很可能转回；二是未来很可能获得用来抵扣暂时性差异的应纳税所得额。

对联营企业和合营企业等的投资产生的可抵扣暂时性差异，主要产生于权益法下被投资单位发生亏损时，投资企业按照持股比例确认应予承担的部分相应减少长期股权投资的账面价值，但税法规定长期股权投资的成本在持有期间不发生变化，造成长期股权投资的账面价值小于其计税基础，产生可抵扣暂时性差异。

(2) 可以结转以后年度的未弥补亏损和税款抵减的应纳税暂时性差异

对于按照税法规定可以结转以后年度的未弥补亏损和税款抵减，应视同可抵扣暂时性差异处理。在有关的亏损或税款抵减金额得到税务部门的认可或预计能够得到税务部门的认可且预计可利用可弥补亏损或税款抵减的未来期间内能够取得足够的应纳税所得额时，除准则中规定不予确认的情况外，应当以很可能取得的应纳税所得额为限，确认相应的递延所得税资产,同时减少确认当期的所得税费用。

2. 不确认递延所得税资产的情况

某些情况下,企业发生的某项交易或事项不属于企业合并,并且交易发生时既不影响会计利润也不影响应纳税所得额,且该项交易中产生的资产、负债的初始确认金额与其计税基础不同,产生可抵扣暂时性差异的,所得税准则中规定在交易或事项发生时不确认相应的递延所得税资产。

(二) 计量

确认递延所得税资产时,应当以预期收回该资产期间的适用所得税税率为基础计算确定。无论相关的可抵扣暂时性差异转回期间如何,递延所得税资产均不要求折现。

企业在确认了递延所得税资产以后,资产负债表日,应当对递延所得税资产的账面价值进行复核。如果未来期间很可能无法取得足够的应纳税所得额用以利用可抵扣暂时性差异带来的利益,应当减记递延所得税资产的账面价值。减记的递延所得税资产,除原确认时记入所有者权益的递延所得税资产,其减记金额亦应记入所有者权益外,其他的情况均应增加所得税费用。

因无法取得足够的应纳税所得额利用可抵扣暂时性差异减记递延所得税资产账面价值的,以后期间根据新的环境和情况判断能够产生足够的应纳税所得额利用可抵扣暂时性差异,使得递延所得税资产包含的经济利益能够实现的,应相应恢复递延所得税资产的账面价值。

另外,无论是递延所得税资产还是递延所得税负债的计量,均应考虑资产负债表日企业预期收回资产或清偿负债方式的所得税影响,在计量递延所得税资产和递延所得税负债时,应当采用与收回资产或清偿债务的预期方式相一致的税率和计税基础。

三、 适用税率变化对所得税会计处理的影响

因税收法规的变化,导致企业在某一会计期间适用的所得税税率发生变化的,企业应对已确认的递延所得税资产和递延所得税负债按照新的税率重新计量。

递延所得税资产和递延所得税负债的金额代表的是有关可抵扣暂时性差异或应纳税暂时性差异于未来期间转回时,导致企业应交所得税金额的减少或增加的情况。适用税率变动的情况下,应对原已确认的递延所得税资产及递延所得税负债的金额进行调整。

除直接记入所有者权益的交易或事项产生的递延所得税资产及递延所得税负债,相关的调整金额应记入所有者权益以外,其他情况下产生的调整金额应确认为税率变化当期的所得税费用(或收益)。

四、 会计科目

1. 递延所得税资产科目

递延所得税资产科目核算企业根据所得税准则确认的可抵扣暂时性差异产生的所得税资产。根据税法规定可用以后年度税前利润弥补的亏损产生的所得税资产,也在本科目核算。本科目期末借方余额,反映企业已确认的递延所得税资产的余额。本科目应当按照可抵扣暂时性差异的项目进行明细核算。

与直接记入所有者权益的交易或事项相关的递延所得税资产，借记本科目，贷记“资本公积——其他资本公积”等科目。

资产负债表日，企业确认的递延所得税资产，借记本科目，贷记“所得税——递延所得税费用”等科目。企业根据所得税准则应予确认的递延所得税资产大于本科目余额的，按其差额，借记本科目，贷记“所得税——递延所得税费用”等科目；应予确认的递延所得税资产小于本科目余额的，按其差额，作相反的会计分录。

资产负债表日，预计未来期间很可能无法获得足够的应纳税所得额用以抵扣可抵扣暂时性差异的，按应减记的金额，借记“所得税——当期所得税费用”“资本公积——其他资本公积”科目，贷记本科目。

2. 递延所得税负债科目

“递延所得税负债”是负债类科目，核算企业由于应税暂时性差异确认的递延所得税负债。本科目期末贷方余额，反映企业已确认的递延所得税负债的余额。本科目应当按照应纳税暂时性差异的项目进行明细核算。

与直接记入所有者权益的交易或事项相关的递延所得税负债，借记“资本公积——其他资本公积”等科目，贷记本科目。

资产负债表日，企业确认的递延所得税负债，借记“所得税——递延所得税费用”等科目，贷记本科目。企业确认的递延所得税负债大于本科目余额的，按其差额，借记“所得税——递延所得税费用”等科目，贷记本科目；确认的递延所得税负债小于本科目余额的，按其差额，作相反的会计分录。

3. 所得税费用

所得税费用科目核算企业确认的应从当期利润总额中扣除的所得税费用。该科目按“当期所得税费用”和“递延所得税费用”进行明细核算。

资产负债表日，企业按税法规定计算确定的当期应交所得税，借记本科目，贷记“应交税费——应交所得税”等科目。其他涉及所得税的核算参照递延所得税资产科目与递延所得税负债科目。

期末，应将本科目的余额转入“本年利润”科目，结转后本科目无余额。

五、所得税的会计处理

所得税会计的主要目的之一是确定当期应交所得税以及利润表中的所得税费用。在按照资产负债表债务法核算所得税的情况下，利润表中的所得税费用包括当期所得税和递延所得税两个部分。

当期所得税是指企业按照税法规定计算确定的针对当期发生的交易和事项，应缴纳给税务部门的所得税金额，即当期应交所得税。

企业在确定当期应交所得税时，对于当期发生的交易或事项，会计处理与税收处理不同的，应在会计利润的基础上，按照适用税收法规的规定进行调整，计算出当期应纳税所得额，按照应纳税所得额与适用所得税税率计算确定当期应交所得税。

递延所得税是指按照所得税准则规定当期应予确认的递延所得税资产和递延所得税负债金额，即递延所得税资产及递延所得税负债当期发生额的综合结果，但不包括记入所

有者权益的交易或事项的所得税影响。用公式表示即为

递延所得税 =(递延所得税负债的期末余额 − 递延所得税负债的期初余额)
−(递延所得税资产的期末余额 − 递延所得税资产的期初余额)

利润表中的所得税费用由两部分构成,当期所得税和递延所得税。

所得税费用=当期所得税+递延所得税

记入当期损益的所得税费用不包括企业合并和直接在所有者权益中确认的交易或事项产生的所得税的影响。

【例 5-16】

A 企业持有的某项可供出售金融资产,成本为 500 万元,会计期末,其公允价值为 600 万元,该企业适用的所得税税率为 25%。除该事项外,该企业不存在其他会计与税收之间的差异,递延所得税资产和递延所得税负债不存在期初余额。

【解析】

会计期末在确认 100 万元的公允价值变动时,账务处理如下。

借:可供出售金融资产 1 000 000

　　贷:其他综合收益 1 000 000

确认应纳税暂时性差异的所得税影响时,账务处理如下。

借:其他综合收益 250 000

　　贷:递延所得税负债 250 000

计算确定了当期所得税及递延所得税以后,利润表中应予确认的所得税费用为两者之和,即:

所得税费用=当期所得税+递延所得税

【例 5-17】

A 公司 2015 年度利润表中利润总额为 3 000 万元,该公司适用的所得税税率为 25%。递延所得税资产及递延所得税负债不存在期初余额。与所得税核算有关的情况如下。

2015 年发生的有关交易和事项中,会计处理与税收处理存在差别的事项如下。

(1) 2015 年 1 月开始计提折旧的一项固定资产,成本为 1 500 万元,使用年限为 10 年,净残值为 0,会计处理按双倍余额递减法计提折旧,年折旧额为 300 万元,税收处理按直线法计提折旧,年折旧额为 150 万元。假定税法规定的使用年限及净残值与会计规定相同。

(2) 向关联企业捐赠现金 500 万元。假定按照税法规定,企业向关联方的捐赠不允许税前扣除。

(3) 当年度发生研究开发支出 1 250 万元,其中 750 万元资本化计入无形资产成本。税法规定企业发生的研究开发支出可按实际发生额的 150%加计扣除,因此当年可扣除金额为 1 875 万元(1 250×150%),未资本化的研究支出 500 万元已列支,还可以再扣除 1 375 万元。假定所开发无形资产于期末达到预定使用状态。

(4) 违反环保法规定应支付罚款 250 万元不可税前列支。

(5) 期末对持有的存货计提了 75 万元的存货跌价准备,税法规定不可税前列支。

【解析】

(1) 2015 年度当期应交所得税

应纳税所得额＝3 000＋150＋500－1 375＋250＋75＝2 600(万元)

应交所得税＝2 600×25％＝650(万元)

(2) 2015 年度递延所得税

递延所得税资产＝225×25％＝56.25(万元)

递延所得税负债＝750×25％＝187.50(万元)

递延所得税＝187.50－56.25＝131.25(万元)

(3) 利润表中应确认的所得税费用

所得税费用＝650＋131.25＝781.25(万元)

确认所得税费用的账务处理如下。

借：所得税费用	7 812 500	
递延所得税资产	562 500	
贷：应交税费——应交所得税		6 500 000
递延所得税负债		1 875 000

该公司 2015 年资产负债表相关项目金额及其计税基础，如表 5-2 所示。

表 5-2　资产负债的计税基础　　单位：万元

项　　目	账面价值	计税基础	差　　异	
			应纳税暂时性差异	可抵扣暂时性差异
存货	2 000	2 075		75
固定资产				
固定资产原价	1 500	1 500		
减：累计折旧	300	150		
减：固定资产减值准备	0	0		
固定资产账面价值	1 200	1 350		150
无形资产	750	0	750	
其他应付款	250	250		
总计			750	225

【例 5-18】

某公司 2015 年 12 月 31 日资产负债表中部分情况如表 5-3 所示，当期应纳税所得额为 1 000 万元，税率为 25％，除所列项目外，其他资产、负债项目不存在会计和税收的差异。

表 5-3　暂时性差异表 1　　单位：元

项　　目	账面价值	计税基础	应纳税差异	可抵扣差异
交易性金融资产	2 600 000	2 000 000	600 000	
存货	20 000 000	22 000 000		2 000 000
预计负债	1 000 000	0		1 000 000
总计			600 000	3 000 000

【解析】

确认递延所得税资产＝300×25％＝75(万元)

确认递延所得税负债＝60×25％＝15(万元)

应交所得税＝1 000×25％＝250(万元)

2015 年确认所得税费用的会计分录如下。

借：所得税费用　　1 900 000

　递延所得税资产　　750 000

　贷：应交税费——应交所得税　　2 500 000

　　递延所得税负债　　150 000

假设 2016 年该公司资产负债表中部分情况如表 5-4 所示，当期应纳税所得额为 2 000 万元，税率为 25％，除所列项目外，其他资产、负债项目不存在会计和税收的差异。

表 5-4　暂时性差异表 2　　单位：元

项　目	账面价值	计税基础	应纳税差异	可抵扣差异
交易性金融资产	2 800 000	3 800 000		1 000 000
存货	26 000 000	26 000 000		
预计负债	600 000	0		600 000
无形资产	2 500 000		2 500 000	
总计			2 500 000	1 600 000

(1) 当期应交所得税＝2 000×25％＝500(万元)

(2) 递延所得税

期末递延所得税负债　　250×25％＝62.50(万元)

期初递延所得税负债　　15 万元

递延所得税负债增加　　47.50 万元

期末递延所得税资产　　160×25％＝40(万元)

期初递延所得税资产　　75 万元

递延所得税资产减少　　35 万元

递延所得税＝35＋47.5＝82.50(万元)

(3) 确认所得税费用

确认所得税费用的账务处理如下。

借：所得税费用　　5 825 000

　贷：应交税费——应交所得税　　5 000 000

　　递延所得税资产　　350 000

　　递延所得税负债　　475 000

第四节　企业所得税纳税申报表的填制与申报

一、企业所得税纳税年度

纳税年度是指自公历 1 月 1 日起至 12 月 31 日止。纳税人在一个纳税年度的中间开业，或者由于合并、关闭等原因，使该纳税年度的实际经营期不足 12 个月的，应当以其实际经营期为一个纳税年度。纳税人清算时，应当以清算期间作为一个纳税年度。

二、纳税地点

除税收法律、行政法规另有规定外，居民企业以企业登记注册地为纳税地点；但登记注册地在境外的，以实际管理机构所在地为纳税地点。

居民企业在中国境内设立不具有法人资格的营业机构的，应当汇总计算并缴纳企业所得税。

依照外国（地区）法律成立且实际管理机构不在中国境内，但在中国境内设立机构、场所的，或者在中国境内未设立机构、场所，但有来源于中国境内所得的企业以扣缴义务人所在地为纳税地点。

三、申报资料

纳税人在办理纳税申报时，应如实填写《企业所得税纳税申报表》，并提供下列有关资料和证明。

（1）财务会计报表及其说明资料。

（2）与纳税有关的合同、协议书及有关证明文件。

（3）所得税纳税申报表的附表。

（4）国家税务机关规定应报送的其他有关证件资料。

四、企业所得税的缴纳方法

企业所得税实行分月或者分季预缴，由税务机关具体核定按期预缴，年终汇算清缴的征纳办法。

企业应当自年度终了之日起 5 个月内，向税务机关报送年度企业所得税纳税申报表，并汇算清缴，结清应缴应退税款。

（一）企业所得税的预缴

（1）缴纳企业所得税，按年计算，分月或者分季预缴，具体由主管税务机关根据纳税人应纳税额的大小进行核定。

（2）纳税人预缴所得税时，应当按纳税期限的实际数预缴。按实际数预缴有困难的，可以按上一年度应纳税所得额的 1/12 或 1/4，或者经当地税务机关认可的其他方法分期预缴所得税。预缴方法一经确定，不得随意改变。

应纳税所得额＝月份、季度实际应纳税所得额×所得税税率

或上一年度应纳税所得额的 1/12 或 1/4

（3）纳税人取得的所得为外国货币的，分月或者分季预缴税款时，应当按照月份（季度）最后一日的国家外汇牌价（原则上为中间价）折合成人民币计算应纳税所得额。

（4）纳税人应当在月份或者季度终了后 15 日内预缴税款，并向其所在地主管税务机关报送会计报表和预缴所得税申报表。

【例 5-19】

大地有限责任公司 2014 年全年应纳税所得额为 120 万元。税务机关同意 2015 年企业按上一年度应纳税所得额的 1/4 计算并按季预缴所得税，2015 年按税法有关规定调整企业会计利润后得到应纳税所得额为 180 万元，计算企业每季度预缴和年终汇总清缴的企业所得税额，并按应付税款法编制相关会计分录。一季度企业所得税预缴纳税申报表的编制如表 5-5 所示。

【解析】

(1) 2015 年 1～4 季度每季度应预缴的所得税额

季度预缴所得税额＝上一年度应纳税所得额×1/4×企业所得税率
＝120×1/4×25％
＝7.50(万元)

借：应交税费——应交所得税　　75 000
　贷：银行存款　　75 000

(2) 2015 年年终汇总清缴所得税额

2015 年 1～4 季度累计预缴所得税额＝7.50×4＝30(万元)

2015 年全年应纳所得税额＝全年应纳税所得额×企业所得税税率
＝180×25％
＝45(万元)

借：所得税　　450 000
　贷：应交税费——应交所得税　　450 000

(3) 2016 年应补缴所得税额

应补缴所得税额＝45－30＝15(万元)

借：应交税费——应交所得税　　150 000
　贷：银行存款　　150 000

(二) 企业所得税预缴纳税申报表的编制

企业所得税预缴纳税申报表，如表 5-5 所示。

表 5-5　企业所得税预缴纳税申报表

中华人民共和国企业所得税月(季)度预缴纳税申报表(A 类，2015 年版)

税款所属期间：2015　年 1 月 1 日至　2015　年 12 月 31 日

纳税人识别号：□□□□□□□□□□□□□□□□□□

纳税人名称：大地有限责任公司　　金额单位：元人民币(列至角分)

行次	项　　目	本期金额	累计金额
1	一、按照实际利润额预缴		
2	营业收入		
3	营业成本		
4	利润总额		
5	加：特定业务计算的应纳税所得额		

续表

行次	项　　目		本期金额	累计金额
6	减：不征税收入和税基减免应纳税所得额(请填附表 1)			
7	固定资产加速折旧(扣除)调减额(请填附表 2)			
8	弥补以前年度亏损			
9	实际利润额(4 行＋5 行－6 行－7 行－8 行)			
10	税率(25％)			
11	应纳所得税额(9 行×10 行)			
12	减：减免所得税额(请填附表 3)			
13	实际已预缴所得税额		—	
14	特定业务预缴(征)所得税额			
15	应补(退)所得税额(11 行－12 行－13 行－14 行)		—	
16	减：以前年度多缴在本期抵缴所得税额			
17	本月(季)实际应补(退)所得税额		—	
18	二、按照上一纳税年度应纳税所得额平均额预缴			
19	上一纳税年度应纳税所得额		—	1 200 000
20	本月(季)应纳税所得额(19 行×1/4 或 1/12)			300 000
21	税率(25％)			
22	本月(季)应纳所得税额(20 行×21 行)			75 000
23	减：减免所得税额(请填附表 3)			0
24	本月(季)实际应纳所得税额(22 行－23 行)			75 000
25	三、按照税务机关确定的其他方法预缴			
26	本月(季)税务机关确定的预缴所得税额			
27	总分机构纳税人			
28	总机构	总机构分摊所得税额(15 行或 24 行或 26 行×总机构分摊预缴比例)		
29		财政集中分配所得税额		
30		分支机构分摊所得税额(15 行或 24 行或 26 行×分支机构分摊比例)		
31		其中：总机构独立生产经营部门应分摊所得税额		
32	分支机构	分配比例		
33		分配所得税额		

是否属于小型微利企业：　　　　是□　　　　否□

谨声明：此纳税申报表是根据《中华人民共和国企业所得税法》《中华人民共和国企业所得税法实施条例》和国家有关税收规定填报的，是真实的、可靠的、完整的。

法定代表人(签字)：　　　　年　月　日

纳税人公章： 会计主管： 填表日期：　年　月　日	代理申报中介机构公章： 经办人： 经办人执业证件号码： 代理申报日期：　年　月　日	主管税务机关受理专用章： 受理人： 受理日期：　年　月　日

拓展阅读

企业所得税预缴申报表(A类)填报说明

一、适用范围

本表适用于实行查账征收企业所得税的居民纳税人在月(季)度预缴企业所得税时使用。跨地区经营汇总纳税企业的分支机构年度汇算清缴申报适用本表。

二、表头项目

1. “税款所属期间”:为税款所属期月(季)度第一日至所属期月(季)度最后一日。

年度中间开业的纳税人,“税款所属期间”为当月(季)开始经营之日至所属月(季)度的最后一日。次月(季)度起按正常情况填报。

2. “纳税人识别号”:填报税务机关核发的税务登记证号码(15位)。

3. “纳税人名称”:填报税务机关核发的税务登记证记载的纳税人全称。

三、各列次的填报

1. 第一部分,按照实际利润额预缴税款的纳税人,填报第2行至第17行。

其中:第2行至第17行的“本期金额”列,填报所属月(季)度第一日至最后一日的数据;第2行至第17行的“累计金额”列,填报所属年度1月1日至所属月(季)度最后一日的累计数额。

2. 第二部分,按照上一纳税年度应纳税所得额平均额预缴税款的纳税人,填报第19行至第24行。

其中:第19行至第24行的“本期金额”列,填报所属月(季)度第一日至最后一日的数据;第19行至第24行的“累计金额”列,填报所属年度1月1日至所属月(季)度最后一日的累计数额。

3. 第三部分,按照税务机关确定的其他方法预缴税款的纳税人,填报第26行。

其中:第26行的“本期金额”列,填报所属月(季)度第一日至最后一日的数额;第26行的“累计金额”列,填报所属年度1月1日至所属月(季)度最后一日的累计数额。

四、各行次的填报

1. 第1行至第26行,纳税人根据其预缴申报方式分别填报。

实行“按照实际利润额预缴”的纳税人填报第2行至第17行。实行“按照上一纳税年度应纳税所得额平均额预缴”的纳税人填报第19行至第24行。实行“按照税务机关确定的其他方法预缴”的纳税人填报第26行。

2. 第27行至第33行,由跨地区经营汇总纳税企业(以下简称汇总纳税企业)填报。其中:汇总纳税企业总机构在填报第1行至第26行基础上,填报第28行至第31行。汇总纳税企业二级分支机构只填报本表第30行、第32行、第33行。

五、具体项目填报说明

(一) 按照实际利润额预缴

1. 第2行“营业收入”:填报按照企业会计制度、企业会计准则等国家会计规定核算的营业收入。本行主要列示纳税人营业收入数额,不参与计算。

2. 第3行“营业成本”:填报按照企业会计制度、企业会计准则等国家会计规定核算的营业成本。本行主要列示纳税人营业成本数额,不参与计算。

3. 第 4 行“利润总额”：填报按照企业会计制度、企业会计准则等国家会计规定核算的利润总额。本行数据与利润表列示的利润总额一致。

4. 第 5 行“特定业务计算的应纳税所得额”：从事房地产开发等特定业务的纳税人，填报按照税收规定计算的特定业务的应纳税所得额。房地产开发企业销售未完工开发产品取得的预售收入，按照税收规定的预计计税毛利率计算的预计毛利额填入此行。

5. 第 6 行“不征税收入和税基减免应纳税所得额”：填报属于税法规定的不征税收入、免税收入、减记收入、所得减免、抵扣应纳税所得额等金额。本行通过《不征税收入和税基类减免应纳税所得额明细表》(附表 1)填报。

6. 第 7 行“固定资产加速折旧(扣除)调减额”：填报按照《财政部、国家税务总局关于完善固定资产加速折旧税收政策有关问题的通知》(财税[2014]75 号)等相关规定，固定资产税收上采取加速折旧，会计上未加速折旧的纳税调整情况。本行通过《固定资产加速折旧(扣除)明细表》(附表 2)填报。

7. 第 8 行“弥补以前年度亏损”：填报按照税收规定可在企业所得税前弥补的以前年度尚未弥补的亏损额。

8. 第 9 行“实际利润额”：根据本表相关行次计算结果填报。第 9 行＝第 4 行＋第 5 行－第 6 行－第 7 行－第 8 行。

9. 第 10 行“税率(25%)”：填报企业所得税法规定的 25%税率。

10. 第 11 行“应纳所得税额”：根据相关行次计算结果填报。第 11 行＝第 9 行×第 10 行，且第 11 行≥0。跨地区经营汇总纳税企业总机构和分支机构适用不同税率时，第 11 行≠第 9 行×第 10 行。

11. 第 12 行“减免所得税额”：填报按照税收规定，当期实际享受的减免所得税额。本行通过《减免所得税额明细表》(附表 3)填报。

12. 第 13 行“实际已预缴所得税额”：填报纳税人本年度此前月份、季度累计已经预缴的企业所得税额，“本期金额”列不填写。

13. 第 14 行“特定业务预缴(征)所得税额”：填报按照税收规定的特定业务已经预缴(征)的所得税额。建筑企业总机构直接管理的跨地区设立的项目部，按规定向项目所在地主管税务机关预缴的企业所得税填入此行。

14. 第 15 行“应补(退)所得税额”：根据本表相关行次计算填报。第 15 行“累计金额”列＝第 11 行－第 12 行－第 13 行－第 14 行，且第 15 行≤0 时，填 0；“本期金额”列不填写。

15. 第 16 行“减：以前年度多缴在本期抵缴所得税额”：填报以前年度多缴的企业所得税税款未办理退税，在本纳税年度抵缴的所得税额。

16. 第 17 行“本月(季)实际应补(退)所得税额”：根据相关行次计算填报。第 17 行“累计金额”列＝第 15 行－第 16 行，且第 17 行≤0 时，填 0，“本期金额”列不填写。

(二) 按照上一纳税年度应纳税所得额平均额预缴

1. 第 19 行“上一纳税年度应纳税所得额”：填报上一纳税年度申报的应纳税所得额。“本期金额”列不填写。

2. 第 20 行“本月(季)应纳税所得额”：根据相关行次计算填报。

(1) 按月度预缴的纳税人：第 20 行＝第 19 行×1/12。

(2) 按季度预缴的纳税人：第 20 行＝第 19 行×1/4。

3. 第21行“税率(25%)”：填报企业所得税法规定的25%税率。

4. 第22行“本月(季)应纳所得税额”：根据本表相关行次计算填报。第22行=第20行×第21行。

5. 第23行“减：减免所得税额”：填报按照税收规定，当期实际享受的减免所得税额。本行通过《减免所得税额明细表》(附表3)填报。

6. 第24行“本月(季)实际应纳所得税额”：根据本表相关行次计算填报。第24行=第22行—第23行。

(三) 按照税务机关确定的其他方法预缴

第26行“本月(季)税务机关确定预缴的所得税额”：填报税务机关认可的其他方法确定的本月(季)度应缴纳所得税额。

(四) 汇总纳税企业总分机构有关项目的填报

1. 第28行“总机构分摊所得税额”：汇总纳税企业总机构，以本表(第1行至第26行)本月(季)度预缴所得税额为基数，按总机构应分摊预缴比例计算出的本期预缴所得税额填报，并按不同预缴方式分别计算：

(1)“按照实际利润额预缴”的汇总纳税企业总机构：第15行×总机构应分摊预缴比例。

(2)“按照上一纳税年度应纳税所得额的平均额预缴”的汇总纳税企业总机构：第24行×总机构应分摊预缴比例。

(3)“按照税务机关确定的其他方法预缴”的汇总纳税企业总机构：第26行×总机构应分摊预缴比例。

上述计算公式中“总机构应分摊预缴比例”：跨地区经营(跨省、自治区、直辖市、计划单列市)汇总纳税企业，总机构应分摊预缴比例填报25%；省内经营的汇总纳税企业，总机构应分摊预缴比例按各省级税务机关规定填报。

2. 第29行“财政集中分配所得税额”：汇总纳税企业总机构，以本表(第1行至第26行)本月(季)度预缴所得税额为基数，按财政集中分配预缴比例计算出的本期预缴所得税额填报，并按不同预缴方式分别计算：

(1)“按照实际利润额预缴”的汇总纳税企业总机构：第15行×财政集中分配预缴比例。

(2)“按照上一纳税年度应纳税所得额的平均额预缴”的汇总纳税企业总机构：第24行×财政集中分配预缴比例。

(3)“按照税务机关确定的其他方法预缴”的汇总纳税企业总机构：第26行×财政集中分配预缴比例。

上述计算公式中“财政集中分配预缴比例”：跨地区经营(跨省、自治区、直辖市、计划单列市)汇总纳税企业，财政集中分配预缴比例填报25%；省内经营的汇总纳税企业，财政集中分配预缴比例按各省级税务机关规定填报。

3. 第30行“分支机构分摊所得税额”：汇总纳税企业总机构，以本表(第1行至第26行)本月(季)度预缴所得税额为基数，按分支机构应分摊预缴比例计算出的本期预缴所得税额填报，并按不同预缴方式分别计算：

(1)“按照实际利润额预缴”的汇总纳税企业总机构：第15行×分支机构应分摊预缴

比例。

(2)“按照上一纳税年度应纳税所得额的平均额预缴”的汇总纳税企业总机构：第24行×分支机构应分摊预缴比例。

(3)“按照税务机关确定的其他方法预缴”的汇总纳税企业总机构：第26行×分支机构应分摊预缴比例。

上述计算公式中“分支机构应分摊预缴比例”：跨地区经营(跨省、自治区、直辖市、计划单列市)汇总纳税企业，分支机构应分摊预缴比例填报50%；省内经营的汇总纳税企业，分支机构应分摊预缴比例按各省级税务机关规定填报。

分支机构根据《中华人民共和国企业所得税汇总纳税分支机构所得税分配表(2015年版)》中的“分支机构分摊所得税额”填写本行。

4. 第31行“其中：总机构独立生产经营部门应分摊所得税额”：填报跨地区经营汇总纳税企业的总机构，设立的具有主体生产经营职能且按规定视同二级分支机构的部门，所应分摊的本期预缴所得税额。

5. 第32行“分配比例”：汇总纳税企业的分支机构，填报依据《中华人民共和国企业所得税汇总纳税分支机构所得税分配表(2015年版)》确定的该分支机构的分配比例。

6. 第33行“分配所得税额”：填报汇总纳税企业的分支机构按分配比例计算应预缴或汇算清缴的所得税额。第33行＝第30行×第32行。

六、“是否属于小型微利企业”填报

1. 纳税人上一纳税年度汇算清缴符合小型微利企业条件的，本年预缴时，选择“是”；预缴累计会计利润不符合小型微利企业条件的，选择“否”。

2. 本年度新办企业，“资产总额”和“从业人数”符合规定条件，选择“是”；预缴累计会计利润不符合小型微利企业条件的，选择“否”。

3. 上年度“资产总额”和“从业人数”符合规定条件，应纳税所得额不符合小型微利企业条件的，预计本年度会计利润符合小型微利企业条件，选择“是”；预缴累计会计利润不符合小型微利企业条件，选择“否”。

4. 纳税人第一季度预缴所得税时，鉴于上一年度汇算清缴尚未结束，可以按照上一年度第四季度预缴情况选择“是”或“否”。

本栏次为必填项目，不符合小型微利企业条件的，选择“否”。

七、表内关系

1. 第9行＝第4行＋第5行－第6行－第7行－第8行。

2. 第11行＝第9行×第10行。当汇总纳税企业的总机构和分支机构适用不同税率时，第11行≠第9行×第10行。

3. 第15行＝第11行－第12行－第13行－第14行，且第15行≤0时，填0。

4. 第17行＝第15行－第16行，且第17行≤0时，填0。

5. 第20行“本期金额”＝第19行“累计金额”×1/4或1/12。

6. 第22行＝第20行×第21行。

7. 第24行＝第22行－第23行。

8. 第28行＝第15行或第24行或第26行×规定比例。

9. 第29行＝第15行或第24行或第26行×规定比例。

按照核定征收管理办法(包括核定应税所得率和核定税额征收方式)缴纳企业所得税的纳税人应填报的企业所得税月(季)度预缴纳税申报表,如表5-6所示。

表5-6 企业所得税月(季)度预缴纳税申报表

中华人民共和国企业所得税月(季)度和年度纳税申报表(B类,2015年版)

税款所属期间:　　年　月　日至　　年　月　日

纳税人识别号:□□□□□□□□□□□□□□□□□□□□

纳税人名称:　　　　　　　　　　金额单位:元人民币(列至角分)

项目			行次	累计金额
一、以下由按应税所得率计算应纳所得税额的企业填报				
应纳税所得额的计算	按收入总额核定应纳税所得额	收入总额	1	
		减:不征税收入	2	
		免税收入	3	
		应税收入额(1－2－3)	4	
		税务机关核定的应税所得率(%)	5	
		应纳税所得额(4×5)	6	
	按成本费用核定应纳税所得额	成本费用总额	7	
		税务机关核定的应税所得率(%)	8	
		应纳税所得额[7÷(1－8)×8]	9	
应纳所得税额的计算	税率(25%)		10	
	应纳所得税额(6×10或9×10)		11	
应补(退)所得税额的计算	减:符合条件的小型微利企业减免所得税额		12	
	已预缴所得税额		13	
	应补(退)所得税额(11－12－13)		14	
二、以下由税务机关核定应纳所得税额的企业填报				
税务机关核定应纳所得税额			15	

谨声明:此纳税申报表是根据《中华人民共和国企业所得税法》《中华人民共和国企业所得税法实施条例》和国家有关税收规定填报的,是真实的、可靠的、完整的。

法定代表人(签字):　　年　月　日

纳税人公章: 会计主管: 填表日期:　年　月　日	代理申报中介机构公章: 经办人: 经办人执业证件号码: 代理申报日期:　年　月　日	主管税务机关受理专用章: 受理人: 受理日期:　年　月　日

国家税务总局监制

拓展阅读

企业所得税月(季)度预缴纳税申报表(B类)填报说明

一、适用范围

本表由实行核定征收企业所得税的纳税人在月(季)度申报缴纳企业所得税时使用。实行核定应税所得率方式的纳税人,年度汇算清缴使用本表。

二、表头项目

1. “税款所属期间”：为税款所属期月(季)度第一日至所属期月(季)度最后一日。

年度中间开业的纳税人,“税款所属期间”为当月(季)开始经营之日至所属月(季)度的最后一日。次月(季)度起按正常情况填报。

2. “纳税人识别号”：填报税务机关核发的税务登记证件号码(15 位)。

3. “纳税人名称”：填报税务机关核发的税务登记证件记载的纳税人全称。

三、具体项目填报说明

(一) 应纳税所得额的计算

1. 本表第 1 行至第 6 行由“按收入总额核定应纳税所得额”的纳税人填写。第 1 行“收入总额”：填写本年度累计取得的各项收入金额。

2. 第 2 行“减：不征税收入”：填报纳税人计入收入总额但属于税收规定不征税的财政拨款、依法收取并纳入财政管理的行政事业性收费以及政府性基金和国务院规定的其他不征税收入。

3. 第 3 行“免税收入”：填报纳税人计入利润总额但属于税收规定免税的收入或收益。

4. 第 4 行“应税收入额”：根据相关行次计算填报。第 4 行＝第 1 行－第 2 行－第 3 行。

5. 第 5 行“税务机关核定的应税所得率(%)”：填报税务机关核定的应税所得率。

6. 第 6 行“应纳税所得额”：根据相关行次计算填报。第 6 行＝第 4 行×第 5 行。

7. 本表第 7 行至第 9 行由“按成本费用核定应纳税所得额”的纳税人填报。第 7 行“成本费用总额”：填写本年度累计发生的各项成本费用金额。

8. 第 8 行“税务机关核定的应税所得率”：填报税务机关核定的应税所得率。

9. 第 9 行“应纳税所得额”：根据相关行次计算填报。第 9 行＝第 7 行÷(1－第 8 行)×第 8 行。

(二) 应纳所得税额的计算

1. 第 10 行“税率(25%)”：填写企业所得税法规定的 25%税率。

2. 第 11 行“应纳所得税额”：

(1) 按照收入总额核定应纳税所得额的纳税人,第 11 行＝第 6 行×第 10 行。

(2) 按照成本费用核定应纳税所得额的纳税人,第 11 行＝第 9 行×第 10 行。

(三) 应补(退)所得税额的计算

1. 第 12 行“减：符合条件的小型微利企业减免所得税额”：填报按照税收规定符合条件的小型微利企业可享受的减免税。上一纳税年度应纳税所得额低于 10 万元(含 10 万元),预缴时累计应纳税所得额不超过 10 万元的,填报本表第 6 行或第 9 行“应纳税所得额”与 15%的乘积；上一纳税年度应纳税所得额低于 10 万元(含 10 万元),预缴时累计应纳税所得额超过 10 万元但不超过 30 万元的,以及上一纳税年度应纳税所得额超过 10 万元但不超过 30 万元的,填报本表第 6 行或第 9 行“应纳税所得额”与 5%的乘积。

2. 第 13 行“已预缴所得税额”：填报当年累计已预缴的企业所得税额。

3. 第 14 行“应补(退)所得税额”：根据相关行计算填报。第 14 行＝第 11 行－第 12 行－第 13 行。当第 14 行≤0 时,本行填 0。

(四) 由税务机关核定应纳所得税额的企业填报

第 15 行“税务机关核定应纳所得税额”：填报税务机关核定本期应当缴纳的所得税额

(小型微利企业减免税额核减后的数额)。

四、表内关系

1. 第 4 行＝第 1 行－第 2 行－第 3 行。

2. 第 6 行＝第 4 行×第 5 行。

3. 第 9 行＝第 7 行÷(1－第 8 行)×第 8 行。

4. 第 11 行＝第 6 行(或第 9 行)×第 10 行。

5. 第 14 行＝第 11 行－第 12 行－第 13 行。当第 14 行≤0 时,本行填 0。

(三) 企业所得税的汇算清缴

(1) 纳税人应在纳税年度终了后 45 日内向其所在地主管税务机关报送会计决算报表和所得税申报表,并在纳税年度终了后 5 个月内汇算清缴所得税。

(2) 纳税人纳税年度内无论盈利、亏损或处于减免税期,均应根据税法及有关规定办理年度企业所得税申报。

(3) 纳税人在纳税年度中间破产或发生合并、分立的后纳税人发生变化的,应在规定期限内向主管税务机关办理企业所得税申报并进行企业所得税汇算清缴,结清应缴税款。

(4) 纳税人在年终汇算清缴时,已预缴的税款少于全年应缴税款的,应在年度终了后 4 个月内结清应补缴的税款;预缴税款超过应缴税款的,主管税务机关应及时办理退税,或者抵缴下一年度应缴纳的税款。

(四) 企业所得税年度纳税申报表的编制

企业所得税年度纳税申报表,每年编制一次,除申报表外另有 14 张附表对申报表的数据进行补充说明。企业所得税年度纳税申报表主表如表 5-7 所示。

表 5-7　企业所得税年度纳税申报表(A 类)

A100000

中华人民共和国企业所得税年度纳税申报表(A 类)　　单位:元

行次	类别	项　目	金额
1	利润总额计算	一、营业收入(填写 A101010\101020\103000)	
2		减:营业成本(填写 A102010\102020\103000)	
3		营业税金及附加	
4		销售费用(填写 A104000)	
5		管理费用(填写 A104000)	
6		财务费用(填写 A104000)	
7		资产减值损失	
8		加:公允价值变动收益	
9		投资收益	
10		二、营业利润(1－2－3－4－5－6－7＋8＋9)	
11		加:营业外收入(填写 A101010\101020\103000)	
12		减:营业外支出(填写 A102010\102020\103000)	

续表

行次	类别	项　　目	金额
13	应纳税所得额计算	三、利润总额(10＋11－12)	
14		减：境外所得(填写 A108010)	
15		加：纳税调整增加额(填写 A105000)	
16		减：纳税调整减少额(填写 A105000)	
17		减：免税、减计收入及加计扣除(填写 A107010)	
18		加：境外应税所得抵减境内亏损(填写 A108000)	
19		四、纳税调整后所得(13－14＋15－16－17＋18)	
20		减：所得减免(填写 A107020)	
21		减：抵扣应纳税所得额(填写 A107030)	
22		减：弥补以前年度亏损(填写 A106000)	
23		五、应纳税所得额(19－20－21－22)	
24	应纳税额计算	税率(25%)	
25		六、应纳所得税额(23×24)	
26		减：减免所得税额(填写 A107040)	
27		减：抵免所得税额(填写 A107050)	
28		七、应纳税额(25－26－27)	
29		加：境外所得应纳所得税额(填写 A108000)	
30		减：境外所得抵免所得税额(填写 A108000)	
31		八、实际应纳所得税额(28＋29－30)	
32		减：本年累计实际已预缴的所得税额	
33		九、本年应补(退)所得税额(31－32)	
34		其中：总机构分摊本年应补(退)所得税额(填写 A109000)	
35		财政集中分配本年应补(退)所得税额(填写 A109000)	
36		总机构主体生产经营部门分摊本年应补(退)所得税额(填写 A109000)	
37	附列资料	以前年度多缴的所得税额在本年抵减额	
38		以前年度应缴未缴在本年入库所得税额	

拓展阅读

A100000《中华人民共和国企业所得税年度纳税申报表(A 类)》填报说明

一、表体项目

本表是在纳税人会计利润总额的基础上，加减纳税调整等金额后计算出“纳税调整后所得”(应纳税所得额)。会计与税法的差异(包括收入类、扣除类、资产类等差异)通过《纳税调整项目明细表》(A105000)集中填报。

本表包括利润总额计算、应纳税所得额计算、应纳税额计算、附列资料四个部分。

1.“利润总额计算”中的项目，按照国家统一会计制度口径计算填报。实行企业会计准则、小企业会计准则、企业会计制度、分行业会计制度纳税人其数据直接取自利润表；实行事业单位会计准则的纳税人其数据取自收入支出表；实行民间非营利组织会计制度纳税人其数据取自业务活动表；实行其他国家统一会计制度的纳税人，根据本表项目进行分析填报。

2. “应纳税所得额计算”和“应纳税额计算”中的项目，除根据主表逻辑关系计算的外，通过附表相应栏次填报。

二、行次说明

第 1 行～第 13 行参照企业会计准则利润表的说明编写。

1. 第 1 行“营业收入”：填报纳税人主要经营业务和其他经营业务取得的收入总额。本行根据“主营业务收入”和“其他业务收入”的数额填报。一般企业纳税人通过《一般企业收入明细表》(A101010)填报；金融企业纳税人通过《金融企业收入明细表》(A101020)填报；事业单位、社会团体、民办非企业单位、非营利组织等纳税人通过《事业单位、民间非营利组织收入、支出明细表》(A103000)填报。

2. 第 2 行“营业成本”：填报纳税人主要经营业务和其他经营业务发生的成本总额。本行根据“主营业务成本”和“其他业务成本”的数额填报。一般企业纳税人通过《一般企业成本支出明细表》(A102010)填报；金融企业纳税人通过《金融企业支出明细表》(A102020)填报；事业单位、社会团体、民办非企业单位、非营利组织等纳税人通过《事业单位、民间非营利组织收入、支出明细表》(A103000)填报。

3. 第 3 行“营业税金及附加”：填报纳税人经营活动发生的营业税、消费税、城市维护建设税、资源税、土地增值税和教育费附加等相关税费。本行根据纳税人相关会计科目填报。纳税人在其他会计科目核算的本行不得重复填报。

4. 第 4 行“销售费用”：填报纳税人在销售商品和材料、提供劳务的过程中发生的各种费用。本行通过《期间费用明细表》(A104000)中对应的“销售费用”填报。

5. 第 5 行“管理费用”：填报纳税人为组织和管理企业生产经营发生的管理费用。本行通过《期间费用明细表》(A104000)中对应的“管理费用”填报。

6. 第 6 行“财务费用”：填报纳税人为筹集生产经营所需资金等发生的筹资费用。本行通过《期间费用明细表》(A104000)中对应的“财务费用”填报。

7. 第 7 行“资产减值损失”：填报纳税人计提各项资产准备发生的减值损失。本行根据企业“资产减值损失”科目上的数额填报。实行其他会计准则等的比照填报。

8. 第 8 行“公允价值变动收益”：填报纳税人在初始确认时划分为以公允价值计量且其变动计入当期损益的金融资产或金融负债(包括交易性金融资产或负债，直接指定为以公允价值计量且其变动计入当期损益的金融资产或金融负债)，以及采用公允价值模式计量的投资性房地产、衍生工具和套期业务中公允价值变动形成的应计入当期损益的利得或损失。本行根据企业“公允价值变动损益”科目的数额填报(损失以“－”填列)。

9. 第 9 行“投资收益”：填报纳税人以各种方式对外投资确认所取得的收益或发生的损失。根据企业“投资收益”科目的数额计算填报；实行事业单位会计准则的纳税人根据“其他收入”科目中的投资收益金额分析填报(损失以“－”填列)。实行其他会计准则等的比照填报。

10. 第 10 行“营业利润”：填报纳税人当期的营业利润。根据上述项目计算填列。

11. 第 11 行“营业外收入”：填报纳税人取得的与其经营活动无直接关系的各项收入的金额。一般企业纳税人通过《一般企业收入明细表》(A101010)填报；金融企业纳税人通过《金融企业收入明细表》(A101020)填报；实行事业单位会计准则或民间非营利组织会计制度的纳税人通过《事业单位、民间非营利组织收入、支出明细表》(A103000)填报。

12. 第12行"营业外支出"：填报纳税人发生的与其经营活动无直接关系的各项支出的金额。一般企业纳税人通过《一般企业成本支出明细表》(A102010)填报；金融企业纳税人通过《金融企业支出明细表》(A102020)填报；实行事业单位会计准则或民间非营利组织会计制度的纳税人通过《事业单位、民间非营利组织收入、支出明细表》(A103000)填报。

13. 第13行"利润总额"：填报纳税人当期的利润总额。根据上述项目计算填列。

14. 第14行"境外所得"：填报纳税人发生的分国别(地区)取得的境外税后所得计入利润总额的金额。填报《境外所得纳税调整后所得明细表》(A108010)第14列减去第11列的差额。

15. 第15行"纳税调整增加额"：填报纳税人会计处理与税收规定不一致，进行纳税调整增加的金额。本行通过《纳税调整项目明细表》(A105000)"调增金额"列填报。

16. 第16行"纳税调整减少额"：填报纳税人会计处理与税收规定不一致，进行纳税调整减少的金额。本行通过《纳税调整项目明细表》(A105000)"调减金额"列填报。

17. 第17行"免税、减计收入及加计扣除"：填报属于税法规定免税收入、减计收入、加计扣除金额。本行通过《免税、减计收入及加计扣除优惠明细表》(A107010)填报。

18. 第18行"境外应税所得抵减境内亏损"：填报纳税人根据税法规定，选择用境外所得抵减境内亏损的数额。本行通过《境外所得税收抵免明细表》(A108000)填报。

19. 第19行"纳税调整后所得"：填报纳税人经过纳税调整、税收优惠、境外所得计算后的所得额。

20. 第20行"所得减免"：填报属于税法规定所得减免金额。本行通过《所得减免优惠明细表》(A107020)填报，本行<0时，填写负数。

21. 第21行"抵扣应纳税所得额"：填报根据税法规定应抵扣的应纳税所得额。本行通过《抵扣应纳税所得额明细表》(A107030)填报。

22. 第22行"弥补以前年度亏损"：填报纳税人按照税法规定可在税前弥补的以前年度亏损的数额，本行根据《企业所得税弥补亏损明细表》(A106000)填报。

23. 第23行"应纳税所得额"：金额等于本表第19行－第20行－第21行－第22行计算结果。本行不得为负数。本表第19行或者按照上述行次顺序计算结果本行为负数，本行金额填0。

24. 第24行"税率"：填报税法规定的税率25%。

25. 第25行"应纳所得税额"：金额等于本表第23行×第24行。

26. 第26行"减免所得税额"：填报纳税人按税法规定实际减免的企业所得税额。本行通过《减免所得税优惠明细表》(A107040)填报。

27. 第27行"抵免所得税额"：填报企业当年的应纳所得税额中抵免的金额。本行通过《税额抵免优惠明细表》(A107050)填报。

28. 第28行"应纳税额"：金额等于本表第25行－第26行－第27行。

29. 第29行"境外所得应纳所得税额"：填报纳税人来源于中国境外的所得，按照我国税法规定计算的应纳所得税额。本行通过《境外所得税收抵免明细表》(A108000)填报。

30. 第30行"境外所得抵免所得税额":填报纳税人来源于中国境外所得依照中国境外税收法律以及相关规定应缴纳并实际缴纳(包括视同已实际缴纳)的企业所得税性质的税款(准予抵免税款)。本行通过《境外所得税收抵免明细表》(A108000)填报。

31. 第31行"实际应纳所得税额":填报纳税人当期的实际应纳所得税额。金额等于本表第28行+第29行-第30行。

32. 第32行"本年累计实际已预缴的所得税额":填报纳税人按照税法规定本纳税年度已在月(季)度累计预缴的所得税额,包括按照税法规定的特定业务已预缴(征)的所得税额,建筑企业总机构直接管理的跨地区设立的项目部按规定向项目所在地主管税务机关预缴的所得税额。

33. 第33行"本年应补(退)所得税额":填报纳税人当期应补(退)的所得税额。金额等于本表第31行-第32行。

34. 第34行"总机构分摊本年应补(退)所得税额":填报汇总纳税的总机构按照税收规定在总机构所在地分摊本年应补(退)所得税款。本行根据《跨地区经营汇总纳税企业年度分摊企业所得税明细表》(A109000)填报。

35. 第35行"财政集中分配本年应补(退)所得税额":填报汇总纳税的总机构按照税收规定财政集中分配本年应补(退)所得税款。本行根据《跨地区经营汇总纳税企业年度分摊企业所得税明细表》(A109000)填报。

36. 第36行"总机构主体生产经营部门分摊本年应补(退)所得税额":填报汇总纳税的总机构所属的具有主体生产经营职能的部门按照税收规定应分摊的本年应补(退)所得税额。本行根据《跨地区经营汇总纳税企业年度分摊企业所得税明细表》(A109000)填报。

37. 第37行"以前年度多缴的所得税额在本年抵减额":填报纳税人以前纳税年度汇算清缴多缴的税款尚未办理退税、并在本纳税年度抵缴的所得税额。

38. 第38行"以前年度应缴未缴在本年入库所得额":填报纳税人以前纳税年度应缴未缴在本纳税年度入库所得税额。

三、表内关系

1. 第10行=第1行-第2行-第3行-第4行-第5行-第6行-第7行+第8行+第9行。
2. 第13行=第10行+第11行-第12行。
3. 第19行=第13行-第14行+第15行-第16行-第17行+第18行。
4. 第23行=第19行-第20行-第21行-第22行。
5. 第25行=第23行×第24行。
6. 第28行=第25行-第26行-第27行。
7. 第31行=第28行+第29行-第30行。
8. 第33行=第31行-第32行。

【例5-20】

伟丰公司是生产型企业,属于增值税一般纳税人,注册资本金1 000万元,所得税税率为 25%，已预缴所得税 90 万元。2015 年年终所得税汇算资料如下。

有关收入与税金的项目如下。

(1) 企业出租房屋取得租金收入 30 万元，应纳营业税为 1.5 万元。

(2) 全年实现销售商品收入 6 000 万元，2015 年全年应纳增值税为 700 万元。

(3) 转让商标权使用权收入 50 万元，应纳营业税 2.5 万元。

(4) 全年利息收入 5 万元，转让有价证券净收益 10 万元。

(5) 全年固定资产盘盈净收益 8 万元。

企业相关成本、费用等项目如下。

(1) 全年应纳消费税 1 500 万元，应纳城建税 154.28 万元，教育费附加 66.12 万元。

(2) 应扣除的成本 2 200 万元。

(3) 销售费用 800 万元，其中广告费 500 万元。

(4) 利息支出 200 万元。

(5) 管理费用 700 万元，其中：工资薪金 300 万元，工资附加"三费"52.5 万元，折旧费 200 万元，社会保险缴款 47.5 万元，业务招待费 35 万元，新产品开发费 60 万元。

新产品开发费用 60 万元，按税法规定不仅 60 万元可在所得税前全额扣除，而且还可加扣 60 万元的 50%，即 30 万元，总计扣除 90 万元。

(6) 企业 8 月发生意外事故，库存原料损失 30 万元，保险公司赔款 10 万元。经过主管税务机关核定，净损失 25.1 万元[即 30 万元×(1+17%)－10 万元]可在所得税前扣除。

(7) 通过教育部门向农村义务教育捐款 8 万元，直接向某老年服务机构捐款 4 万元。税法规定前者可以在所得税前扣除，后者不能在所得税前扣除。

(8) 未包括在管理费用中的房产税、车船使用税、土地使用税、印花税 50 万元。

【解析】

分析填表如下。

(1) 销售(营业)收入应包括租金收入和销售商品收入，共计 6 030 万元，填入第 1 行。

(2) 转让商标权使用权收入 50 万元，属于营业外收入中的出售无形资产收益；固定资产盘盈净收益 8 万元，属于营业外收入中的固定资产盘盈，共计 58 万元，填入第 11 行。

(3) 利息收入 5 万元，属于投资收益，应填入第 9 行"投资收益"。

(4) 转让有价证券净收益 10 万元，属于投资转让净收益，应填入第 8 行。

(5) 销售(营业)成本，属于应扣除的成本 2 200 万元，应填入第 2 行。

(6) 主营业务税金及附加应包括营业税 4 万元，消费税 1 500 万元，城建税 154.28 万元，教育费附加 66.12 万元。共计 172 4.4 万元，应填入第 3 行。

(7) 期间费用各项目应填数据为：销售费用 800 万元，填入第 4 行；管理费用 700 万元，填入第 5 行；财务费用 200 万元，填入第 6 行。

(8) 通过教育部门向农村义务教育捐款 8 万元，允许扣除，应填入第 16 行；直接向某老年服务机构捐款 4 万元不能在所得税前扣除，应填入第 15 行。

(9) 研究开发费附加扣除额 30 万元，属于加计扣除额，填入第 17 行。

该企业纳税申报表，如表5-8所示。

表5-8　企业所得税年度纳税申报表

A100000

中华人民共和国企业所得税年度纳税申报表(A类)　　单位：元

行次	类别	项　目	金额
1	利润总额计算	一、营业收入(填写A101010\101020\103000)	60 300 000
2		减：营业成本(填写A102010\102020\103000)	22 000 000
3		营业税金及附加	17 244 000
4		销售费用(填写A104000)	8 000 000
5		管理费用(填写A104000)	7 000 000
6		财务费用(填写A104000)	2 000 000
7		资产减值损失	
8		加：公允价值变动收益	100 000
9		投资收益	50 000
10		二、营业利润(1－2－3－4－5－6－7＋8＋9)	
11		加：营业外收入(填写A101010\101020\103000)	580 000
12		减：营业外支出(填写A102010\102020\103000)	251 000
13		三、利润总额(10＋11－12)	4 035 000
14	应纳税所得额计算	减：境外所得(填写A108010)	
15		加：纳税调整增加额(填写A105000)	40 000
16		减：纳税调整减少额(填写A105000)	80 000
17		减：免税、减计收入及加计扣除(填写A107010)	300 000
18		加：境外应税所得抵减境内亏损(填写A108000)	
19		四、纳税调整后所得(13－14＋15－16－17＋18)	3 695 000
20		减：所得减免(填写A107020)	
21		减：抵扣应纳税所得额(填写A107030)	
22		减：弥补以前年度亏损(填写A106000)	
23		五、应纳税所得额(19－20－21－22)	3 695 000
24	应纳税额计算	税率(25%)	
25		六、应纳所得税额(23×24)	923 750
26		减：减免所得税额(填写A107040)	
27		减：抵免所得税额(填写A107050)	
28		七、应纳税额(25－26－27)	923 750
29		加：境外所得应纳所得税额(填写A108000)	
30		减：境外所得抵免所得税额(填写A108000)	
31		八、实际应纳所得税额(28＋29－30)	923 750
32		减：本年累计实际已预缴的所得税额	900 000
33		九、本年应补(退)所得税额(31－32)	23 750
34		其中：总机构分摊本年应补(退)所得税额(填写A109000)	
35		财政集中分配本年应补(退)所得税额(填写A109000)	
36		总机构主体生产经营部门分摊本年应补(退)所得税额(填写A109000)	
37	附列资料	以前年度多缴的所得税额在本年抵减额	
38		以前年度应缴未缴在本年入库所得税额	

本章小结

本章阐述了企业所得税的纳税人、税率、应纳税所得额的确认，指出了所得税会计核算方法和企业所得税的纳税申报工作。

新会计准则规定所得税会计采用了资产负债表债务法，要求企业从资产负债表出发，通过比较资产负债表上列示的资产、负债按照会计准则规定确定的账面价值与按照税法规定确定的计税基础，对于两者之间的差异分别应纳税暂时性差异与可抵扣暂时性差异，确认相关的递延所得税负债与递延所得税资产，并在此基础上确定每一会计期间利润表中的所得税费用。

阅读资料

享受企业所得税优惠要坚守"四自一防"

2015年11月，国家税务总局发布了《企业所得税优惠政策事项办理办法》公告(国家税务总局公告2015年第76号)，该公告罗列了目前我国企业涉及的共55项企业所得税优惠政策，重申了对企业办理这些所得税优惠事项全部取消审批，一律实行备案管理方式。为了理解并执行好76号公告，企业应该掌握好"四自一防"原则。

一是自行判断。76号公告第三条规定："企业应当自行判断其是否符合税收优惠政策规定的条件。"由此可见，企业应当对自身是否符合企业所得税优惠的前提自行做出判断，这改变了以往对企业所得税减免需企业提出书面请示并经税务机关审批的老方法。所以，企业必须认真研究，确保对自身适用的所得税优惠政策及时、全面、准确地做出判断。

二是自行申报。对符合享受企业所得税优惠条件的，企业在自行做出准确判断后，则应该按照规定的优惠期和优惠方法，在预缴及汇算清缴企业所得税时，主动按规定自行直接办理对企业所得税优惠的相关计算及缴纳，无须再向税务机关办理任何申请手续，也无须等待税务机关对享受税收优惠许可的批复。

三是自行报备。76号公告第七条规定："企业应当不迟于年度汇算清缴纳税申报时备案。"所以，企业对自行判断符合企业所得税优惠的事项还必须向税务机关报送《企业所得税优惠事项备案表》(国家税务总局公告2015年第76号)附件2，同时还要按照该公告规定提交相关资料。

四是自行备查。企业注意在办理报备手续的同时，还应按照76号公告要求认真准备好与享受优惠事项有关的合同(协议)、证书、文件、会计账册等资料，具体应按照国家税务总局公告2015年第76号的附件1《企业所得税优惠事项备案管理目录(2015年版)》所列示优惠事项对应的留存备查资料办理。

五是防范风险。76号公告第六条明确规定："企业对报送的备案资料、留存备查资料的真实性、合法性承担法律责任。"第二十条还规定："税务机关后续管理中，发现企业已享受的税收优惠不符合税法规定条件的，应当责令其停止享受优惠，追缴税款及滞纳金。属于弄虚作假的，按照税收征管法有关规定处理。"由此可见，企业不仅要对报送备案资料、留存备查资料的真实性、合法性承担法律责任，而且还要对自身是否符合企业所得税优惠政策判断的正确性承担风险。

资料来源：中国税务报. http://www.ctaxnews.net.cn/

练习题

一、单项选择题

1. 我国企业会计准则要求企业采用的所得税会计核算方法是(　　)。

A. 利润表法　　B. 应付税款法

C. 资产负债表递延法　　D. 资产负债表债务法

2. 在所得税会计中，与直接计入所有者权益的交易或事项相关的可抵扣暂时性差异的纳税影响，应借记“递延所得税资产”账户，贷记(　　)账户。

A. “所得税费用”　　B. “资本公积”

C. “利润分配”　　D. “盈余公积”

3. 下列各项表述中，处理不正确的是(　　)。

A. 资产计提减值准备可能会形成可抵扣暂时性差异，应确认递延所得税资产

B. 可供出售金融资产公允价值下降确认的递延所得税资产，应计入所有者权益

C. 采用成本模式计量的投资性房地产，可能会产生递延所得税资产

D. 使用寿命不确定的无形资产不可能产生递延所得税资产

二、多项选择题

1. 下列关于所得税费用的说法，正确的有(　　)。

A. 因可供出售金融资产价值下降确认的递延所得税资产会减少所得税费用

B. 因应收账款计提坏账准备确认的递延所得税资产会减少当期所得税费用

C. 坏账准备的变化不会影响当期所得税

D. 存货跌价准备转回会影响递延所得税

2. 以下有关资产负债表债务法的表述，正确的有(　　)。

A. 税率变动时“递延所得税资产”的账面余额不需要进行相应调整

B. 根据新的会计准则规定，商誉产生的应纳税暂时性差异不确认相应的递延所得税负债

C. 与联营企业、合营企业投资等相关的应纳税暂时性差异不确认相应的递延所得税负债

D. 递延所得税＝当期递延所得税负债的增加＋当期递延所得税资产的减少－当期递延所得税负债的减少－当期递延所得税资产的增加

E. 所得税费用＝当期所得税＋递延所得税

三、计算题

甲公司2015年1月1日递延所得税资产为50万元，递延所得税负债为100万元，适用的所得税税率为25%。该公司2015年利润总额为4 000万元，涉及所得税会计的交易或事项如下。

(1) 2015年1月1日，甲公司以4 000万元取得一项到期还本付息的国债投资，作为持有至到期投资核算，该投资实际利率与票面利率相差较小，甲公司采用票面利率计算确定利息收入，当年确认国债利息收入200万元，计入持有至到期投资账面价值。税法规定，国

债利息收入免征所得税。

(2) 2014 年 12 月 10 日，甲公司购入一项管理用设备，支付购买价款、运输费、安装费等共计 2 000 万元。12 月 15 日，该设备经安装达到预定可使用状态。甲公司预计该设备使用年限为 10 年，预计净残值为 0，采用年限平均法计提折旧。税法规定，该类固定资产的折旧年限为 20 年。假定甲公司该设备预计净残值和采用的折旧方法符合税法规定。

(3) 2015 年 9 月 1 日，甲公司自证券市场购入某股票，支付价款 500 万元(假定不考虑交易费用)。甲公司将该股票作为交易性金融资产核算。12 月 31 日，该股票的公允价值为 600 万元。假定税法规定，交易性金融资产持有期间公允价值变动金额不计入应纳税所得额，待出售时一并计入应纳税所得额。

(4) 本期预计产品质量保证费用 100 万元，将其确认为预计负债，期初产品质量保证费用为 0。

(5) 2015 年 10 月 10 日，甲公司由于为乙公司银行借款提供担保，乙公司未如期偿还借款，而被银行提起诉讼，要求其履行担保责任。12 月 31 日，该诉讼尚未审结。甲公司预计履行该担保责任很可能支出的金额为 1 000 万元。税法规定，企业为其他单位债务提供担保发生的损失不允许在税前扣除。

(6) 其他有关资料如下：①甲公司 2015 年 1 月 1 日存在的应纳税暂时性差异在本期转回 200 万元。②甲公司上述交易或事项均按照企业会计准则的规定进行了处理。③甲公司预计在未来期间有足够的应纳税所得额用于抵扣可抵扣暂时性差异。④甲公司 2015 年 1 月 1 日存在暂时性差异均非直接计入所有者权益的交易或事项产生。

要求：

(1) 计算甲公司 2015 年 12 月 31 日上述交易或事项中所涉及的资产和负债的账面价值和计税基础。

(2) 计算确定期末的应纳税暂时性差异和可抵扣暂时性差异。

(3) 计算甲公司 2015 年应纳税所得额和应交所得税。

第六章 个人所得税会计

学习重点

1. 熟悉个人所得税的概念；
2. 掌握个人所得税应纳税额的计算及会计核算；
3. 熟悉个人所得税的纳税申报。

引例

中国老百姓通常将个人所得税比喻为“工薪税”，据相关数据显示，处于中坚力量的工薪阶层对个税的贡献率达65%左右。那么，个人所得税是否只是“工薪税”？

第一节 个人所得税概述

个人所得税是对个人(自然人)取得的各项应税所得征收的一种税，是政府利用税收对个人收入进行调节的一种手段。个人所得税的征税对象，不仅包括个人(自然人)，也包括具有自然人性质的企业。

一、个人所得税的纳税义务人

个人所得税的纳税人是指在中国境内有住所，或者虽无住所而在境内居住满1年，以及在中国境内无住所又不居住或者无住所而在中国境内居住不满1年，但从中国境内取得所得的个人，包括中国公民，外籍个人，香港、澳门、台湾同胞等。

依据住所和居住时间两个标准，个人所得税的纳税义务人可以分为居民纳税人和非居民纳税人。

(一) 居民纳税人

居民纳税人是指在中国境内有住所，或者无住所而在中国境内居住满1年的个人。所谓在中国境内有住所，是指因户籍、家庭、经济利益关系，而在中国境内习惯性居住的个人。所谓习惯性居住，是税收上判断居民和非居民的一个法律意义上的标准，而不是指实际居住或在某一个特定时期内的居住地。

例如，个人因学习、工作、探亲、旅游等而在中国境外居住的，在以上原因消除之后，必须回到中国境内居住的个人，则税法将其判定为在中国习惯性居住。

所谓在境内居住满1年，是指在一个纳税年度中在中国境内居住365日，达到这个标准的个人即为居民纳税人。在居住期间临时离境的，即在一个纳税年度中一次不超过30日或者多次累计不超过90日的离境，不扣减日数。

纳税年度，自公历1月1日起至12月31日止。例如，某外籍人员从2014年10月起到中国境内的公司任职，在2015年纳税年度内，曾于5月7日至12日离境回国向其总公司述职，12月23日又离境回国欢度圣诞节和元旦。这两次离境时间相加，没有超过90日的标准，应视作临时离境，不扣减其在华居住天数。所以，该外籍人员为我国居民纳税人。

居民纳税人负有全面纳税义务，其所取得的应纳税所得，无论是来源于中国境内还是中国境外，都要在中国缴纳个人所得税。

（二）非居民纳税人

非居民纳税人是指在中国境内无住所又不居住或者无住所而在中国境内居住不满1年，但从中国境内取得所得的个人。例如，某在我国无住所的外籍人员，于2014年4月9日来华工作，2015年9月30日结束工作离华，则该外籍人员是我国的非居民纳税人，这是因为该外籍人员在2014年和2015年两个纳税年度中都未在我国居住满365日。

非居民纳税人，只就其来源于中国境内所得对中国政府履行有限纳税义务，依法缴纳个人所得税。

纳税义务人及其纳税义务的简要总结如表6-1所示。

表6-1　纳税义务人及其纳税义务

类　别	承担的纳税义务	判定标准
居民纳税人	承担全面纳税义务：对中国境内、境外所得，都要在中国境内缴纳个人所得税	只要符合以下标准之一就成为居民纳税人： ① 住所标准：在中国境内习惯性居住 ② 居住时间标准：在中国境内居住满1年，在一个纳税年度中一次离境不超过30日或者多次离境累计不超过90日
非居民纳税人	承担有限纳税义务：只就其来源于中国境内的所得，向中国缴纳个人所得税	以下两条必须同时具备： ① 在我国无住所 ② 在我国不居住或居住不满1年

二、个人所得税的征税对象(税目)

个人所得税的征税对象是个人取得的应税所得。下列各项个人所得，应纳个人所得税。

（1）工资、薪金所得。指个人因任职或者受雇而取得的工资、薪金、奖金、年终加薪、劳动分红、津贴、补贴以及与任职或者受雇有关的其他所得。

（2）个体工商户的生产、经营所得。个体工商户的生产、经营所得是指：

① 个体工商户从事工业、手工业、建筑业、交通运输业、商业、饮食业、服务业、修理业以及其他行业生产、经营取得的所得；

② 个人经政府有关部门批准，取得执照，从事办学、医疗、咨询以及其他有偿服务活动取得的所得；

③ 其他个人从事个体工商业生产、经营取得的所得；

④ 上述个体工商户和个人取得的与生产、经营有关的各项应纳税所得。

（3）对企事业单位的承包经营、承租经营的所得。指个人承包经营、承租经营以及转包、转租取得的所得，包括个人按月或者按次取得的工资、薪金性质的所得。

（4）劳务报酬所得。指个人从事设计、装潢、安装、制图、化验、测试、医疗、法律、会计、咨询、讲学、新闻、广播、翻译、审稿、书画、雕刻、影视、录音、录像、演出、表演、广告、展览、技术服务、介绍服务、经纪服务、代办服务以及其他劳务取得的所得。

（5）稿酬所得。指个人因其作品以图书、报刊形式出版、发表而取得的所得。

（6）特许权使用费所得。指个人提供专利权、商标权、著作权、非专利技术以及其他特许权的使用权取得的所得；提供著作权的使用权取得的所得，不包括稿酬所得。

（7）利息、股息、红利所得。指个人拥有债权、股权而取得的利息、股息、红利所得。

（8）财产租赁所得。指个人出租建筑物、土地使用权、机器设备、车船以及其他财产取得的所得。

（9）财产转让所得。指个人转让有价证券、股权、建筑物、土地使用权、机器设备、车船以及其他财产取得的所得。

（10）偶然所得。指个人得奖、中奖、中彩以及其他偶然性质的所得。

（11）经国务院财政部门确定征税的其他所得。

三、个人所得税的适用税率

（1）工资、薪金所得适用的税率。工资、薪金所得适用超额累进税率。

（2）个体工商户的生产、经营所得和对企事业单位的承包经营、承租经营所得适用的税率。个体工商户的生产、经营所得和对企事业单位的承包经营、承租经营所得，以及个人独资企业和合伙企业投资者的生产经营所得，适用超额累进税率。

（3）稿酬所得适用的税率。稿酬所得，适用比例税率，税率为20％，并按应纳税额减征30％，实际税率为14％。

（4）劳务报酬所得适用的税率。劳务报酬所得，适用比例税率，税率为20％。对个人一次取得劳务报酬畸高的，依照税法规定计加成。

（5）特许权使用费所得，利息、股息、红利所得，财产租赁所得，财产转让所得，偶然所得和其他所得适用的税率。特许权使用费所得，利息、股息、红利所得，财产租赁所得，财产转让所得，偶然所得和其他所得，适用比例税率，税率为20％。

自2008年10月9日起，暂免储蓄存款利息的个人所得税。对个人出租房屋所得减按10％的税率征收个人所得税。

四、个人所得税的税收减免

（一）免征个人所得税的优惠

下列各项个人所得，免纳个人所得税。

（1）省级人民政府、国务院部委和中国人民解放军军以上单位，以及外国组织、国际组织颁发的科学、教育、技术、文化、卫生、体育、环境保护等方面的奖金。

（2）中华人民共和国财政部发行的债券利息和国务院批准发行的金融债券利息。

（3）按照国务院规定发给的政府特殊津贴和国务院规定免纳个人所得税的补贴、津贴。

（4）福利费、抚恤金、救济金。

此处所说的福利费，是指根据国家有关规定，从企业单位、事业单位、国家机关、社会团体提留的福利费或者工会经费中支付给个人的生活补助费；所说的救济金，是指国家民政部门支付给个人的生活困难补助费。

上述所称生活困难补助费，是指由于某些特定事件或原因而给纳税人本人或其家庭的正常生活造成一定困难，其任职单位按国家规定从提留的福利费或者工会经费中向其支付的临时性生活困难补助。

下列收入不属于免税的福利费范围，应当并入纳税人的工资、薪金收入计征个人所得税：

① 从超出国家规定的比例或基数计提的福利费、工会经费中支付给个人的各种补贴、补助；

② 从福利费和工会经费中支付给本单位职工的人人有份的补贴、补助；

③ 单位为个人购买汽车、住房、计算机等不属于临时性生活困难补助性质的支出。

(5) 保险赔款。

(6) 军人的转业费、复员费。

(7) 按照国家统一规定发给干部、职工的安家费、退职费、退休工资、离休工资、离休生活补助费。

(8) 依照《中华人民共和国外交特权与豁免条例》和《中华人民共和国领事特权与豁免条例》规定应予免税的各国驻华使馆、领馆的外交代表、领事官员和其他人员的所得。

(9) 中国政府参加的国际公约、签订的协议中规定免税的所得。

(10) 企业和个人按照国家或地方政府规定的比例提取并向指定金融机构实际缴纳的住房公积金、失业保险费、医疗保险费、基本养老保险金，不计入个人当期的工资、薪金收入，免征个人所得税。超过国家或地方政府规定的比例缴付的住房公积金、失业保险费、医疗保险费、基本养老保险金，其超过规定的部分应当并入个人当期工资、薪金收入，计征个人所得税。

个人领取原提存的住房公积金、失业保险费、医疗保险费、基本养老保险金时免征个人所得税。

(11) 对个人取得的教育储蓄利息所得以及财政部门确定的其他专项储蓄存款或者储蓄性专项基金存款的利息所得，免征个人所得税。

(12) 其他经国务院财政部门批准免税的情形。

(二) 减征个人所得税的优惠

(1) 残疾、孤老人员和烈属的所得。

(2) 因严重自然灾害造成重大损失的。

(3) 其他经国务院财政部门批准减税的情形。

五、 个人所得税的征收管理

个人所得税，以所得人为纳税义务人，以支付所得的单位或者个人为扣缴义务人。从两处或两处以上取得工资、薪金所得；取得应纳税所得，没有扣缴义务人的；取得应纳税所得，扣缴义务人未按规定扣缴税款的；税收主管部门规定必须自行申报纳税的，纳税义务人应当自行申报纳税。

扣缴义务人每月所扣的税款，自行申报纳税人每月应纳的税款，都应当在次月7日内缴入国库，并向税务机关报送纳税申报表。

工资、薪金所得应纳的税款，按月计征，由扣缴义务人或者纳税义务人在次月7日内缴入国库，并向税务机关报送纳税申报表。采掘业、远洋运输业、远洋捕捞业以及财政部确定的其他特定行业的工资、薪金所得应纳的税款，可以实行按年计算、分月预缴的方式计征。

个体工商户的生产、经营所得应纳的税款，按年计算，分月预缴，由纳税义务人在次月7日内预缴，年度终了后3个月内汇算清缴，多退少补。

对企事业单位的承包经营、承租经营所得应纳的税款，按年计算，由纳税义务人在年度终了后30日内缴入国库，并向纳税机关报送纳税申报表。纳税义务人在1年内分次取得承包经营、承租经营所得的，应当在取得每次所得后的7日内预缴，年度终了后3个月内汇算清缴，多退少补。

从中国境外取得所得的纳税义务人，应当在年度终了后30日内，将应纳的税款缴入国库，并向税务机关报送纳税申报表。

小贴士

年所得12万元以上的纳税义务人，在年度终了后3个月内到主管税务机关办理纳税申报。

第二节 个人所得税应纳税额的计算

一、工资、薪金所得应纳税额的计算

每月取得工资收入后，先减去个人承担的基本养老保险金、医疗保险金、失业保险金，以及按省级政府规定标准缴纳的住房公积金，再减去费用扣除额3 500元/月（来源于境外的所得，以及外籍人员，华侨和香港、澳门、台湾同胞在中国境内的所得每月还可附加减除费用4 800元），为应纳税所得额，按3%～45%的七级超额累进税率计算缴纳个人所得税。

计算公式如下：

应纳税额＝应纳税所得额×适用税率－速算扣除数

＝（每月收入额－3 500元或4 800元）×适用税率－速算扣除数

工资、薪金所得适用的税率及速算扣除数如表6-2所示。

表6-2 工资、薪金所得适用的税率及速算扣除数

级数	全月应纳税所得额	税率	速算扣除数
1	不超过1 500元的	3%	0
2	超过1 500～4 500元的部分	10%	105
3	超过4 500～9 000元的部分	20%	555
4	超过9 000～35 000元的部分	25%	1 005

续表

级数	全月应纳税所得额	税率	速算扣除数
5	超过 35 000～55 000 元的部分	30%	2 755
6	超过 55 000～80 000 元的部分	35%	5 505
7	超过 80 000 元的部分	45%	13 505

注：表中所列“全月应纳税所得额”，均为按照税法规定减除有关费用后的所得额。

【例 6-1】

某纳税人当月取得工资收入 9 000 元，当月个人承担住房公积金、基本养老保险金、医疗保险金、失业保险金共计 1 000 元，费用扣除额为 3 500 元。计算王某当月应纳个人所得税税额。

【解析】

王某当月应纳个人所得税额计算如下。

应纳税所得额＝9 000－1 000－3 500＝4 500(元)

应纳个人所得税额＝4 500×10%－105＝345(元)

【例 6-2】

某在中国企业工作的美国专家(假设为非民居纳税人)，2015 年 5 月取得由该企业发放的工资收入 25 000 元。计算该专家当月应纳个人所得税税额。

【解析】

该专家当月应纳个人所得税额计算如下。

应纳税所得额＝25 000－4 800＝20 200(元)

应纳个人所得税额＝20 200×25%－1005＝4 045(元)

二、 个体工商户的生产、经营所得应纳税额的计算

对于从事生产经营的个体工商户，其应纳税所得额是每一纳税年度的收入总额，减除成本、费用以及损失后的余额，计算公式如下：

应纳税所得额＝该年度收入总额－成本、费用及损失－当年投资者本人的费用扣除额

当年投资者本人的费用扣除额＝月减除费用(3500 元/月)×当年实际经营月份数

应纳税额＝应纳税所得额×税率－速算扣除数

在计算应纳税所得额时，应注意以下几点。

(1) 个体工商户、个人独资企业和合伙企业因在纳税年度中间开业、合并、注销及其他原因，导致该纳税年度的实际经营期不足 1 年的，在计算个人所得税时，以其实际经营期为 1 个纳税年度。投资者本人的费用扣除标准，应按照其实际经营月份数，以每月 3 500 元的减除标准确定。

(2) 企业从业人员合理的工资、薪金支出，允许在税前据实扣除。

(3) 企业拨缴的工会经费、发生的职工福利费、职工教育经费支出分别在其工资、薪金总额的 2%、14%、2.5%的标准内据实扣除。

(4) 投资者及其家庭发生的生活费用不允许在税前扣除。投资者及其家庭发生的生活

费用与企业生产经营费用混合在一起，并且难以划分的，全部视为投资者个人及其家庭发生的生活费用，不允许在税前扣除。

(5) 企业生产经营和投资者及其家庭生活共用的固定资产，难以划分的，由主管税务机关根据企业的生产经营类型、规模等具体情况，核定准予在税前扣除的折旧费用的数额或比例。

(6) 企业每一纳税年度发生的与其生产经营业务直接相关的业务招待费，按照发生额的60%扣除，但最高不得超过当年销售(营业)收入的5‰。

(7) 企业每一纳税年度发生的广告费和业务宣传费用不超过当年销售(营业)收入15%的部分，可据实扣除；超过部分，准予在以后纳税年度结转扣除。

(8) 企业计提的各种准备金不得扣除。

(9) 投资者兴办两个或两个以上企业，并且全部是独资的，年度终了后，汇算清缴时，应纳税额的计算按以下方法：

应纳税所得额 $= \sum$ 各个企业的经营所得

应纳税额 = 应纳税所得额 × 税率 − 速算扣除数

本企业应纳税额 = 应纳税额 × 本企业经营所得 ÷ $\sum$ 各个企业的经营所得

本企业应补缴的税额 = 本企业应纳税额 − 本企业预缴的税额

个体工商户的生产、经营所得适用的税率及速算扣除数如表6-3所示。

表6-3 个体工商户的生产、经营所得适用的税率及速算扣除数

级数	全年应纳税所得额	税率	速算扣除数
1	不超过15 000元的	5%	0
2	超过15 000～30 000元的部分	10%	750
3	超过30 000～60 000元的部分	20%	3 750
4	超过60 000～100 000元的部分	30%	9 750
5	超过100 000元的部分	35%	14 750

注：表中所列“全年应纳税所得额”，均为按照税法规定减除有关费用(成本、损失)后的所得额。

【例6-3】

个体工商户小王经营一家五金店，该五金店2015年营业收入为60万元，经营成本为36万元，其他费用为5万元，未雇用其他员工。计算其全年应纳个人所得税。

【解析】

年应纳税所得额＝600 000－360 000－50 000－3 500×12＝148 000(元)

应纳税额＝148 000×35%－14 750＝37 050(元)

三、对企事业单位的承包经营、承租经营所得应纳税额的计算

对企事业单位的承包经营、承租经营所得应纳税额的计算公式如下：

应纳税额＝应纳税所得额 × 适用税率 − 速算扣除数

＝(纳税年度的收入总额 − 必要费用) × 适用税率 − 速算扣除数

对企事业单位的承包经营、承租经营所得适用的税率及速算扣除数，同个体工商户的

生产、经营所得适用的税率及速算扣除数。

在一个纳税年度内，承包经营或承租经营期限不足 1 年的，以其实际经营期为纳税年度。

【例 6-4】

2015 年 3 月 1 日，李某与某事业单位签订承包合同，承包经营餐厅，承包期为 5 年。2015 年，餐厅实现承包经营利润为 150 000 元，按合同规定，承包人每月上缴承包费 4 000 元。计算李某 2015 年应纳个人所得税额。

【解析】

李某 2015 年承包期为满 1 年，按其实际经营期为纳税年度。

年应纳税所得额＝150 000－4 000×10－3 500×10＝75 000(元)

应纳税额＝75 000×30％－9 750＝12 750(元)

四、劳务报酬所得应纳税额的计算

对于劳务报酬所得，其个人所得税应纳税额的计算公式如下。

(1) 每次收入不足 4 000 元的

应纳税额＝应纳税所得额×适用税率＝(每次收入额－800)×20％

(2) 每次收入在 4 000 元以上的

应纳税额＝应纳税所得额×适用税率＝每次收入额×(1－20％)×20％

(3) 每次收入的应纳税所得额超过 20 000 元的

应纳个人所得税额＝应纳税所得额×适用税率－速算扣除数

＝每次收入额×(1－20％)×适用税率－速算扣除数

劳务报酬所得适用的税率及速算扣除数如表 6-4 所示。

表 6-4　劳务报酬所得适用的税率及速算扣除数

级数	每次应纳税所得额	税率	速算扣除数
1	不超过 20 000 元的	20％	0
2	超过 20 000～50 000 元的部分	30％	2 000
3	超过 50 000 元的部分	40％	7 000

【例 6-5】

某影星参加一次演出活动，取得劳务报酬收入 4 万元，计算其应缴纳的个人所得税。

【解析】

该影星应缴纳的个人所得税计算如下。

应纳税所得额＝40 000－40 000×20％＝32 000(元)

应纳个人所得税额＝32 000×30％－2 000＝7 600(元)

五、稿酬所得应纳税额的计算

对于稿酬所得，其个人所得税应纳税额的计算公式如下。

(1) 每次收入不足 4 000 元的

$$应纳税额 = 应纳税所得额 \times 适用税率 \times (1-30\%)$$
$$= (每次收入额 - 800) \times 20\% \times (1-30\%)$$

(2) 每次收入在 4 000 元以上的

$$应纳税额 = 应纳税所得额 \times 适用税率 \times (1-30\%)$$
$$= 每次收入额 \times (1-20\%) \times 20\% \times (1-30\%)$$

【例 6-6】

某作者在某科技杂志上发表一篇文章，获得稿酬 3 600 元，计算其应缴纳的个人所得税。

【解析】

该作者应缴纳的个人所得税计算如下。

$$应纳个人所得税额 = (3\,600-800) \times 20\% \times (1-30\%) = 392(元)$$

六、 特许权使用费所得应纳税额的计算

特许权使用费所得是指个人提供专利权、商标权、著作权、非专利技术以及其他特许权的使用权取得的所得。对于特许权使用费所得，其个人所得税应纳税额的计算公式如下。

(1) 每次收入不足 4 000 元的

$$应纳税额 = 应纳税所得额 \times 适用税率 \times (1-30\%) = (每次收入额 - 800) \times 20\%$$

(2) 每次收入在 4 000 元以上的

$$应纳税额 = 应纳税所得额 \times 适用税率 = 每次收入额 \times (1-20\%) \times 20\%$$

【例 6-7】

王某发明一项专利技术，2015 年 8 月转让给 A 公司，取得转让价 15 万元，计算其转让特许权使用费所得应纳的个人所得税。

【解析】

$$转让专利技术所得应纳个人所得税税额 = 150\,000 \times (1-20\%) \times 20\% = 24\,000(元)$$

七、 利息、股息、红利所得应纳税额的计算

利息、股息、红利所得是指个人拥有债权、股权而取得的利息、股息、红利所得。计算缴纳个人所得税的方法是：以每次利息、股息、红利所得为应纳税所得额，适用 20%的税率。

计算公式如下。

$$应纳个人所得税额 = 应纳税所得额 \times 20\%$$

应注意的是，自 2008 年 10 月 9 日起，对储蓄存款利息所得暂免征收个人所得税。

【例 6-8】

张某年末取得单位集资款的利息收入 2 000 元，计算其应缴纳的个人所得税。

【解析】

应纳个人所得税额＝2 000×20％＝400(元)

八、财产租赁所得应纳税额的计算

财产租赁所得是指个人出租建筑物、土地使用权、机器设备、车船以及其他财产取得的所得，其个人所得税应纳税所得额的计算公式如下。

(1) 每次(月)收入不足 4 000 元的

应纳税所得额 = 每次(月)收入额 − 准予扣除项目 − 修缮费用(800 元为限) − 800 元

(2) 每次(月)收入超过 4 000 元的

应纳税所得额 =[每次(月)收入额 − 准予扣除项目 − 修缮费用(800 元为限)]×(1 − 20％)

财产租赁所得的个人所得税的适用税率为 20％，但对于个人按市场价格出租的居民住房取得的所得，自 2001 年 1 月 1 日起暂减按 10％的税率征收个人所得税。其应纳税额的计算公式如下。

应纳个人所得税额 = 应纳税所得额 × 适用税率

【例 6-9】

赵某于 2015 年 1 月将其自有的 120 平方米的房屋出租给王某，租期 1 年。赵某每月取得租金收入 4 500 元。3 月，因下水道堵塞找物业进行维修，发生修理费用 500 元，有物业的正式收据。不考虑其他税费，计算赵某全年的租金收入应缴纳的个人所得税。

【解析】

财产租赁收入以每月取得的收入为一次。

3 月应纳税额＝(4 500－500)×(1－20％)×10％＝320(元)

3 月外其他月应纳税额＝4 500×(1－20％)×10％＝360(元)

全年应纳税额＝360×11＋320＝4 280(元)

九、财产转让所得应纳税额的计算

财产转让所得是指个人转让有价证券、股权、建筑物、土地使用权、机器设备、车船以及其他财产取得的所得。其个人所得税应纳税额计算公式如下。

应纳个人所得税额＝ 应纳税所得额 × 20％

＝(每次转让财产收入额 − 财产原值 − 合理费用) × 20％

财产原值的确定，有以下几种情况：有价证券，财产原值为买入价以及买入时按照规定缴纳的有关费用；建筑物，为建造费或者购进价格以及其他有关费用；土地使用权，为取得土地使用权所支付的金额、开发土地的费用以及其他有关费用；机器设备、车船，为购进价格、运输费、安装费以及其他有关费用；其他财产原值，参照以上四种办法确定。

上述财产原值的确定，个人必须提供有关的合法凭证；对未能提供完整、准确的财产原值合法凭证而不能正确计算财产原值的，税务部门可根据当地实际情况核定其财产原值或实行核定征收。例如，房产转让，如果纳税人不能准确提供房产原值和有关税费凭证，无法确定房产原值时，税务机关可以综合考虑该项房产的坐落地、建造时间、当地房价、面积等因素，按房产转让收入额的一定比例核定征收个人所得税。

公式中的合理费用是指个人在卖出财产时按有关规定所支付的费用，如营业税及其附加、中介服务费、资产评估费等。

【例 6-10】

孙某建房一幢，造价为 56 000 元，支付相关税费 2 000 元。孙某转让房屋，售价为 100 000 元，在售房过程中，按规定支付交易费用等有关费用 2 500 元，计算孙某应纳个人所得税。

【解析】

应纳税所得额＝100 000－(56 000＋2 000)－2 500＝39 500(元)

应纳税额＝39 500×20％＝7 900(元)

小贴士

国家税务总局规定：2006 年 8 月 1 日起，房产转让时如果纳税人不能准确提供房产原值的，按转让收入的 1％征收个人所得税。

十、 偶然所得应纳税额的计算

偶然所得是指个人得奖、中奖、中彩以及其他偶然性质的所得。偶然所得以每次收入额为应纳税所得额，适用 20％的税率。计算公式如下。

$$应纳个人所得税额 = 应纳税所得额 \times 20\%$$

公式中的“应纳税所得额”是纳税人每次取得的收入，不扣除任何费用。

【例 6-11】

周某参加商场举办活动中奖，获得一台价值 6 000 元的计算机，计算其应缴纳的个人所得税。

【解析】

应纳个人所得税额＝6 000×20％＝1 200(元)

十一、 其他所得应纳税额的计算

其他所得适用 20％的比例税率。计算公式如下。

$$应纳税额 = 应纳税所得额 \times 20\%$$

公式中的“应纳税所得额”是纳税人的每次收入额。

第三节 个人所得税的账务处理

一、 工资、薪金所得应纳个人所得税的账务处理

企业作为个人所得税的扣缴义务人，应按规定扣缴职工应缴纳的个人所得税。单位代扣代缴的个人所得税税款应通过“应付职工薪酬”和“应交税费——应交个人所得税”两个

科目进行核算。

会计分录如下。

(1) 代扣职工个人所得税时

借：应付职工薪酬——工资

　　贷：应交税费——应交个人所得税

(2) 实际缴纳个人所得税时

借：应交税费——应交个人所得税

　　贷：银行存款

【例 6-12】

某企业 2016 年 6 月为职工薛某发放工资 9 000 元，当月个人承担住房公积金、基本养老保险金、医疗保险金、失业保险金共计 1 000 元，费用扣除额为 3 500 元，做出该公司 6 月应缴纳个人所得税的会计处理。

【解析】

$$应纳税所得额=9\,000-1\,000-3\,500=4\,500(元)$$

$$应纳个人所得税额=4\,500\times10\%-105=345(元)$$

会计分录如下。

(1) 支付工资时，计算应代扣代缴个人所得税额

借：应付职工薪酬——工资	9 000	
贷：应交税费——应交个人所得税		345
其他应付款		1 000
银行存款		7 655

(2) 缴纳个人所得税时

借：应交税费——应交个人所得税	345	
贷：银行存款		345

二、个体工商户的生产、经营所得应纳个人所得税的账务处理

个体工商户的生产、经营所得的个人所得税应通过“所得税费用”和“应交税费——应交个人所得税”两个科目进行核算。

【例 6-13】

某个体饭店 2016 年 3 月，应交个人所得税 11 023 元，做出账务处理。

【解析】

(1) 计提应纳个人所得税时

借：所得税费用	11 023	
贷：应交税费——应交个人所得税		11 023

(2) 缴纳个人所得税时

借：应交税费——应交个人所得税	11 023	
贷：银行存款		11 023

三、对企事业单位的承包经营、承租经营所得个人所得税的账务处理

对企事业单位的承包经营、承租经营所得可分为以下三种情况。

(1) 承包人、承租人对企业经营成果不拥有所有权,仅是按合同(协议)规定取得一定所得的,其所得按工资、薪金所得项目征税,适用3%～45%的七级超额累进税率。

这种情况的账务处理方法同工资、薪金所得应纳个人所得税的账务核算。

(2) 承包人、承租人按合同(协议)的规定只向发包、出租方缴纳一定费用后,企业经营成果归其所有的,承包、承租人取得的所得,按对企事业单位的承包经营、承租经营所得项目征税,适用5%～35%的五级超额累进税率。

这种情况应由承包人、承租人自行申报缴纳个人所得税,发包方、出租方不做扣缴所得税的会计分录。

(3) 企业实行个人承包经营、承租经营后,如工商登记改变为个体工商户的,应依照个体工商户的生产、经营所得项目计征个人所得税,不再征收企业所得税。

四、企业支付劳务报酬、特许权使用费、稿费、财产租赁费时个人所得税的账务处理

企业支付给个人的劳务报酬、特许权使用费、稿费、财产租赁费,一般支付单位应作为扣缴义务人向纳税人扣留税款,并记入该企业的有关费用账户。

会计分录如下。

(1) 代扣个人所得税时

借：管理费用、财务费用、销售费用等

　　贷：应交税费——应交个人所得税

　　　　银行存款、库存现金等

(2) 实际缴纳个人所得税时

借：应交税费——应交个人所得税

　　贷：银行存款

【例6-14】

某企业支付给外单位李工程师设计费6 000元,做出其应缴纳个人所得税的会计处理。

【解析】

$$应纳个人所得税额=6\,000\times(1-20\%)\times20\%=960(元)$$

会计分录如下。

(1) 企业支付劳务报酬时

借：管理费用　　6 000

　　贷：应交税费——应交个人所得税　　960

　　　　库存现金　　5 040

(2) 企业实际缴纳个人所得税时

借：应交税费——应交个人所得税　　960

　　贷：银行存款　　960

五、企业支付利息、股息、红利所得时个人所得税的账务处理

企业向个人支付利息、股息、红利所得时，应代扣代缴个人所得税。

【例 6-15】

某企业 2015 年向员工集资用于本企业扩大再生产，按约定于年末向员工支付集资款的利息 200 000 元，做出 2015 年年底应缴纳个人所得税的会计处理。

【解析】

应纳个人所得税额＝200 000×20%＝40 000(元)

会计分录如下。

(1) 支付利息时

借：财务费用　　200 000

　贷：应交税费——应交个人所得税　　40 000

　　银行存款　　160 000

(2) 实际缴纳税款时

借：应交税费——应交个人所得税　　40 000

　贷：银行存款　　40 000

第四节　个人所得税的纳税申报

由于我国的个人所得税目前实行分类征收制，不同所得的纳税申报内容也就有所不同，因此，国家税务总局共制定了 12 种纳税申报表，以适应不同纳税所得的申报。本书只对"扣缴个人所得税报告表"作简要说明。该表的具体格式，如表 6-5 所示。

表 6-5　扣缴个人所得税报告表

税款所属期：　　年　月　日至　年　月　日

扣缴义务人名称：　　　　扣缴义务人所属行业：□一般行业　□特定行业月份申报

扣缴义务人编码：□□□□□□□□□□□□□□□□□□

金额单位：人民币元（列至角分）

序号	姓名	身份证件类型	身份证件号码	所得项目	所得期间	收入额	免税所得	税前扣除项目								减除费用	准予扣除的捐赠额	应纳税所得额	税率%	速算扣除数	应纳税额	减免税额	应扣缴税额	已扣缴税额	应补(退)税额	备注
								基本养老保险费	基本医疗保险费	失业保险费	住房公积金	财产原值	允许扣除的税费	其他	合计											
1	2	3	4	5	6	7	8	9	10	11	12	13	14	15	16	17	18	19	20	21	22	23	24	25	26	27
合计																										

谨声明：此扣缴报告表是根据《中华人民共和国个人所得税法》及其实施条例和国家有关税收法律法规规定填写的，是真实的、完整的、可靠的。

法定代表人（负责人）签字：　　年　月　日

扣缴义务人公章： 经办人：	代理机构（人）签章： 经办人： 经办人执业证件号码：	主管税务机关受理专用章： 受理人：
填表日期：　年　月　日	代理申报日期：　年　月　日	受理日期：　年　月　日

国家税务总局监制

《扣缴个人所得税报告表》填表说明如下。

1. 适用范围

本表适用于扣缴义务人办理全员全额扣缴个人所得税申报(包括向个人支付应税所得,但低于减除费用、不需扣缴税款情形的申报),以及特定行业职工工资、薪金所得个人所得税的月份申报。

2. 申报期限

次月15日内。扣缴义务人应于次月15日内将所扣税款缴入国库,并向税务机关报送本表。扣缴义务人不能按规定期限报送本表时,应当按照《中华人民共和国税收征收管理法》及其实施细则有关规定办理延期申报。

3. 本表各栏填写方法

(1) 一般行业的填写

① 第2列"姓名":填写纳税人姓名。中国境内无住所个人,其姓名应当用中、外文同时填写。

② 第3列"身份证件类型":填写能识别纳税人唯一身份的有效证照名称。

a. 中国居民,填写身份证、军官证、士兵证等证件名称。

b. 在中国境内无住所的个人,如果税务机关已赋予18位纳税人识别号的,填写"税务机关赋予";如果税务机关未赋予的,填写护照、港澳居民来往内地通行证、台湾居民来往内地通行证等证照名称。

③ 第4列"身份证件号码":填写能识别纳税人唯一身份的有效证照上的号码。

a. 中国居民,填写身份证、军官证、士兵证等证件上的号码。

b. 在中国境内无住所的纳税人,如果税务机关已赋予18位纳税人识别号的,填写该号码;如果税务机关未赋予的,填写护照、港澳居民来往内地通行证、台湾居民来往内地通行证等证照上的号码。

税务机关赋予境内无住所个人的18位纳税人识别号,作为其唯一身份识别码,由纳税人到主管税务机关办理初次涉税事项,或扣缴义务人办理该纳税人初次扣缴申报时,由主管税务机关赋予。

④ 第5列"所得项目":按照《税法》第二条规定的项目填写。同一纳税人有多项所得(包括兼有不同项目的劳务报酬所得)的,应分行填写、分别减除费用、计算缴纳个人所得税。

⑤ 第6列"所得期间":填写扣缴义务人支付所得月份的起、止日期。

⑥ 第7列"收入额":填写扣缴义务人支付给纳税人的全部收入额。保险营销员、证券经纪人应填列全部佣金收入,律师从业人员应填列全部分成收入。所得项目选择"内退补偿收入"时,其补偿收入应与当月工资、薪金收入合并填入该列。

⑦ 第8列"免税所得":是指《税法》第四条及税收规范性文件规定可以免纳个人所得税的所得。

⑧ 第9列~第16列"税前扣除项目":是指按照税法及税收规范性文件规定,可在个人所得税前扣除的项目。

a. 第9列~第12列,填写按照税法及其实施条例规定允许在税前扣除的"三险一金",

超过部分不得填列。

b. 第13列"财产原值",该栏适用于所得项目为"财产转让所得"的填写。

c. 第14列"允许扣除的税费",该栏适用于所得项目为"劳务报酬所得、特许权使用费所得、财产租赁所得和财产转让所得"的填写。

其中:所得项目为"劳务报酬所得"的,填写劳务发生过程中实际缴纳的税费;

所得项目为"特许权使用费所得"的,填写提供特许权过程中发生的中介费和相关税费;

所得项目为"财产租赁所得"的,填写修缮费和出租财产过程中发生的相关税费;

所得项目为"财产转让所得"的,填写转让财产过程中发生的合理税费。

d. 保险营销员、证券经纪人的展业成本,律师从业人员从分成收入中扣除的案件支出费用,企业年金、全年一次性奖金可以减除的当月工资、薪金收入与费用扣除标准之间的差额,填入"其他"列。

⑨ 第17列"减除费用":是指《税法》第六条及税收规范性文件规定可以在税前减除的费用。

⑩ 第18列"准予扣除的捐赠额":是指按照税法及其实施条例和税收规范性文件规定,可以在税前扣除的捐赠额。

⑪ 第19列"应纳税所得额":根据相关列次计算填报。

第19列＝第7列－第8列－第16列－第17列－第18列

⑫ 第20列"税率%"及第21列"速算扣除数":按照税法第三条及税收规范性文件的规定填写。

⑬ 第22列"应纳税额":根据相关列次计算填报。

第22列＝第19列×第20列－第21列

⑭ 第23列"减免税额":是指按照税法及税收规范性文件规定可以减免的税额。其中,纳税人取得"稿酬所得"时,其根据《税法》第三条规定可按应纳税额减征的30%,填入此栏。

⑮ 第24列"应扣缴税额":根据相关列次计算填报。

第24列＝第22列－第23列

⑯ 第25列"已扣缴税额":是指扣缴义务人当期实际扣缴的个人所得税税款。

⑰ 第26列"应补(退)税额":根据相关列次计算填报。

第26列＝第24列－第25列

⑱ 第27列"备注":填写非本单位雇员、非本期收入及其他有关说明事项。

⑲ 对不是按月发放的工资、薪金所得,其适用"工资、薪金所得"个人所得税的填报,则不完全按照上述逻辑关系填写。

(2) 特定行业月份申报的填写

① 第2列～第6列的填写:同上"一般行业"的填写。

② 第7列～第19列、第22列～第26列的数据口径同上"一般行业"对应项目,金额按以下原则填写:

a. 第7列"收入额":是指本期支付给纳税人的全部收入额。

b. 第8列～第16列的填写:填写本期实际发生额。

c. 第17列“减除费用”：是指《税法》第六条及税收规范性文件规定可以在税前减除的费用。

d. 第18列“准予扣除的捐赠额”：是指按照税法及其实施条例和税收规范性文件规定，可以在税前扣除的捐赠额。计算基数以纳税人捐赠当月的应纳税所得额计算。

e. 第19列“应纳税所得额”：根据相关列次计算填报。

第19列＝第7列－第8列－第16列－第17列－第18列

f. 第20列“税率％”及第21列“速算扣除数”：按照《税法》第三条及税收规范性文件规定填写。

g. 第22列“应纳税额”：为预缴所得税额，根据相关列次计算填报。

第22列＝第19列×第20列－第21列

本章小结

本章介绍了个人所得税的概念以及征税范围，阐述了计算个人所得税应纳税额的各种计算方法及相应的会计核算方法，并对如何进行纳税申报进行了讲解。

练习题

一、单项选择题

1. 2015年10月，某中国居民因出租一套自有检测设备，取得租金收入5 000元，设备原值10万元。根据规定，其应纳个人所得税为(　　)元(不考虑其他税费)。

A. 400　　B. 420　　C. 800　　D. 1 000

2. 下列在中国境内无住所的人员中，属于中国居民纳税人的是(　　)。

A. 外籍个人甲于2015年8月1日入境，2015年10月1日离境
B. 外籍个人乙于2015年来华学习180日
C. 外籍个人丙于2015年1月1日入境，2015年12月31日离境
D. 外籍个人丁于2015年1月1日入境，2015年10月20日离境

3. 在中国境内有住所的个人，应就(　　)所得在我国缴纳个人所得税。

A. 来源于中国境内的所得　　B. 来源于中国境外的所得
C. 来源于中国境内外的所得　　D. 不需要缴纳个人所得税

4. 下列所得应缴纳个人所得税的是(　　)。

A. 离退休工资　　B. 企业债券利息
C. 国债利息　　D. 保险赔款

二、多项选择题

1. 个人所得税的纳税义务人包括(　　)。

A. 个体工商户　　B. 个人独资企业投资者
C. 有限责任公司　　D. 在中国境内有所得的外籍个人

2. 下列征收个人所得税的奖项有(　　)。

A. 电台有奖竞猜中奖　　B. 体育奖券中奖

C. 福利奖票中奖　　D. 商场抽奖中奖

E. 有奖储蓄中奖

三、计算题

1. 某公民个人 2016 年 4 月，取得工资收入 6 000 元，稿酬收入 2 800 元，投资分红收入 500 元。计算本月该公民应纳的个人所得税。

2. 某企业 2016 年 3 月聘请一名会计教授讲授专业课 4 次，讲课酬金分次支付，每次支付 1 200 元。计算该会计教授应纳的个人所得税。

第七章 其他税种会计

学习重点

1. 熟悉资源税、印花税、土地增值税、城建税及教育费附加等税种的概念；
2. 掌握其他税种应纳税额的计算及会计核算；
3. 熟悉其他税种的纳税申报。

引例

陕西某新开办公司，注册资金100万元，设立新账，同时与北京A公司签订供销合同50万元，企业应如何缴纳印花税？

第一节 资源税的会计核算

一、资源税概述

资源税是对在我国境内开采应税矿产品和盐资源征收的一种税。我国现行资源税属于级差资源税，对因资源储存状况、开采条件、资源优劣和地理位置等现实客观差别所产生的级差收益通过实施差别税额标准予以调节。

(一) 资源税的纳税义务人和征税范围

资源税的纳税义务人(以下简称纳税人)为在我国境内开采税法规定的矿产品或者生产盐(以下简称开采或者生产应税产品)的单位和个人。这里所说的单位是指国有企业、集体企业、私营企业、股份制企业、其他企业和行政单位、事业单位、军事单位、社会团体及其他单位；这里所说的个人，是指个体经营者和其他个人。

此外，按照税法规定，收购应税矿产品的单位为资源税扣缴义务人，包括独立矿山、联合企业以及其他收购应税矿产品的单位。规定资源税的扣缴义务人目的是对零星、分散、不定期开采的行为加强征收管理，避免漏税。对零星、分散开采的应税矿产品由扣缴义务人在收购矿产品时代扣代缴资源税。

中外合作开采石油和天然气的企业按现行规定只征收矿区使用费，故这类企业不是资源税的纳税人。资源税的征税范围包括矿产品、盐资源、地表水和地下水。

(二) 资源税的税目征税办法

我国的资源税目前大多采用从价定率计征的办法进行征收。原油、天然气、煤炭、稀土、钨、钼、金属矿、大部分非金属矿实行从价定率计征。地表水和地下水、黏土、砂石等少数矿产品，实行从量定额计征。资源税税目、税额幅度如表7-1所示。

表 7-1　资源税税目、税额幅度

序号	税目		征税对象	税率幅度
1	金属矿	铁矿	精矿	1%～6%
2		金矿	金锭	1%～4%
3		铜矿	精矿	2%～8%
4		铝土矿	原矿	3%～9%
5		铅锌矿	精矿	2%～6%
6		镍矿	精矿	2%～6%
7		锡矿	精矿	2%～6%
8		未列举名称的其他金属矿产品	原矿或精矿	税率不超过 20%
9	非金属矿	石墨	精矿	3%～10%
10		硅藻土	精矿	1%～6%
11		高岭土	原矿	1%～6%
12		萤石	精矿	1%～6%
13		石灰石	原矿	1%～6%
14		硫铁矿	精矿	1%～6%
15		磷矿	原矿	3%～8%
16		氯化钾	精矿	3%～8%
17		硫酸钾	精矿	6%～12%
18		井矿盐	氯化钠初级产品	1%～6%
19		湖盐	氯化钠初级产品	1%～6%
20		提取地下卤水晒制的盐	氯化钠初级产品	3%～15%
21		煤层(成)气	原矿	1%～2%
22		黏土、砂石	原矿	每吨或立方米 0.1～5 元
23		未列举名称的其他非金属矿产品	原矿或精矿	从量税率每吨或立方米不超过 30 元；从价税率不超过 20%
24	海盐		氯化钠初级产品	1%～5%

鉴于各地区存在资源条件、经济发展水平差异，为避免统一税率造成企业结构性负担增加，此次改革由中央统一规定了矿产品的税率幅度。在规定的税率幅度内，省级人民政府可对主要应税产品提出具体适用税率建议，报财政部、国家税务总局确定核准后实施。

(三) 资源税的减免

符合下列情况之一的，减征或者免征资源税：开采原油过程中用于加热、修井的原油，免税；纳税人开采或者生产应税产品过程中，因意外事故、自然灾害等不可抗拒的原因遭受重大损失的，由省、自治区、直辖市人民政府酌情给予减税或免税照顾；对独立矿山应纳的铁矿石资源税，减征 40%，即按规定税额标准的 60%纳税(从 2006 年 1 月 1 日起)。

(1) 对依法在建筑物下、铁路下、水体下通过充填开采方式采出的矿产资源，资源税减征 50%。

充填开采是指随着回采工作面的推进，向采空区或离层带等空间充填废石、尾矿、废渣、建筑废料以及专用充填合格材料等采出矿产品的开采方法。

(2) 对实际开采年限在 15 年以上的衰竭期矿山开采的矿产资源，资源税减征 30%。

衰竭期矿山是指剩余可采储量下降到原设计可采储量的 20%(含)以下或剩余服务年限不超过 5 年的矿山，以开采企业下属的单个矿山为单位确定。

(3) 对鼓励利用的低品位矿、废石、尾矿、废渣、废水、废气等提取的矿产品，由省级人民政府根据实际情况确定是否给予减税或免税。

纳税人用已纳资源税的应税产品进一步加工应税产品销售的，不再缴纳资源税。纳税人以未税产品和已税产品混合销售或者混合加工为应税产品销售的，应当准确核算已税产品的购进金额，在计算加工后的应税产品销售额时，准予扣减已税产品的购进金额；未分别核算的，一并计算缴纳资源税。

(4) 国务院规定的其他减税、免税项目：纳税人的减税、免税项目，应单独核算课税数量。未单独核算课税数量或者不能准确提供课税数量，均不得给予减税、免税。

(四) 资源税的计算

1. 资源税的计税依据

资源税从量定额征收，其计税依据是课税数量。资源税从价征收，其计税依据是销售额。

销售额是指纳税人销售应税产品向购买方收取的全部价款和价外费用，不包括增值税销项税额和运杂费用。

运杂费用是指应税产品从坑口或洗选(加工)地到车站、码头或购买方指定地点的运输费用、建设基金以及随运销产生的装卸、仓储、港杂费用。运杂费用应与销售额分别核算，凡未取得相应凭据或不能与销售额分别核算的，应当一并计征资源税。

纳税人开采或者生产不同税目的应税产品，应当分别核算；不能准确提供不同税目应税产品的课税数量的，从高适用税率。

2. 资源税应纳税额的计算

资源税应纳税额应以人民币为计算单位，按应税产品的课税数量和规定的单位税额进行计算，具体计算公式如下。

$$应纳税额 = 销售额 \times 税率$$

或

$$应纳税额 = 课税数量 \times 单位税额$$

扣缴义务人代扣代缴资源税的计算公式为

$$代扣代缴应纳税额 = 收购应税矿产品的数量 \times 适用的单位税额$$

(五) 关于资源税纳税环节和纳税地点

资源税在应税产品的销售或自用环节计算缴纳。以自采原矿加工精矿产品的，在原矿移送使用时不缴纳资源税，在精矿销售或自用时缴纳资源税。

纳税人以自采原矿加工金锭的，在金锭销售或自用时缴纳资源税。纳税人销售自采原矿或者自采原矿加工的金精矿、粗金，在原矿或者金精矿、粗金销售时缴纳资源税，在移送使用时不缴纳资源税。

以应税产品投资、分配、抵债、赠予、以物易物等，视同销售，依照本通知有关规定计算缴纳资源税。

纳税人应当向矿产品的开采地或盐的生产地缴纳资源税。纳税人在本省、自治区、直辖市范围开采或者生产应税产品，其纳税地点需要调整的，由省级地方税务机关决定。

二、资源税的会计核算

(一) 科目设置

企业缴纳的资源税，通过"应交税费——应交资源税"科目进行核算。该科目贷方反映企业应缴纳的资源税税额；借方反映企业已经缴纳或允许抵扣的资源税税额；余额在贷方表示企业应交而未交的资源税税额。

(二) 资源税的会计处理方法

1. 企业销售应税产品的会计处理

月份终了，企业计算出对外销售产品应纳的资源税时，作如下会计分录。

借：主营业务税金及附加

　　贷：应交税费——应交资源税

企业按规定实际缴纳资源税税款时，应作如下会计分录。

借：应交税费——应交资源税

　　贷：银行存款

2. 企业自产自用应税产品的会计处理

对企业自产自用应税产品，其应纳资源税的会计处理与销售应税产品会计处理有所不同，即其应缴纳的税金不计入产品销售税金，而是计入产品的生产成本，作如下会计分录。

借：生产成本或制造费用

　　贷：应交税费——应交资源税

企业按规定实际缴纳资源税应纳税款时，作如下会计分录。

借：应交税费——应交资源税

　　贷：银行存款

3. 收购应税矿产品代扣代缴资源税的会计处理

为加强资源税的征管，税法针对税源小、零散、不定期开采、易漏税等情况，由收购应税矿产品的单位在收购时代扣代缴资源税。企业在收购应税矿产品时，按实际支付的收购款，作如下会计分录。

借：材料采购

　　贷：现金或银行存款

按代扣代缴的资源税税额，作如下会计分录。

借：材料采购

　　贷：应交税费——应交资源税

企业按规定缴纳代扣的资源税时，作如下会计分录。

借：应交税费——应交资源税

　　贷：银行存款

4. 收购液体盐加工固体盐的会计处理

按照税法规定，纳税人以外购的液体盐加工固体盐，其加工固体盐所耗用的液体盐的已纳税额准予扣除。企业在购入液体盐时，作如下会计分录。

借：应交税费——应交资源税

　　材料采购

　　贷：银行存款

企业将液体盐加工成固体盐出售时，按计算出的固体盐应缴纳的资源税，作如下会计分录。

借：主营业务税金及附加

　　贷：应交税费——应交资源税

企业按规定缴纳税金时，应按销售固体盐应纳资源税税额抵扣液体盐已纳资源税税额后的余额，作如下会计分录。

借：应交税费——应交资源税

　　贷：银行存款

5. 纳税人与税务机关结算税款时补缴或退税的会计处理

按照规定，纳税人以 1 日、3 日、5 日、10 日或者 15 日为一期纳税的，自期满之日起 5 日内预缴税款，于次月 1 日起 10 日内申报纳税并结算上月税款。纳税人与税务机关结算上月税款时，对于少缴的税款，应于补缴时作如下会计分录。

借：应交税费——应交资源税

　　贷：银行存款

对于多缴的税款，按规定可于下月退回或者抵缴。实际退回税款时，作如下会计分录。

借：银行存款

　　贷：应交税费——应交资源税

【例 7-1】

某油田 2016 年 2 月向外销售原油 1 000 000 元。原油的资源税税率为 6%。做出相应的会计分录。

【解析】

应缴资源税税额＝1 000 000×6%＝60 000(元)

应作如下会计分录。

借：主营业务税金及附加　　60 000

　　贷：应交税费——应交资源税　　60 000

实际上缴税款时，作如下会计分录。

借：应交税费——应交资源税　　60 000

　　贷：银行存款　　60 000

【例 7-2】

松山天然气公司 2016 年 2 月对外销售天然气 450 000 元，生产自用天然气 150 000 元。该天然气资源税税率为 6%，试计算该企业当月应纳资源税，并做出相应的会计分录。

【解析】

销售天然气应纳税额＝450 000×6%＝27 000(元)

自用天然气应纳税额＝150 000×6%＝9 000(元)

借：主营业务税金及附加　　27 000

　　贷：应交税费——应交资源税　　27 000

借：生产成本　　9 000

　　贷：应交税费——应交资源税　　9 000

借：应交税费——应交资源税　　36 000

　　贷：银行存款　　36 000

三、资源税的纳税申报

以例 7-2 为例，资源税纳税申报表填制如表 7-2 所示。

表 7-2　资源税纳税申报表

（按从价定率办法计算应纳税额的纳税人适用）

税款所属期限：自　　年　月　日至　　年　月　日

填表日期：　　年　月　日

金额单位：元至分角

纳税人：

识别号：

栏次	征收品目	征收子目	销售量	销售额	折算率	适用税率或实际征收率	本期应纳税额	减征比例	本期减免税额	减免性质代码	本期已纳税额	本期应补(退)税额
	1	2	3	4	5	6	7	8	9＝7×8	10	11	12＝7－9－11
	天然气			600 000		6%	36 000					36 000
合计	天然气			600 000		6%	36 000					36 000

以下由纳税人填写：

纳税人声明	此纳税申报表是根据《中华人民共和国资源税暂行条例》及其实施细则的规定填报的，是真实的、可靠的、完整的。				
纳税人签章		代理人签章		代理人身份证号	

以下由税务机关填写：

受理人		受理日期	年　月　日	受理税务机关签章	

注：本表一式两份，一份纳税人留存，一份税务机关留存。

小贴士

在欧洲的瑞士和奥地利两国交界的山谷中有个"袖珍国家"——列支敦士登，全国仅有27 000人。这个小国政治稳定，经济繁荣，外国公司在此设立的办事机构多达7 000多家，缴纳的税收占全国财政收入将近一半，再加上每年10万人次旅游者的观光收入，合计占全国总收入的80%以上。这种靠外国人交税拿钱养活的国家，在世界上是十分罕见的。

摘自：中华会计网．http://www.chinaacc.com/

第二节 印花税的会计核算

一、印花税概述

印花税是对经济活动和经济交往中书立、领受应税凭证的行为征收的一种行为税。

(一) 印花税的征税范围和纳税人

1. 印花税的征税范围

凡是在我国境内书立、领受和在我国境外书立，但在我国境内具有法律效力，受中国法律保护的凭证，都属于印花税的征税范围。具体包括以下情形。

(1) 经济合同以及具有合同性质的凭证

税法列举的应税合同有：购销合同、加工承揽合同、建设工程承包合同、财产租赁合同、货物运输合同、仓储保管合同、借款合同、财产保险合同、技术合同等；具有合同性质的凭证是指具有合同效力的协议、契约、合约、单据、确认书及其他各种名称的凭证。

(2) 产权转移书据

产权转移书据是指单位和个人产权的买卖、继承、赠予、交换、分割等所立的书据。包括财产所有权和版权、商标专用权、专利权、专有技术使用权等转移书据。

(3) 营业账簿

营业账簿是指单位或者个人记载生产经营活动的财务会计核算账簿，包括日记账簿和各明细分类账簿。可分为记载资金的账簿和其他账簿。所谓记载资金的账簿是指载有固定资产原值和自有流动资金的总分类账簿，或者专门设置的载有固定资产原值和自有流动资金的账簿；其他账簿是指除上述账簿以外的账簿，包括日记账簿和各明细分类账簿。记载资金的账簿贴花，计税依据为"实收资本"与"资本公积"两项合计金额。

(4) 权利、许可证照

权利、许可证照包括：政府部门发给的房屋产权证、工商营业执照、商标注册证、专利证、土地使用证等。

(5) 其他凭证

经财政部确定征税的其他凭证。

2. 印花税的纳税人

凡是在我国境内书立、领受条例所列举凭证的单位和个人，都是印花税的纳税人，应当按规定缴纳印花税。印花税纳税义务人包括立合同人、立据人、立账簿人和领受人。在国外书立、领受,但在国内使用的应税凭证,其纳税人是使用人。对应税凭证,凡由两方或两方以上当事人共同书立的,其当事人各方都是印花税的纳税人。

(二) 印花税的税目和税率

1. 印花税的税目

印花税的税目是指印花税法明确规定的应当纳税的项目。现行印花税共有13个税目,具体如下。

(1) 购销合同。包括供应、预购、采购、购销结合及协作、调剂、补偿、贸易等合同。

(2) 测绘、加工承揽合同。包括加工、定做、修缮、修理、印刷、广告、测绘、测试等合同。

(3) 建设工程勘查设计合同。包括勘查、设计合同。

(4) 建筑安装工程承包合同。包括建筑物、安装工程承包合同。承包合同包括总承包合同、分包合同和转包合同。

(5) 财产租赁合同。包括租赁房屋、船舶、飞机、机动车辆、机械、器具、设备等合同,还包括企业、个人出租门店、柜台等签订的合同。

(6) 货物运输合同。包括民用航空、铁路运输、海上运输、公路运输和联运合同,以及作为合同使用的单据。

(7) 仓储保管合同。包括仓储、保管合同,以及作为合同使用的仓单、栈单等。

(8) 借款合同。银行及其他金融组织与借款人(不包括银行同业拆借)所签订的合同,以及只填开借据并作为合同使用、取得银行借款的借据。

(9) 财产保险合同。包括财产、责任、保证、信用保险合同,以及作为合同使用的单据。

(10) 技术合同。包括技术开发、转让、咨询、服务等合同,以及作为合同使用的单据。

(11) 产权转移书据。包括财产所有权和版权、商标专用权、专利权、专有技术使用权等转移书据。"财产所有权"转移书据的征税范围,是指经政府管理机关登记注册的动产、不动产的所有权转移所立的书据,以及企业股权转让所立的书据。

(12) 营业账簿。指单位或者个人记载生产经营活动的财务会计核算账簿。营业账簿按其反映内容的不同,可分为记载资金的账簿和其他账簿。

(13) 权利、许可证照。包括政府部门发给的房屋产权证、工商营业执照、商标注册证、专利证、土地使用证。

2. 印花税的税率

印花税的税率分为比例税率和定额税率两种形式。

(1) 比例税率

印花税的比例税率分为4个档次,分别是2‰、1‰、0.5‰、0.3‰、0.05‰。其中,适用0.05‰的税率为"借款合同";适用0.3‰的税率为"购销合同""建筑安装工程承包合同""技术合同";适用0.5‰的税率为"加工承揽合同""建设工程勘查设计合同""货物运输合同""产权转移书据""营业账簿"税目中记载资金的账簿;适用1‰的税率为"财产租赁合同""仓储保管合同""财产保险合同"。

(2) 定额税率

在印花税的13个税目中,专利、许可证照和营业账簿税目中的其他账簿,适用定额税率按件贴花,税额为每件5元。这些凭证不属于资金账或没有金额记载,采用定额税率按件纳税，便于纳税人缴纳以及税务机关征管。

(三) 印花税的计算

根据不同征税项目，印花税应纳税额的计算可以分别采用比例税率和定额税率两种形式。

1. 按比例税率计算

购销合同的计税金额是购销金额，加工承揽合同的计税依据是加工或承揽收入的金额，未记载金额的应税凭证，应该根据物价部门规定的价格计算确定计税金额，对于物价部门未规定价格的应税凭证，应根据凭证书立时的市场价格确定计税金额。其计算公式如下。

$$应纳税额 = 计税金额 \times 适用税率$$

2. 按定额税率计算

实行从量定额计税的其他营业账簿和权利、许可证照，以计税数量为计税依据。其计算公式如下。

$$应纳税额 = 定额税率(5\text{元}) \times 计税件数$$

二、 印花税的会计核算

企业缴纳的印花税，由纳税人在书立、领受或使用应税凭证时自行计算应交税额，自行到税务机关购买税票，自行贴花并自行注销来完成纳税义务，不会形成税款债务，因此可以不通过“应交税费”科目进行核算。

纳税人一次购买税票数额不大的，可直接记入管理费用，购买印花税票时，借记“管理费用”账户，贷记“银行存款”账户。

【例 7-3】

某企业 2016 年 3 月承包了一项安装工程，承包合同金额 300 万元，试计算印花税应纳税额并编制会计分录。

【解析】

签订安装工程承包合同应按承包合同金额的 0.3‰贴花：

$$应纳税额 = 3\,000\,000 \times 0.3‰ = 900\ (\text{元})$$

会计分录如下。

借：管理费用　　900

　　贷：银行存款　　900

三、 印花税的纳税申报

1. 印花税票及其管理

印花税票是缴纳印花税的完税凭证，由国家税务总局负责监制。其票面金额以人民币为单位，分为壹角、贰角、伍角、壹元、贰元、伍元、拾元、伍拾元、壹佰元 9 种。

印花税票为有价证券，凡需购买印花税票的人，必须到主管税务机关指定的代售点购买，不得擅自向非指定的代售点购买，对非指定的代售点上门兜售税票的，应拒绝购买，并报告主管税务机关。

2. 汇总缴纳的有关规定

对同一种类应纳税凭证，其应税额达到限定标准的，可经税务机关批准汇总缴纳印花税，并发给汇缴许可证。汇总缴纳的限期限额由税务机关确定，但最长期限不得超过一个月。

凡汇总缴纳印花税的凭证，应加注税务机关指定的汇缴戳记，编号装订成册后，将已贴印花税票或者印花税收讫专用证的一联黏附册后，盖章注销，保存备查。

3. 印花税纳税申报表

以例 7-3 为例，印花税纳税申报表的填制如表 7-3 所示。

表 7-3 印花税纳税申报（报告）表

税款所属期限：自　　年　　月　　日至　　年　　月　　日

填表日期：　　年　　月　　日　　　　金额单位：元（至角分）

纳税人识别号 □□□□□□□□□□□□□□□□□□□□

纳税人信息	名称			
	登记注册类型		所属行业	
	身份证件类型		身份证件号码	
	联系方式			

应税凭证	计税金额或件数	核定征收		适用税率	本期应纳税额	本期已缴税额	本期减免税额		本期应补（退）税额
		核定依据	核定比例				减免性质代码	减免额	
	1	2	3	4	5＝1×4＋2×3×4	6	7	8	9＝5－6－8
购销合同				0.3‰					
加工承揽合同				0.5‰					
建设工程勘查设计合同				0.5‰					
建筑安装工程承包合同				0.3‰					
财产租赁合同				1‰					
货物运输合同				0.5‰					
仓储保管合同				1‰					
借款合同				0.05‰					
财产保险合同				1‰					
技术合同				0.3‰					
产权转移书据				0.5‰					
营业账簿（记载资金的账簿）				0.5‰					
营业账簿（其他账簿）				5					
权利、许可证照		—		5					
合计	—	—		—					

以下由纳税人填写：

纳税人声明	此纳税申报表是根据《中华人民共和国印花税暂行条例》和国家有关税收规定填报的，是真实的、可靠的、完整的。				
纳税人签章		代理人签章		代理人身份证号	

以下由税务机关填写：

受理人		受理日期	年　月　日	受理税务机关签章	

注：本表一式两份，一份纳税人留存，一份税务机关留存。

减免性质代码：减免性质代码按照税务机关最新制发的减免税政策代码表中的最细项减免性质代码填报。

第三节 车辆购置税的会计核算

一、车辆购置税概述

车辆购置税是对在我国境内购买、进口、自产、受赠、获奖或以其他方式取得并自用应税车辆的单位和个人征收的一种税。其目的是筹集交通基础设施维护和建设资金，促进汽车业及道路、水路等相关事业的健康发展。

（一）车辆购置税的纳税人

在我国境内购置应税车辆的单位和个人是车辆购置税的纳税人，应当缴纳车辆购置税。“购置”包括购买、进口、自产、受赠、获奖或者以其他方式取得并自用应税车辆的行为。

“单位”包括国有企业、集体企业、私营企业、股份制企业、外商投资企业、外国企业以及其他企业和事业单位、社会团体、国家机关、部队以及其他单位。“个人”包括个体工商户以及其他个人。

（二）车辆购置税的征税范围及计税依据

车辆购置税的征税范围包括各类汽车、各类摩托车，电车（有轨、无轨）、挂车（全挂、半挂）、农用运输车（三轮、四轮）。

车辆购置税的计税价格根据不同情况，按照下列规定确定。

（1）纳税人购买自用的应税车辆的计税价格，为纳税人购买应税车辆而支付给销售者的全部价款和价外费用，不包括增值税税款。

（2）纳税人进口自用的应税车辆的计税价格的计算公式为

计税价格＝关税完税价格＋关税＋消费税

（3）纳税人自产、受赠、获奖或者以其他方式取得并自用的应税车辆的计税价格，由主管税务机关参照最低计税价格核定。国家税务总局参照应税车辆市场平均交易价格，规定不同类型应税车辆的最低计税价格。

（4）纳税人购买自用或者进口自用应税车辆，申报的计税价格低于同类型应税车辆的最低计税价格，又无正当理由的，按照最低计税价格征收车辆购置税。

（三）车辆购置税的免税

车辆免缴车辆购置税如下所示。

（1）外国驻华使馆、领事馆和国际组织驻华机构及其外交人员自用的车辆免税。

（2）军队和武装警察部队列入军队武器装备订货计划的车辆免税。

（3）设有固定装置的非运输车辆免税。

（4）国务院规定的其他减免税情形，按规定减免税。

（四）车辆购置税税率与应纳税额的计算

车辆购置税实行从价定率的办法计算应纳税额，车辆购置税的税率为10％。

应纳税额的计算公式如下。

应纳税额＝计税价格×10％

二、车辆购置税的会计核算

企业购置(包括购买、进口、自产、受赠、获奖或者以其他方式取得并自用)应税车辆，按规定缴纳的车辆购置税，或企业购置的减税、免税车辆改制后用途发生变化的，按规定应补交的车辆购置税，借记"固定资产"等科目，贷记"银行存款"或"应交税费——应交车辆购置税"科目。

【例 7-4】

某企业10月购进轿车一部，增值税专用发票所列价款为30万元，增值税税率为17%，增值税税额为51 000元。计算企业应缴纳的车辆购置税，并作会计处理。

【解析】

车辆购置税实行从价定率的办法计算应纳税额，车辆购置税的税率为10%，则：

应纳车辆购置税＝300 000×10%＝30 000(元)

10月作如下会计分录。

借：固定资产——轿车	381 000	
贷：银行存款、应付账款等		351 000
应交税费——应交车辆购置税		30 000

11月缴纳车辆购置税时，作如下会计分录。

借：应交税费——应交车辆购置税	30 000	
贷：银行存款		30 000

三、车辆购置税的纳税申报

纳税人自购买日、进口日、受赠、获奖等取得之日起60日内，应当向车辆登记注册地的主管税务机关申报纳税；购置不需要办理车辆登记注册手续的应税车辆，应当向纳税人所在地的主管税务机关申报纳税。

纳税人应当在向公安机关车辆管理机构办理车辆登记注册前，缴纳车辆购置税。纳税人只有持主管税务机关出具的完税证明或者免税证明，才可向公安机关车辆管理机构办理车辆登记注册手续；没有完税证明或者免税证明的，公安机关车辆管理机构不得办理车辆登记注册手续。

第四节　城镇土地使用税的会计核算

一、城镇土地使用税概述

城镇土地使用税是以城镇土地为征税对象，对拥有土地使用权的单位和个人按实际占用土地面积征收的一种税。开征城镇土地使用税可以调节不同地区、地段间的土地级差收入，加强国家对土地的管理，促进对土地资源的节约使用，还有利于合理调整国家与使用者之间的分配关系。

(一) 城镇土地使用税的征税范围和纳税人

1. 城镇土地使用税的征税范围

城镇土地使用税的征税范围包括在城市、县城、建制镇和工矿区内的国家所有和集体所有的土地。凡是在纳税范围内的土地(农业用地除外),不论国家或集体、单位或个人,只要是非农业用地,都应该缴纳城镇土地使用税。外商投资企业和外国企业也应按照规定缴纳城镇土地使用税。

2. 城镇土地使用税的纳税人

城镇土地使用税的纳税人是在我国境内承担纳税义务的所有单位和个人。拥有土地使用权的单位和个人不在土地所在地的,其土地的实际使用人和代管人为纳税人。

土地使用权未确定或权属纠纷未解决的,其实际使用人为纳税人。土地使用权共有的,共有各方都是纳税人,各方应以其实际使用的土地面积占总面积的比例,分别计算缴纳土地使用税。

(二) 城镇土地使用税的计税依据和税率

城镇土地使用税以纳税人实际占用的土地面积为计税依据,凡由省、自治区、直辖市人民政府确定的单位组织测定土地面积的,以测定的面积为准;未组织测量,但纳税人持有政府部门核发的土地使用证书的,以书面确认的土地面积为准;尚未核发土地使用证书的,应由纳税人申报土地面积,据以纳税,待核发土地使用证书后再作调整。

城镇土地使用税采用定额税率,并在一定幅度内确定差额税额。各省、自治区、直辖市人民政府可根据本地区经济发展状况在规定税额幅度内,确定所辖地区的适用税额幅度。经济落后地区可适当降低适用税额标准,但降低额不得超过规定最低税额的30%;经济发达地区的适用税额可适当提高,但需报财政部批准。

我国现行的城镇土地使用税税额幅度为

大城市1.5～30元;中等城市1.2～24元;小城市0.9～18元;县城、建制镇、工矿区0.6～12元。

(三) 城镇土地使用税的免税

下列用途的土地免缴城镇土地使用税。

(1) 国家机关、人民团体、军队自用的土地;

(2) 由国家财政部门拨付事业经费的单位自用的土地;

(3) 宗教寺庙、公园、名胜古迹自用的土地;

(4) 市政街道、广场、绿化地带等公共用地;

(5) 直接用于农、林、牧、渔业的生产用地;

(6) 经批准开山填海整治的土地和改造的废弃土地,从使用的月份起免缴土地使用税5～10年;

(7) 由财政部另行规定免税的能源、交通、水利设施用地和其他用地。

(四) 城镇土地使用税应纳税额的计算

城镇土地使用税应纳税额以纳税人实际使用的土地面积为依据,依照规定的税额,按

年计算，分期缴纳。其计算公式为

应纳税额＝实际占用应税土地面积(平方米)×适用税额

二、 城镇土地使用税的会计核算

核算城镇土地使用税的单位，应设置“应交税费——应交城镇土地使用税”科目。该账户贷方登记本期应缴纳的城镇土地使用税税额，借方登记企业实际缴纳或抵扣的城镇土地使用税税额，贷方余额表示企业应交未交的城镇土地使用税税额。

【例 7-5】

某厂占用土地面积为 80 000 平方米，其中厂办幼儿园占地 2 000 平方米，厂办医院占地 6 000 平方米。该厂当地政府核定单位土地税额为 8 元/平方米。试计算该厂年度应纳土地使用税税额，并作账务处理(税款按年一次缴纳)。

【解析】

厂办幼儿园、医院占地免征城镇土地使用税。

应纳城镇土地使用税税额＝(80 000－2 000－6 000)×8＝72 000×8＝576 000(元)

(1) 计提应交税款时

借：管理费用　　576 000

　　贷：应交税费——应交城镇土地使用税　　576 000

(2) 缴纳税款时

借：应交税费——应交城镇土地使用税　　576 000

　　贷：银行存款　　576 000

三、 城镇土地使用税的纳税申报

城镇土地使用税按年计算，分期缴纳。城镇土地使用税的纳税地点为土地所在地，由土地所在地的税务机关负责征收。缴纳期限由各省、自治区、直辖市人民政府确定。

纳税人应依照当地税务机关规定的期限，填写城镇土地使用税纳税申报表，将其占用土地的权属、位置、用途、面积和税务机关规定的其他内容，据实向当地税务机关办理纳税申报登记，并提供有关证明文件。

以例 7-5 为例，城镇土地使用税纳税申报表的填制如表 7-4 所示。

表 7-4　城镇土地使用税纳税申报表

税款所属期：自　　年　月　日至　　年　月　日　　填表日期：　　年　月　日

填表日期：　　年　月　日　　　　金额单位：元至角分；面积单位：平方米

纳税人识别号 □□□□□□□□□□□□□□□□□□□□

<table>
<tr><td rowspan="3">纳税人信息</td><td>名称</td><td></td><td>纳税人分类</td><td colspan="2">单位□
个人□</td></tr>
<tr><td>登记注册类型</td><td></td><td>所属行业</td><td colspan="2"></td></tr>
<tr><td>身份证照类型</td><td>身份证□　护照□
军官证□
其他______</td><td>联系人</td><td>联系方式</td><td></td></tr>
</table>

续表

	宗地的地号	土地等级	税额标准	土地总面积	计税月份数	本期应纳税额	减免性质代码	减免税总面积	本期减免税额	本期已缴税额	本期应补(退)税额
申报纳税信息			8	72 000		576 000					
	合计		8	72 000		576 000					

以下由纳税人填写：

纳税人声明	此纳税申报表是根据《中华人民共和国城镇土地使用税暂行条例》和国家有关税收规定填报的，是真实的、可靠的、完整的。				
纳税人签章		代理人签章		代理人身份证号	

以下由税务机关填写：

受理人		受理日期	年 月 日	受理税务机关签章	

小贴士

我国的房产税最早可追溯到周代的廛布。廛在古代是指一户人家所住的房屋，而布是古代的一种钱币。《周礼》载“掌敛廛布而入于泉府”就是指市邸房舍之税。

资料来源：中华会计网. http://www.chinaacc.com/

第五节 房产税的会计核算

一、房产税概述

房产税是指以房产为课税对象，以房产的价值或租金收入为计税依据征收的一种财产税。开征房产税可以加强对房产的管理，提高房产使用效率，控制固定资产投资规模，调节房产所有者和经营者的收入。

(一) 房产税的征税范围和纳税人

1. 房产税的征税范围

房产税的征税范围是城市、县城、建制镇和工矿区的房产。

城市是指国务院批准设立的市，其范围为市区、郊区和市辖县县城，不包括农村。县城是指县人民政府所在地的地区。建制镇是指经省、自治区、直辖市人民政府批准设立的建制镇，其范围为镇人民政府所在地，不包括所辖的行政村。工矿区是指工商业比较发达、人口比较集中、符合国务院规定的建制镇的大中型工矿企业所在地。

2. 房产税的纳税人

房产税的纳税人为城市、县城、建制镇和工矿区的房屋产权所有人。具体纳税人如下。

(1) 产权属于国家所有的,由经营管理的单位缴纳。

(2) 产权属于集体和个人所有的,由集体单位和个人缴纳。

(3) 产权出典的,由承典人缴纳。所谓产权出典,是指产权所有人将房屋、生产资料等的产权,在一定期限内典给他人使用,而取得资金的一种融资业务。由于在房屋出典期间,产权所有人已无权支配房屋,税法规定由承典人缴纳。

(4) 产权所有人、承典人不在房产所在地的,或产权未确定及租典纠纷未解决的,由房产代管人或者使用人缴纳。其中,承典人是指以押金形式并付出一定费用,在一定期限内享有房产的使用、收益权利的人;代管人是指接受产权所有人、承典人的委托代为管理房产或虽未受委托而在事实上已代管房产的人;使用人是指直接使用房产的人。

(二) 房产税的计税依据和税率

1. 房产税的计税依据

房产税的计税依据通常是房产的价值。房产的价值有三种形式:房产的原值,也就是房屋的造价;房产的净值,也就是房屋的原值扣除折旧后的价值;房产的市价,也就是买卖房屋的市场价格。

我国现行房产税的计税依据是房产的计税价值或房产的租金收入。按照房产计税价值计征的,称为从价计征;按照房产租金收入计征的,称为从租计征。

(1) 房产计税价值的确定。房产的计税价值是房产的计税余值。所谓房产余值是指房产原值一次减除10%～30%损耗价值后的余值。

房产原值是指纳税人按照会计制度规定,在会计账簿"固定资产"科目中记载的房屋原价。会计账簿中记载有房屋原价的,以房屋原价按规定减除一定比例后作为房产余值计征房产税;没有记载房屋原价的,按照上述原则,参照同类房屋确定房产原值,计征房产税。采用房产余值作为计税依据,是由考虑到房屋的自然损耗因素和增值因素确定的。

这是因为房屋原值随着时间的推移,其账面价值会随着折旧的提取而逐渐减少,再按原值征税不合理;而按房屋净值征税,会带来征管成本的加大;按房屋的市场价格征税,由于房屋市价包括土地开发利用等增值因素,在不发生房屋买卖行为时没有市价,同时我国目前也无标准市价,客观上限制了房产税计税依据采用市价方式。

在确定计税余值时,房产原值的具体减除比例,由省、自治区、直辖市人民政府在税法规定的减除幅度内自行确定。

(2) 房产租金收入的确定。房产租金收入是指房屋产权所有人出租房产使用权所得的报酬,包括货币收入和实物收入。

注意:*房产租金收入不含增值税。*

2. 房产税的税率

房产税采用比例税率。依据房产计税价值计征的,税率为1.2%;依据租金收入计征的,税率为12%。

【例7-6】

某企业拥有自有房屋40栋,"固定资产——房产"账面原值为3 200万元,其中30栋为经营用房,房产原值2 200万元,所在省规定允许按减除30%后的余值计税;10栋房屋出租给某公司作经营用房，年租金收入100万元。计算该企业应纳的房产税。

【解析】

由于所在省规定允许按减除30%后的余值计税，所以：

$$\begin{aligned}\text{自用房产应纳税额} &= 2\,200\times(1-30\%)\times1.2\% \\ &= 18.48\text{（万元）}\end{aligned}$$

$$\begin{aligned}\text{租金收入应纳税额} &= 100\times12\% \\ &= 12\text{（万元）}\end{aligned}$$

$$\begin{aligned}\text{全年应纳房产税税额} &= 18.48+12 \\ &= 30.48\text{（万元）}\end{aligned}$$

（三）房产税的减免

依照税法规定，下列房产免缴房产税。

（1）国家机关、人民团体、军队自用的办公用房和公务用房。"人民团体"是指经国务院授权的政府部门批准设立或登记备案并由国家拨付行政事业费的各种社会团体。

（2）由财政部门拨付事业经费的单位自用房产。对企业办的各类学校、医院、托儿所、幼儿园自用的房产，也可比照由国家财政部门拨付事业经费的单位自用的房产，免缴房产税。

（3）宗教寺庙、公园、名胜古迹自用的房产。但对公园、名胜古迹中附设的营业单位，如影剧院、饮食部、茶社、照相馆等所使用的房产及出租的房产，应照章缴纳房产税。

（4）个人所有非营业用的房产。

（5）经财政部批准免税的其他房产。

此外，为了适应不同地区的情况，还规定纳税人纳税确有困难的，可由省、自治区、直辖市人民政府确定，定期减征或免征房产税。

二、房产税的会计核算

房产税的应纳税款，通过"应交税费——应交房产税"科目进行核算。该科目借方反映企业应缴纳的房产税，贷方反映企业实际已经缴纳的房产税，余额在贷方反映企业应交而未交的房产税。

月份终了，企业计算出按规定应缴纳的房产税税额，作如下会计分录。

借：管理费用

　　贷：应交税费——应交房产税

企业按照规定的纳税期限缴纳房产税时，应作如下会计分录。

借：应交税费——应交房产税

　　贷：银行存款

【例7-7】

某企业2015年12月31日"固定资产——房产"账面原值为2 000 000元。2016年2月1日，企业将房产原值为1 000 000元的房屋租给其他单位使用，每年收取租金的收入为120 000元。

当地政府规定，按房产原值扣除30%后作为房产余值，适用税率1.2%纳税；对于出租房屋取得租金的房产，按其租金收入适用12%的年税率纳税；房产税按年计算，分季缴纳。试计算企业1～3月应纳房产税，并进行会计处理。

【解析】

因为当地政府规定按房产原值扣除30%后作为房产余值，税率为1.2%，所以1月按房产余值计算全年应纳税额为

年应纳税额＝2 000 000×(1－30%)×1.2%
＝16 800(元)

月应纳税额＝年应纳税额÷12
＝16 800÷12
＝1 400(元)

则1月应纳税额为1 400元。

由于从2016年2月1日起，企业将房产原值为1 000 000元的房屋租给其他单位使用，则2月企业应按房产余值和租金收入分别计算应纳税额：

按房产余值计算的应纳税额为

年应纳税额＝(2 000 000－1 000 000)×(1－30%)×1.2%
＝8 400(元)

月应纳税额＝8 400÷12
＝700(元)

按租金收入计算的应纳税额为

年应纳税额＝120 000×12%
＝14 400(元)

月应纳税额＝14 400÷12
＝1 200(元)

则2月、3月应纳房产税税额为

月应纳税额＝700＋1 200＝1 900(元)

则1月末企业应作如下会计分录。

借：管理费用　　1 400
　　贷：应交税费——应交房产税　　1 400

2月末、3月末企业应分别作如下会计分录。

借：管理费用　　1 900
　　贷：应交税费——应交房产税　　1 900

3月末企业“应交税费——应交房产税”账户有关资料如下。

应交税费——应交房产税

	借方	贷方
		1 400
		1 900
		1 900
合计		5 200

4月初企业缴纳一季度应纳税额5 200元。

借：应交税费——应交房产税　　5 200
　　贷：银行存款　　5 200

第六节　土地增值税的会计核算

一、土地增值税概述

土地增值税是对有偿转让国有土地使用权及地上建筑物和其他附着物产权、取得增值性收入的单位和个人征收的一种税。国务院于 1993 年 12 月 13 日发布了《中华人民共和国土地增值税暂行条例》，财政部于 1995 年 1 月 27 日颁布了《中华人民共和国土地增值税暂行条例实施细则》，决定自 1994 年 1 月 1 日起在全国开征土地增值税。

土地增值税有以下几个特点。

(1) 以转让房地产取得的增值额为征税对象；

(2) 征税面比较广；

(3) 采用扣除法和评估法计算增值额；

(4) 实行超率累进税率；

(5) 实行按次征收。

(一) 土地增值税的征税范围及纳税人

1. 土地增值税的征税范围

土地增值税的征税范围包括：

(1) 对转让国有土地使用权及其地上建筑物和附着物的行为征税；

(2) 对转让国有土地使用权及其地上建筑物和附着物的转让行为征税；

(3) 对转让房地产并取得收入的行为征税。

2. 土地增值税的纳税人

凡转让国有土地使用权、地上建筑及其附着物并取得收入的单位和个人，都是土地增值税的纳税人。

(二) 土地增值税税率

土地增值税实行四级超率累进税率。

(1) 增值额未超过扣除项目金额 50%的部分，税率为 30%；

(2) 增值额超过扣除项目金额 50%未超过 100%的部分，税率为 40%；

(3) 增值额超过扣除项目金额 100%未超过 200%的部分，税率为 50%；

(4) 增值额超过扣除项目金额 200%的部分，税率为 60%。

(三) 土地增值税的计算

土地增值税按照纳税人转让房地产所取得的增值额和规定的税率计算征收。增值额的计算取决于两个要素，转让房地产收入和准予扣除项目金额。应纳土地增值税税额的具体计算步骤如下。

(1) 计算增值额

$$增值额 = 转让房地产收入总额 - 准予扣除项目金额之和$$

(2) 计算增值率，即增值额占扣除项目金额比例(%)

$$增值率=\frac{增值额}{扣除项目金额之和}\times 100\%$$

(3) 计算土地增值税税额

$$土地增值税税额=\sum(每一级距的土地增值额\times 适用税率)$$

① 收入总额的确定。收入总额是指纳税人转让房地产取得的全部收入，既包括货币收入，也包括实物收入和其他收入。其中，货币收入是指纳税人转让房地产取得的现金、银行存款、支票、本票、汇票等信用票据和国库券、金融债券、企业债券、股票等有价证券。实物收入是指纳税人转让房地产取得的各种实物形态的收入。

实物收入的价值不易确定，一般需通过估价进行确定。其他收入是指纳税人转让房地产取得的无形资产收入或具有财产价值的权利，如专利权、商标权、著作权、专有技术使用权、土地使用权、商誉权等。这类收入价值的确定需要通过专门的评估。

② 准予扣除项目金额的确定。税法准予纳税人从转让收入额中减除的扣除项目金额包括：

- 取得土地使用权时支付的金额，指地价款(土地出让金)和按国家统一规定缴纳的有关费用。
- 开发土地和新建房及配套设施(房地产开发)的成本，包括土地征用及拆迁补偿费、前期工程费、建筑安装工程费、基础设施费、公共配套设施费等间接费用。
- 开发土地和新建房及配套设施(房地产开发)的费用，是指与房地产开发项目有关的销售费用、管理费用、财务费用。
- 旧房及建筑物的评估价格，指已使用的房屋及建筑物在出售时，由政府指定的评估部门评定的重置价格乘以新旧程度折扣率后的价值。
- 与转让房地产有关的税金，指出售房地产时已缴纳的营业税、城市维护建设税、印花税等。纳税人出售房地产时缴纳的教育费附加可视同税金扣除。
- 财政部规定的其他扣除项目。
- 从事房地产开发的纳税人可以按照上述①、②两项金额之和加计扣除 20%的扣除额。

【例 7-8】

某房地产开发公司在市区购买一块土地，取得土地使用权支付金额为 1 000 万元，拆迁安置费为 80 万元，勘查设计及前期工程准备费为 80 万元，建筑安装工程费为 500 万元，管理费用为 8 万元，贷款利息为 80 万元(未超过规定标准)。该房地产开发公司于 3 年后将该项目出售，取得转让收入(不含增值税)共计 2 150 万元。计算应纳土地增值税税额。

【解析】

土地增值税的计税依据为土地增值额，即纳税人转让房地产所取得的收入减去法定扣除项目金额后的余额。本例中所列各项支出均属可扣除项目。则：

(1) 转让房地产收入＝2 150(万元)

(2) 扣除项目金额之和＝1 000＋80＋80＋500＋8＋80＝1 748(万元)

(3) 土地增值额＝2 150－1 748＝402(万元)

(4) 土地增值率＝402÷1 748×100％＝23％

根据税率界定，对土地增值额未超过扣除项目金额50％的部分，适用税率为30％，因此：

$$应纳税额 = 402 \times 30\% = 120.60(万元)$$

【例 7-9】

北京光亮房地产开发公司在某地段建造一商务区，该项目于2015年4月开始，共占地10 000平方米，建筑面积100 000平方米，单位预算成本为3 800元，总预算为3.8亿元，其中一栋10 000平方米商住写字楼于2016年6月完工并于9月全部售出，每平方米7 000元，取得销售收入(不含增值税)共计7 000万元。该公司应交增值税税率为11％，城市维护建设税税率为7％，教育费附加费率为3％。

该写字楼开发成本为3 497元/平方米，土地出让金为200万元。该公司因同时建造别的商品房，不能按该写字楼计算分摊银行贷款利息支出，该公司所在地政府确定的房地产开发费用扣除比率为10％。计算应缴纳的土地增值税。

【解析】

(1) 转让房地产收入＝7 000(万元)

(2) 准予扣除项目金额：

地价款＝200(万元)

房地产开发成本＝3 497(万元)

房地产开发费用＝(200＋3 297)×10％＝349.70(万元)

转让房地产的有关税金＝7 000×11％×(1＋7％＋3％)＝847(万元)

从事房地产开发的加计扣除金额＝(200＋3 297)×20％＝699.40(万元)

总计：200＋3 297＋349.70＋847＋699.40＝5 393.10(万元)

(3) 增值额＝7 000－5 393.10＝160 6.90(万元)

(4) 增值额与扣除项目金额的比率＝1 606.90÷ 5 393.1×100％＝29.80％

(5) 应纳土地增值税＝增值额×30％＝1 606.90×30％＝482.07(万元)

二、土地增值税的会计核算

企业应当在“应交税费”科目下设“应交土地增值税”明细科目，专门用来核算土地增值税的发生和缴纳情况，其贷方反映企业计算出的应交土地增值税，其借方反映企业实际缴纳的土地增值税，余额在贷方反映企业应交而未交的土地增值税。

土地增值税作为对企业营业收入所征收的一种税收，一般应当作为营业税金进行处理，具体可以分为如下三种情况。

(1) 对于专门从事房地产经营的企业，应当直接记入营业税金及附加科目。在计提土地增值税时，借记“经营税金及附加”科目(如外商投资的房地产企业应当记入“经营税金”科目，对外经济合作企业应当记入“营业税金”科目，股份制企业应当记入“主营业务税金及附加”科目)，贷记“应交税费——应交土地增值税”科目。实际上缴时，借记“应交税费——应交土地增值税”科目，贷记“银行存款”等科目。

(2) 对于非专营房地产开发的企业从事的房地产开发业务应当缴纳的土地增值税，一般应当作为其他业务支出处理，如工业企业、商业企业、农业企业、交通企业、民航企业等企业应当记入“其他业务支出”科目，如果企业不划分主营业务收入和其他业务收入，那么相应地土地增值税也应当作为营业税金的一部分记入“营业税金及附加”科目（如旅游饮食服务企业）。

(3) 对于企业转让其已经作为固定资产等入账的土地使用权、房屋等，其应当缴纳的土地增值税应当记入“固定资产清理”等账户。

【例 7-10】

某房地产开发企业 2016 年 1 月将其开发的写字楼一幢出售，共取得收入 3 800 万元。企业为开发该项目支付土地出让金 600 万元，房地产开发成本为 1 400 万元，专门为开发该项目支付的贷款利息 120 万元。为转让该项目应当缴纳增值税、城市维护建设税、教育费附加及印花税共计 210.90 万元。

当地政府规定，企业可以按土地使用权出让费、房地产开发成本之和的 5%计算扣除其他房地产开发费用。另外，税法规定，从事房地产开发的企业可以按土地出让费和房地产开发成本之和的 20%加计扣除。计算该企业应纳税额。

【解析】

由于企业可以按土地使用权出让费、房地产开发成本之和的 5%计算扣除其他房地产开发费用，并且依照税法规定，从事房地产开发的企业可以按土地出让费和房地产开发成本之和的 20%加计扣除，则其应纳税额计算如下。

$$\begin{aligned}\text{扣除项目金额} &= 600 + 1\,400 + 120 + 210.90 + (600 + 1\,400) \times 5\% \\ &\quad + (600 + 1\,400) \times 20\% \\ &= 600 + 1\,400 + 120 + 210.90 + 100 + 400 \\ &= 2\,830.90(\text{万元})\end{aligned}$$

$$\text{增值额} = 3\,800 - 2\,830.90 = 969.10(\text{万元})$$

$$\text{增值额占扣除项目金额的比率} = 969.10 \div 2\,830.90 \times 100\% = 34.23\%$$

$$\text{应纳税额} = 969.10 \times 30\% = 290.73(\text{万元})$$

则企业应作如下会计分录。

借：经营税金及附加　　2 907 300

　　贷：应交税费——应交土地增值税　　2 907 300

实际向税务机关缴纳土地增值税时作如下会计分录。

借：应交税费——应交土地增值税　　2 907 300

　　贷：银行存款　　2 907 300

【例 7-11】

某房地产开发企业开发某住宅小区，从 2015 年 6 月开始向外预售，2016 年 10 月底全部销完，共取得销售收入 18 600 万元，为开发该小区企业共支出土地出让金 2 700 万元，开发成本 5 600 万元，实际缴纳增值税、城市建设维护税、教育费附加及印花税等 957.90 万元，当地政府规定可按土地出让费和开发成本的 10%扣除房地产开发费用。计算该企业应纳税额。

【解析】

因为当地政府规定可按土地出让费和开发成本的10%扣除房地产开发费用，则应纳税额计算如下。

扣除项目金额＝2 700＋5 600＋957.90＋(2 700＋5 600)×10%
＋(2 700＋5 600)×20%
＝117 47.90(万元)

增值额＝18 600－117 47.90＝6 852.10(万元)

增值额占扣除项目金额的比率＝6 852.10÷117 47.90×100%＝58.33%

应纳税额＝117 47.90×50%×30%＋(6 852.10－11 747.90×50%)×40%
＝1 762.185＋391.26
＝2 153.445(万元)

假定税务机关核定企业从2015年7月初开始，每月预缴土地增值税100万元，则从2016年7月初开始，企业于预缴时作如下会计分录。

借：应交税费——应交土地增值税　　　1 000 000
　贷：银行存款　　　1 000 000

到2016年10月底，已预缴土地增值税1 400万元(100×14)。10月底，企业按规定计算出实际应纳税额时作如下会计分录。

借：营业税金及附加　　　21 534 450
　贷：应交税费——应交土地增值税　　　21 534 450

实际补交土地增值税时作如下会计分录。

借：应交税费——应交土地增值税　　　7 534 450(21 534 450－14 000 000)
　贷：银行存款　　　7 534 450

三、 土地增值税的纳税申报

纳税人应根据核定的申报期限，据实向指定的地方主管税务机关填报本表。现以例7-9为例填制土地增值税纳税申报表，如表7-5所示。

表7-5　土地增值税纳税申报表　　表号：SB08002

(从事房地产开发的纳税人适用)

序号：□□□-□□
税务计算机代码：□□□□□□□
税务登记证号码：□□□□□□□□□□□□□□□
缴款书号码：□□□□□□□

税款所属时间：2016年9月　　填表日期：2016年10月2日　　金额单位：元(人民币)

纳税人名称	北京光亮房地产开发公司	纳税人地址	××××××	联系人、电话	
经济类型	××××××	行业	建筑开发	直接主管部门	
开户银行	中国工商银行××支行××分理处	账号	邮政编码		
项目名称	×××××××		项目详细坐落地址	××××××	

续表

项目		行次	纳税人申报金额
一、转让房地产收入总额 1=2+3		1	70 000 000
其中	货币收入	2	70 000 000
	实物收入及其他收入	3	
二、扣除项目金额合计 4=5+6+13+16+20		4	53 931 000
1. 取得土地使用权所支付的金额		5	2 000 000
2. 房地产开发成本 6=7+8+9+10+11+12		6	32 970 000
其中	土地征用及拆迁补偿费	7	5 300 000
	前期工程费	8	800 000
	建筑安装工程费	9	13 670 000
	基础设施费	10	3 000 000
	公共配套设施费	11	8 200 000
	开发间接费用	12	2 000 000
3. 房地产开发费用 13=14+15		13	3 497 000
其中	利息支出	14	
	其他房地产开发费用	15	3 497 000
4. 与转让房地产有关的税金 16=17+18+19		16	8 470 000
其中	增值税	17	7 700 000
	城市维护建设税	18	539 000
	教育附加费	19	231 000
5. 财政部规定的加计20%扣除数 20=(5+6)×20%		20	6 994 000
6. 财政部规定的其他扣除项目金额		21	
三、增值额 22=1−4		22	16 069 000
四、增值额与扣除项目金额之比(%) 23=22÷4		23	29.80
五、适用税率(%)		24	30
六、速算扣除系数(%)		25	0
七、预售房地产价款		26	
八、预征比例(%)		27	
九、应缴(或预缴)土地增值税税额 28=22×24−4×25(或26×27)		28	4 820 700
十、已缴土地增值税税额		29	
十一、本期实际缴纳土地增值税金额		30	
十二、应补(退)土地增值税税额 31=28−29−30		31	
十三、项目竣工清算应补(退)土地增值税税额 32=28−29		32	

携带资料：

1. 当期财务会计报表(利润表、主要开发产品(工程)销售明细表、在建开发项目成本表、已完工开发项目成本表)，装修标准等资料。
2. 银行贷款利息结算通知单。
3. 转让房地产有关资料(商品房购销合同复本、项目工程合同结算单等)。
4. 其他。

小贴士

英国政府将公布一项方案，对生活垃圾按量征收新垃圾税，要求英国家庭必须将垃圾进行分类，没有遵守规定的家庭可能被处以罚款，对“制造过多垃圾的家庭”额外收费。

资料来源：新浪网. http://www.sina.com/

第七节 车船税的会计核算

一、车船税概述

车船税是对在我国境内依法应当到公安、交通、农业等管理部门办理登记的车辆、船舶，根据其种类，按照规定的计税单位和年税额标准计算征收的一种财产税。

开征车船税可以加强对车船的管理，提高车船资源的使用效益，还可以通过税收手段来开辟财源，缓解发生交通事业资金短缺的问题。

(一) 车船税的征税范围及纳税人

1. 车船税的征税范围

车船税的征税对象是依法应在公安、交通、农业等车船管理部门登记的车船，具体可分为车辆和船舶两大类。其中，车辆为机动车，包括载客汽车、载货汽车、三轮汽车、低速货车、摩托车、专项作业车和轮式专用机械车；船舶为机动船和非机动驳船。

2. 车船税的纳税人

车船税的纳税人是车辆、船舶的所有人或管理人，即在我国境内拥有车船的单位和个人。其中，所有人是指在我国境内拥有车船的单位和个人；管理人是指对车船具有管理使用权，但不具有所有权的单位。

上述所称的单位，包括国有企业、集体企业、私营企业、股份制企业、外商投资企业、外国企业以及其他企业和事业单位、社会团体、国家机关、军队以及其他单位；所称的个人，包括个体工商户以及其他个人。

应税车船的所有人或管理人未缴纳车船税的，应由使用人代缴。从事机动车交通事故责任强制保险业务的保险机构为机动车车船税的扣缴义务人。

(二) 车船税的税率

车船税实行定额税率，对应税车辆实行有幅度的定额税率，各省、自治区、直辖市人民政府可以在法定的税额幅度内，根据本地的实际情况确定适合本地的税额标准。

车船税具体税额标准，如表 7-6 所示。

其中，大型客车是指核定载客人数大于或者等于 20 人的载客汽车；中型客车是指核定载客人数大于 9 人且小于 20 人的载客汽车；小型客车是指核定载客人数小于或者等于 9 人的载客汽车；微型客车是指发动机气缸总排气量小于或者等于 1 升的载客汽车。

表 7-6　车船税税目税额表

税　　目		计税标准	每年税额/元	税 目 注 释
一、载客汽车	大型客车	每辆	480～660	包括电车
	中型客车		420～660	
	小型客车		360～660	
	微型客车		60～480	
二、载货汽车		自重每吨	16～120	包括半挂牵引车和挂车以及客货两用汽车
三、三轮汽车和低速货车		自重每吨	24～120	
四、摩托车		每辆	36～180	
五、专项作业车和轮式专用机械车		自重每吨	16～120	

(三) 车船税的减免

下列车船免征车船税：①非机动车船(不包括非机动驳船)；②拖拉机；③捕捞、养殖渔船；④军队、武警专用的车船；⑤警用车船；⑥按照有关规定已经缴纳船舶吨税的船舶；⑦依照我国有关法律和我国缔结或者参加的国际条约的规定应当予以免税的外国驻华使馆、领事馆和国际组织驻华机构及其有关人员的车船。

(四) 车船税应纳税额的计算

车船税，按年征收，分期缴纳，按车船的种类确定计税依据，以所确定的计税数量和规定的单位税额计算应纳税额。其应纳税额的计算公式如下。

(1) 载客汽车和摩托车

应纳税额 = 辆数 × 适用年税额

(2) 载货汽车、三轮汽车、低速货车

应纳税额 = 自重吨位数 × 适用年税额

(3) 船舶应纳税额＝净吨位数×适用年税额拖船和非机动驳船

应纳税额 = 净吨位数 × 适用年税额 × 50%

【例 7-12】

某国有企业拥有车辆情况如下：拥有乘人中型客车 5 辆；拥有摩托车 2 辆；拥有净吨位为 10 吨的载货汽车 4 辆。该企业所在省规定乘人中型客车每辆年税额为 500 元，摩托车每辆年税额为 50 元，载货汽车按净吨位每吨年税额为 100 元。计算全年应纳车船税。

【解析】

该企业全年应纳车船税的计算如下。

(1) 乘人中型客车应纳税额＝5×500＝2 500(元)

(2) 摩托车应纳税额＝2×50＝100(元)

(3) 载货汽车应纳税额＝10×100×4＝4 000(元)

全年应纳车船税税额＝2500＋100＋4 000＝6 600(元)

二、车船税的会计核算

为了反映企业车船税的应缴、已缴、多缴或补缴情况，在会计上应设置“应交税费——应交车船税”科目进行核算。该科目贷方反映计算出应缴纳的车船税的数额，借方反映实际向税务机关缴纳的数额；若有贷方余额，表示尚未与税务机关结清的欠缴的车船税。若该科目有借方余额，表示企业实际多缴纳的车船税的税款，需待划转或退回。

企业按税法规定缴纳的车船税在企业管理费或商品流通费等成本费用中据实列支。当企业计算出应缴的车船税的税额时，借记“管理费用”或“商品流通费用”等科目，贷记“应交税费——应交车船税”科目；当按规定缴纳税金时，借记“应交税费——应交车船税”科目，贷记“银行存款”科目。

如果车船税按月缴纳或分期缴纳，但税款金额不大时，直接记入“管理费用”等科目；如果企业分期缴纳，且每期缴纳的税额较大时，可按权责发生制的原则计算出应纳的车船税款时，记入“待摊费用”科目，以后再分期摊入“管理费用”等科目。

【例 7-13】

某家公司拥有货车 150 吨位，年每吨应纳税额为 50 元，微型客车 3 辆，年每辆应纳税额为 200 元，当地政府规定的车船税按年计算，按季缴纳，企业按月计提。计算这家公司应纳税额，并编制会计分录。

【解析】

根据题目条件：

年应纳税额 = 150 × 50 + 3 × 200 = 8 100（元）

月应纳税额 = 8 100 ÷ 12 = 675（元）

（1）这家公司按月计提应缴纳的车船税时

借：管理费用——车船税　　675

　　贷：应交税费——应交车船税　　675

（2）按季缴纳车船税时

借：应交税费——应交车船税　　2 025

　　贷：银行存款　　2 025

第八节　耕地占用税的会计核算

一、耕地占用税概述

耕地占用税是指国家对占用耕地建房或者从事其他非农业建设的单位和个人，依其占用耕地的面积征收的一种税。开征耕地占用税的主要目的是为了合理利用土地资源，加强土地管理，保护农用耕地。

耕地占用税具有下列特点：

（1）具有行为税的特点；

（2）具有税收用途补偿性的特点；

(3) 实行一次性征收；

(4) 耕地占用税以县为单位，以人均耕地面积为标准，分别规定单位税额；

(5) 耕地占用税征收标准的确定具有较大的灵活性。耕地占用税由地方财政机关负责征收。

(一) 耕地占用税的纳税人和征税范围

1. 耕地占用税的纳税人

占用耕地建房或者从事非农业建设的单位或者个人，为耕地占用税的纳税人，应当依照规定缴纳耕地占用税。其中，单位包括国有企业、集体企业、私营企业、股份制企业、外商投资企业、外国企业以及其他企业和事业单位、社会团体、国家机关、部队以及其他单位；个人包括个体工商户以及其他个人。

2. 耕地占用税的征税范围

耕地占用税的征税对象是纳税人占用耕地的行为，耕地占用税的征税范围包括国家所有和集体所有的耕地。耕地是指用于种植农作物的土地，包括菜地、园地(包括苗圃、花圃、茶园、桑园和其他种植经济林木的土地)、鱼塘和其他农业用地，也包括新开荒地、休闲地、轮歇地、草田轮作地等。

占用前3年内曾经用于种植农作物的土地、鱼塘、园地、菜地和其他农业用地，视同占用耕地。占用其他农用土地，如已经用于从事种植、养殖的滩涂、草场、水面和林地等进行非农业建设，是否征税，由各省、自治区、直辖市自行确定。

(二) 耕地占用税的减免

按照耕地占用税有关政策规定，下列经批准征用的耕地分别免征或减征耕地占用税。

1. 免征耕地占用税的用地

下列用地免征耕地占用税。

(1) 军事设施占用耕地；

(2) 学校、幼儿园、养老院、医院占用耕地。

2. 耕地占用税的减税

下列纳税人可享受耕地占用税减税照顾。

(1) 铁路线路、公路线路、飞机场跑道、停机坪、港口、航道占用耕地，减按每平方米2元的税额征收耕地占用税。

(2) 农村居民占用耕地新建住宅，按照当地适用税额减半征收耕地占用税。

农村烈士家属、残疾军人、鳏寡孤独以及革命老根据地、少数民族聚居区和边远贫困山区生活困难的农村居民，在规定用地标准以内新建住宅缴纳耕地占用税确有困难的，经所在地乡(镇)人民政府审核，报经县级人民政府批准后，可以免征或者减征耕地占用税。

(三) 耕地占用税的税率

耕地占用税以纳税人实际占用的耕地面积为计税依据，按照规定的适用税额一次性征收。耕地占用税实行地区差别幅度定额税率，以县为单位，按照人均耕地拥有量，确定每平方米应征的税额标准，具体税额标准如表 7-7 所示。

表 7-7 耕地占用税税额表

以县为单位人均耕地面积	单位税额/(元/平方米)
1 亩以下(含 1 亩)	10～50
1～2 亩(含 2 亩)	8～40
2～3 亩(含 3 亩)	6～30
3 亩以上	5～25

经济特区、经济技术开发区和经济发达、人均耕地特别少的地区，适用税额可以适当提高，但是提高额最高不得超过上述规定税额的 50%。

占用基本农田的，适用税额应当在当地适用税额的基础上提高 50%。

(四) 耕地占用税的计算

耕地占用税税金的计算，应根据纳税人实际占用的耕地面积和规定的税率，结合现行有关耕地占用税的减免优惠政策确定。其具体计算公式如下。

应纳税额＝实际占用耕地面积×适用税率

在计算过程中，上述公式中的耕地面积应以平方米为单位。如果审批用地通知书是以市亩为计量单位的，在计税时，则应将市亩换算成统一的计量单位，即平方米，然后再乘以适用的税率。市亩和平方米的换算关系为

1 市亩 ＝ 66 667 平方米

【例 7-14】

某学校占用耕地 20 亩，其中 5 亩为校办工厂用地，其余 15 亩为教学楼、操场、宿舍等用地。当地适用税率为 5 元/平方米。按耕地占用税政策规定，校办工厂用地不能免征耕地占用税。

【解析】

该学校应缴纳的耕地占用税＝5×666.67×5＝166 66.75(元)

二、 耕地占用税的会计核算

(一) 耕地占用税的会计科目设置

对于耕地占用税，由于是按照实际占用耕地面积计算，并一次性缴纳，因此可以不通过“应交税费”科目进行核算，而直接计入有关项目的成本费用之中。

(二) 耕地占用税的会计核算

(1) 计算应缴纳的耕地占用税时

借：在建工程

贷：银行存款

(2) 工程竣工后汇算清缴时，如果预缴的税款少于应缴税款

借：在建工程

贷：银行存款

（3）工程竣工后汇算清缴时，如果有多缴的预缴税款退回

借：银行存款

　　贷：在建工程

【例 7-15】

某工厂 2016 年 3 月经批准征用耕地 3 000 平方米用于建设厂房，当地政府规定的耕地占用税税额为 10 元/平方米，则实际向征收机关申报缴纳耕地占用税时作如下会计分录。

【解析】

借：在建工程　　30 000

　　贷：银行存款　　30 000

三、耕地占用税的纳税申报

以例 7-15 为例，填列如表 7-8 所示。

表 7-8　耕地占用税纳税申报表

填表日期：2016 年 4 月 5 日　　　　金额单位：元至角分　面积单位：平方米

纳税人识别号：☐☐☐☐☐☐☐☐☐☐☐☐☐☐☐☐☐☐☐☐

纳税人信息	名称	×××				☐单位 ☐个人		
	登记注册类型	××××		所属行业××××				
	身份证照类型			联系人			联系方式	
耕地占用信息	项目(批次)名称			批准占地部门		批准占地文号		占地日期/批准日期
	占地位置	×××		占地用途		占地方式		
	批准占地面积			实际占地面积 3 000				
		计税面积	其中：☐减 ☐免税面积	适用税率	计征税额	减免性质代码	☐减 ☐免税额	应缴税额
	总计	3 000		10	30 000			30 000
	耕地	3 000		10	30 000			30 000
	其中：1. 经济开发区							
	2. 基本农田							
	其他农用地							
	其他类型土地							

以下由纳税人填写：

纳税人声明	此纳税申报表是根据《中华人民共和国耕地占用税暂行条例》和国家有关税收规定填报的，是真实的、可靠的、完整的。				
纳税人签章	××××	代理人签章		代理人身份证号	

以下由税务机关填写：

受理人		受理日期	年　月　日	受理税务机关签章	

第九节 城市维护建设税及教育费附加的会计核算

一、城市维护建设税

城市维护建设税是国家对缴纳增值税、消费税的单位和个人，以实际缴纳的税额为依据征收的一种税。城市维护建设税的最大特点是附加性和特定目的性，税款收入由地方人民政府安排，是国家为加强城市的维护建设，扩大和稳定城市维护建设资金的来源而采取的一项税收措施。

它属于地方附加税，以纳税人实际缴纳的增值税、消费税的税额为依据，其自身并没有特定、独立的征税对象。

(一) 城市维护建设税的纳税人

城市维护建设税的纳税人是指负有缴纳增值税、消费税和营业税的单位与个人，海关对进口产品代征的增值税和消费税不征收城市维护建设税。对外商投资企业和外国企业，也不征收城市维护建设税。

(二) 城市维护建设税的计税依据和税率

城市维护建设税的计税依据是纳税人实际缴纳的增值税、消费税(以下简称“二税”)的税额。城市维护建设税和“二税”同时同地缴纳，“二税”查补税额也应计入城市维护建设税计税依据，但加收的滞纳金、罚款则不计入。

因减免“二税”而需退库的，城市维护建设税也可同时退库。但对出口产品退还增值税和消费税的，不退还已纳的城市维护建设税。

城市维护建设税的税率按城市和县城等级分别规定为：

纳税人所在地在市区的，税率为7%；纳税人所在地在县城镇的，税率为5%；纳税人所在地不在市区、县城镇的，税率为1%。

(三) 城市维护建设税的计算

城市维护建设税的计算公式为

应纳税额 = 纳税人实际缴纳的(增值税 + 消费税) × 适用税率

(四) 城市维护建设税的会计核算

企业核算城市维护建设税，应设置“应交税费——应交城市维护建设税”账户。计提时，借记“营业税金及附加”账户，贷记“应交税费——应交城市维护建设税”账户；实际缴纳时，借记“应交税费——应交城市维护建设税”账户，贷记“银行存款”账户。本账户期末贷方余额，反映企业应交未交的城市维护建设税。

【例 7-16】

某公司位于武汉，当月实际缴纳增值税300万元，消费税350万元，请计算该公司应缴纳城市维护建设税税额，并编制会计分录。

【解析】

应缴纳城市维护建设税＝(300＋350)×7%＝45.50(万元)

（1）计算应缴纳的城市维护建设税时

借：营业税金及附加　　455 000

　　贷：应交税费——应交城市维护建设税　　455 000

（2）实际缴纳税款时

借：应交税费——应交城市维护建设税　　455 000

　　贷：银行存款　　455 000

二、教育费附加及地方教育费附加

教育费附加是以单位和个人实际缴纳的增值税、消费税的税额为计征依据征收的一种专门用于教育事业的地方附加费。征收教育费附加，是为了加快发展地方教育事业，扩大地方教育经费的资金来源。

1. 教育费附加、地方教育费附加的纳税人

凡缴纳“二税”的单位和个人，除按照《国务院关于筹措农村学校办学经费的通知》的规定缴纳农村教育事业费附加的单位外，都是教育费附加、地方教育费附加的纳税人。海关对进口货物征收的增值税、消费税不附征教育费附加。

2. 教育费附加、地方教育费附加的计算和缴纳

教育费附加、地方教育费附加的计税依据是纳税人实际缴纳的增值税、消费税之和。计征比率分别为3%、2%，分别与“二税”同时缴纳。从事卷烟和经营烟叶产品的单位减半征收。

3. 教育费附加、地方教育费附加的会计核算

为了核算教育费附加、地方教育费附加的应交及已交等情况，企业应设置“应交税费——应交教育费附加”科目，“应交税费——应交地方教育费附加”科目，贷方登记应交的教育费附加，借方登记已缴纳的教育费附加，期末贷方余额为应交未交的教育费附加。

（1）企业计算出应缴纳的教育费附加时，作如下会计分录。

借：营业税金及附加

　　贷：应交税费——应交教育费附加

　　　　　　　——应交地方教育费附加

（2）实际缴纳税款时，作如下会计分录。

借：应交税费——应交教育费附加

　　　　　——应交地方教育费附加

　　贷：银行存款

从2016年2月1日起，收入（营业额）在10万元以下的企业免交教育费附加、地方教育费附加。

本章小结

本章介绍了几种小税种的概念、征税范围；阐述了计算应纳税额的各种方法；并对如何纳税申报进行了讲解。

阅读资料

《诗经》里的"税收故事"

"关关雎鸠，在河之洲，窈窕淑女，君子好逑"，三千年前《诗经》的诗句，至今依然脍炙人口。《诗经》中除了爱情诗歌外，还有古老的周代赋税往事。

《诗经》里有周代的田赋故事。"有渰萋萋，兴雨祈祈。雨我公田，遂及我私"（《小雅·大田》），"中田有庐，疆场有瓜，是剥是菹，献之皇祖"（《小雅·信南山》），写的是井田制，"公田""中田"是井田中的中间地块，由耕种井田的周边8家佃农合耕，其余8块是私田，由佃农各自耕种，公田收成归王室，私田收成归农户。一直到秦国商鞅变法，废井田开阡陌，及鲁国实行初税亩，井田制遂废。"度其隰原，彻田为粮"（《大雅·公刘》），"王命召伯，彻申伯土田"（《大雅·崧高》），是说田赋的"彻法"。三代田赋，夏代行贡法，商代行助法，至周朝推行税率为什一之彻法，劳动者按十分之一比例缴纳农产谷物税。

饥者歌其食，劳者歌其事，赋者歌其税。一部《诗经》，305篇，49篇涉税诗歌，其中的税收故事，穿越古今，擦亮记忆，是周代赋税历史的文学叙述和鲜活印记。

资料来源：中国税网. http://www.claxnews.com.cn/

练习题

一、单项选择题

1. 印花税、车船税应记入（　　）账户。

A. "管理费用"　　B. "主营业务税金及附加"

C. "应交税费"　　D. "其他应交款"

2. 土地增值税税率实行（　　）税率。

A. 超额累进税率　　B. 比例税率　　C. 超率累进税率　　D. 固定税率

3. 下列免征车船税的是（　　）。

A. 摩托车　　B. 载客汽车　　C. 小轿车　　D. 拖拉机

二、多项选择题

1. 我国实行定额税率的有（　　）。

A. 增值税　　B. 城镇土地使用税　　C. 土地增值税　　D. 车船税

2. 下列不应缴纳印花税的有（　　）。

A. 向福利院捐赠财产协议　　B. 房产证副本

C. 企业法人营业执照　　D. 司法考试证书

三、计算题

1. 某国有企业拥有车辆情况如下：拥有乘人中型客车1辆；拥有摩托车1辆；拥有净吨位为10吨的载货汽车2辆。该企业所在省规定乘人中型客车每辆年税额为500元，摩托车每辆年税额为50元，载货汽车按净吨位每吨年税额为100元。计算该公司应缴纳的车船税。

2. 某公司位于北京，当月实际缴纳增值税100万元、消费税250万元。计算该公司应缴纳城市维护建设税税额并编制会计分录。

参考文献

1. 梁俊娇.纳税会计学习指导书[M].北京：中国人民大学出版社，2004.
2. 宁健.税务会计习题与解答[M].大连：东北财经大学出版社，2005.
3. 苏春林.税法与纳税操作[M].北京：中国人民大学出版社，2008.
4. 曾建斌.企业所得税纳税申报实务[M].广州：广东经济出版社，2009.
5. 翟继光.新税法下企业纳税筹划[M].北京：电子工业出版社，2010.
6. 全国注册税务师执业资格考试教材编写组.习题集[M].北京：中国税务出版社，2011.
7. 盖地.税务会计学[M].北京：中国人民大学出版社，2011.
8. 王付，张雅彬.税务会计与纳税筹划[M].北京：北京理工大学出版社，2012.
9. 国家税务总局税收科学研究所.外国税制概览[M].北京：中国税务出版社，2012.
10. 吴丹彤，丁建伟.营业税改征增值税对企业的影响[J].会计之友，2012(8)：111-113.
11. 中国注册会计师协会.税法[M].北京：经济科学出版社，2013.
12. 唱晓阳.营改增政策下企业纳税筹划研究[J].华章，2013(3)：73.
13. 李淑娟.税法[M].北京：清华大学出版社，2013.
14. 张雪晶.营业税改征增值税对企业财务的影响[J].中国连锁，2013(11)：201.
15. 赵春萍.财务会计实务[M].北京：电子工业出版社，2014.
16. 盖地.税务会计与税务筹划[M].北京：中国人民大学出版社，2014.
17. 康娜."营改增"新阶段下企业减负增效的研究[J].会计之友，2014(12)：117-119.
18. 全国注册税务师执业资格考试教材编写组.税务代理实务[M].北京：中国税务出版社，2014.
19. 全国税务师执业资格考试教材编写组.涉税服务实务[M].北京.中国税务出版社，2015.
20. 税法.中国注册会计师协会[M].北京：经济科学出版社，2015.
21. 吕连菊，邱茹芸. 浅析"营改增"对企业财务管理的影响[J]. 会计之友，2015(16)：89-91.
22. 贺志东.新企业会计准则下税务会计操作实务[M].北京：电子工业出版社，2015.
23. 王红云.税法与纳税会计[M]. 北京：中国人民大学出版社，2015.
24. 中国注册会计师协会.税法[M]. 北京：经济科学出版社，2015.
25. 盖地.税务会计[M].上海：立信会计出版社，2015.
26. 姚爱群.税务会计[M].北京：北京交通大学出版社，2015.